革命のジョン・レノン

サムタイム・イン・ニューヨーク・シティ

天賦のミュージシャンであり、有徳の人であったウェイン・
〝テックス〟・ガブリエルに捧げる。

そして、ジョンの魂に。

革命のジョン・レノン

サムタイム・イン・ニューヨーク・シティ

The walrus & the elephants

John Lennon's years of revolution

ジェイムズ・A・ミッチェル
James A. Mitchell

石崎一樹 訳
ISHIZAKI Kazuki

editorialrepublica
共和国

革命のジョン・レノン

サムタイム・イン・ニューヨーク・シティ

目次

Contents

Contents

その悪事で彼は投獄されたのかい？　というか、本当は
それは悪事じゃないんだろう？

ジョン・レノン「ジョン・シンクレア」

The walrus & the elephants

John Lennon's years of revolution

James A. Mitchell

第1章

The Advent of the Hippie Messi-ah

ヒッピー・メサイアの降臨

ここに来たのは、ジョン〔・シンクレア〕を救援しに、そして、いままさに起こっていることにみんなの注目を集めたいからだけど、それだけじゃない。無関心でいる場合じゃないんだ。ぼくたちには何かやれることがある。そのことを証明するために、ここに来たんだ。

ジョン・レノン（一九七一年十二月、ミシガン州アナーバーにて）

一九七一年十二月、ジョン・レノンはステージに立った。二本の紙巻きマリファナを所持したかどで禁固十年を言い渡され、すでに二年以上服役していた活動家、ジョン・シンクレアを支援するためだ。このとき、「彼をありのままの姿に、彼を自由に」とレノンが歌ってから二日後、州の巡回裁判所は先の判決を覆し、シンクレアは釈放されることになった。

何年にもわたる国家の政治的混乱を受けて、アメリカは新しいタイプのリーダーを求めていた。つい先ごろこの国に足を踏み入れたばかりの元ビートルズのメンバーは、地球上で最も有名な、影響力のある人物のひとりだった。獄中から男をひとり解放させることができるのだとすれば、他のどんなことが彼にできるのだろうと、誰もが思った。

敵を黙らせることに躍起になっていた当時《とき》の政権も、同じことを考えた。その絶大な影響力によって、ジョン・レノンは来たる大統領選挙に「混乱」をもたらすだろう、と。一部の人間にとっては彼がイギリスに帰ってくれるほうが好都合なのであり、ニクソン政権は合法的にであれ何であれ、実際にそうなるよう画策した。

「フラワー・パワーはダメだった、って言うやつもいる」と、レノンは曲に入る前に観客に投げかける。「そう言われて、で、何だってんだ？　もう一度はじめればいいんだよ」

*

一九七一年夏、ジョン・レノンはニューヨークをはじめて訪れた気分だった。無理もない。前回はビートルズのツアーで訪れたものの、大狂乱のうちに滞在期間が終了、マンハッタンの街並みを眺めるのはリムジンとホテルの内側からだけだったのだ。七年前に自分自身が「英国の侵略《ブリティッシュ・インヴェイジョン》」とその後の展開をぶち上げたまさにその場所で、皮肉にも彼はできるだけ目立たない暮らしぶりを模索していたのである。

エレキギターを抱え、生意気に微笑み、「イェー・イェー・イェー」と叫んでいればよかったのもいまは昔だった。演奏をかき消してしまうほどの若い世代の叫び声もなければ、ひと目みたいと死に物狂いで押し寄せてくる女の子の集団もいない。六〇年代はすでに過去のものであり、戦争と暗殺とヒッピーと反抗の十年がすでにはじまっていた。レノンはもう、あの「ファブ・フォー」のメンバーではないし、彼自身、そのことをたびたび強調した。

心機一転、新天地で書き綴った曲のひとつ、「ニューヨーク・シティ」の歌詞には、「ぼくたちのイメージを振り払うんだ／グリニッジ・ヴィレッジを自転車で走って」とある。ニューヨークで最初に彼とヨーコが滞在していたのはミッドタウンのセントレジス・ホテルだった。その秋には、ラヴィン・スプーンフルのドラマー、ジョー・

バトラーが所有していたウェスト・ヴィレッジのバンク・ストリート一〇五番のアパートに落ち着いた[1]。荒削りだが色とりどりの音をミュージシャンたちが奏で、急進的な政治思想やアートの雰囲気に満ち、ストリートにはマリファナの煙が堂々と見える近隣の雰囲気も、彼の気分にしっくりきていた。『サージェント・ペパーズ』のサイケデリックな音には、うってつけではないか。

そのアパートは、ニューヨークではそこそこの、広々というよりは機能的な部屋がようやく二つといったところか。「想像してみてよ、何も所有しないということを」と歌う「イマジン」のプロモーション映像に使われたことに皮肉を言う者も少なくない。あのティッテンハーストパークの邸宅とはまったくの別世界だ。「ビートルマニア」がもたらした副産物のなかでも、自分が所有することになった富に当惑していたのが、ほかならぬレノン自身だった。その夏、ビートルズ解散の真相を追った本『ビートルズの不思議な旅 *Apple to the Core*』を出版するためにリサーチを進めていたピーター・マッケイブとロバート・ショーンフェルドに、「もうツアーに出て金を集めるなんてことはできないよ。じゃあどうやって金を稼ぐか、だって？　暮らしていくだけの金はもう十分あるんだ」と漏らしている[2]。

この点で彼の発言は一貫していた。その少し前、『ニューヨーカー』のヘンドリック・ハーツバーグに対しても、こう語っていた。「イギリスで持っていたような大きな家はもういらないと、いまは思うね。大きな家や車を持つ仲間もいらない。自分の所有物がイギリスにどれほどあるのかを思うだけで、胸が苦しくなる。これまで集めてきた何面もの壁の棚を埋めるほどの本や、いろんなものをね[3]」。レノンはそうした彼の本や持ち物を、たとえば図書館や刑務所に寄贈することを考えていた。

富や名声の虚飾をぬぐい去ろうとしたレノンだが、それと同じぐらい強く願っていたことがある。それは自分より、いや、ビートルズより大きな何者か——もしそんなものを思いつけば、ではあるが——と手を組むことだった。アメリカ全土で爆発的に巻き起こる政治的な、そして文化的な争いが、ジョンの心を捉えていた。一九七一年のはじめにはすでに『ローリング・ストーン』や、あるいはタリク・アリ〔パキスタン生まれのジャーナリスト。E・サイードとの交流でも知られる〕が編集する反体制新聞『レッド・モール』などへのロングインタビューに応じていた。そこでは、反戦運動や公民権運動に対してもっと積極的であれたはずだ、と自分のそれまでの態度を恥じている。商業主義にまみれた初期のビートルズの成功体験と、より大人向けのテーマを歌に盛り込みたいという願望のあいだで苛まれていた様子も、「誰もがぼくたちを利用しようとしていた」、「結局ぼくらはトロイの木馬だったんだ」という発言に看てとれる。(4)

いっぽうで彼は用心深くもなっていた。メディアはつねに何かあら探しでもできないかと待ち構えているし、社会の反感を買ったことも一度や二度ではない。発言をためらうのも当然のことだ。「英国の若者はキリスト教に興味がない、自分たちはイエスより有名だ」というような、文脈から切り離されて針小棒大に報じられ、語りぐさとなったスキャンダルもある。レノンがタリク・アリに語ったところでは、当時のマネージャー、ブライアン・エプスタインが、〔ビートルズの〕メンバーたちにアメリカで争点となっている重要問題については発言するなと懇請したことがあったという。「エプスタインはいろいろな言葉を並べたてて、ぼくたちがベトナムについて発言することがないよう説得にかかっていたね」とレノンは語る。「ジョージとぼくは言ったんだ。『もし訊かれたら言ってやるさ。ぼくらは戦争が嫌いで、〔アメリカは〕いますぐにでも撤退すべきだ』って。その程度のことですら過激だったんだ。とくにビートルズというバンドにとってはね」

「世界のビートルズ」が、芸術の、あるいは変革のリーダーとしてどのような立場にあるのかをめぐっては、当時、メンバーのあいだで意見が分かれていた。レノンは、イギリスを離れるまえに新聞に発表されたマッカートニーの声明を受けて、ポールとリンダ夫妻に手紙を送っている。「ビートルズがあったからこそいまの芸術のほとんどが生まれたなんて、きみたちは本当に思っているのかい？」とレノンは問いかける。「もちろんビートルズを恥ずかしいなんて思ってはいない。ぼく自身もその一部だからね[3]」

そのうえで、レノンは自分の過去の業績を客観的に見るべきだと感じていた。「ぼくたちは変化の一部を担っていただけだ、って言っていたよね？　そのすべてじゃないって。たしかにぼくらは世界を変えたかもしれない。でも、ぼくたちにはまだやらなきゃいけないことがある。ゴールドディスクなんか壁から外して、放り投げてしまえ！」

ビートルズというグループがより多くの話題に関与することを期待されていたのは、ジョンにしてもポールにしても認識していた。インド《〔ママ〕》生まれの英国育ちで、カウンターカルチャー批評に新風を吹き込んだタリク・アリは、主宰する『レッド・モール』紙上で、レノンほどの大物アーティストであれば、ときどき指でピースサインを見せる以上の何事かを行なう義務があるはずだ、と書いた。とはいえレノン自身は、まだ革命家としてふるまうべしという要求を真っ向から受け止めるには至っていなかった。「ひどく遠慮がちだったよ」とアリは回顧する。「彼は言ったんだ。『本当にぼくにインタビューしたいのかい？　きみの新聞はとても知的だからなぁ』とね」

インタビューは二日間にわたり、話題の大半はベトナム、政治、アクティヴィズム、そして六〇年代世代が直面する問題などだった。「ジョン・レノンによる一般教書演説だ。あの時代ならでは、といった話題に満ちていたよ」とアリは言う。レノンは何かやりたいと思っていたし、問題へのかかわり方という点で、六〇年代の若者文化はいささかのんびりしすぎていたと、かなり早くから認めていた人物のひとりだったのだ。「ドラッグに夢見る《アシッド・ドリーム》時代は終わったんだ。いま言いたいのは、そういうことさ」とレノンは言った。ミュージシャンとしては、すでに民衆が団結することのできる歌を書いていた。その筆頭が一九六九年の「平和を我等に」だが、この曲は「ベッド・イン」パフォーマンスを公開し、世界中の報道陣が注目したハネムーンのあいだに作曲・録音されたものだ。レノンは「だれもがパブやデモで」歌える曲であってほしいと考えた。一九七一年のシングル「パワー・トゥ・ザ・ピープル」ではさらに一歩踏み込んでいるが、タリク・アリに対しては、ビートルズ解散後のプランには社会運動《ムーヴメント》によってより積極的な役割を果たすことも含まれていた、と語っている。「変革のための歌を書きたいんだ。そうすればロックンロールはコカ・コーラのようなものじゃないって、みんなわかってくれるはずさ。だからいままでは重みのある発言もさかんにしているし、流行を追いかける十代の若者向けだっていうイメージも払拭しようとしてるんだ[6]」

レノンは嬉々として、自分が説いていることをアメリカで実践した。「パワー・トゥ・ザ・ピープル」では、「さあ、立ち上がってストリートに出るんだ」と叫びつつ、他の大勢と一緒にマンハッタンを多少なりとも自由に歩きまわれることの喜びを噛みしめていた。街が生きていた。グリニッジ・ヴィレッジの鼓動があらゆるストリートへと脈動し、セント・マークス地下のたまり場やブリーカー通りのバーなど、どこにいてもそれを感じたのだ。ワシントン・スクエアの噴水には、いつか世に出たいと願う才能にあふれた、あるいは才能はそこそこだが情熱では負けないミュージシャンが集っていた。ジョンとヨーコはそのなかに気さくに入っていき、ラジオのチャート番組からは聞こえてこないような歌を、ただ音楽を楽しむために歌った。

『マリファナさ、ためしてみようぜ』と歌いながら一人の男が近づいてきた」というレノンの「ニューヨーク・シティ」の歌詞でその名が知れ渡ることになったデヴィッド・ピールとそのバンド、ロウワー・イーストサイドも、ワシントン・スクエアでの演奏を楽しみながら、開いたギターケースに見物客から小銭を集めていた。マリファナがよく登場するピールの曲の多くは、ストリートでの生活や都会でヒッピーであることを熱く歌ったものだ。彼の演奏はアマチュアレベルだったが、レノンはその音楽に興味を持った。それはみんなの、みんなによる、みんなのための歌で、そもそもが商業主義と結託しているポピュラー音楽と比べて、とても寛げるものだと感じたのである。ここヴィレッジでは、大成功することは必ずしもクールではないのだ。

ピールは聴衆にむかって、スターになりたいと願うミュージシャンの視点から、修辞的に「スター連中を見るのになんで金を払わなきゃいけないんだ」と問いかける。(7)

「彼は間違いなくぼくのことを言っている」とレノンは思った。革命運動の世界に居場所を求めていた彼が格闘していたのが、まさにポップスターとしての自らの存在だったのだ。

*

ワシントン・スクエアで、レノンはジェリー・ルービン〔合衆国の左翼反戦活動家、のちに実業家に転身〕と初めて出会った。ピールの友人で、三年前の一九六八年、民主党大会で暴動を企てたとされる被告、いわゆる「シカゴ・セヴン」のひとりだった。ニューヨークに着いて「最初に親しくなったのが、ジェリー・ルービンとアビー・ホフマン〔合衆国の活動家。彼の著書『この本を盗め』は日本でも広く読まれた〕。ただそれだけのことさ」とレノンは言う(8)。いっぽう、もし何か答えが見つかるならと密かに祈り続けていた過激派のリーダーにとって、ジョン・レノンこそがその答えだと思えた。ルービンにとってレノンは「一目惚れ」だったのだ。レノンとヴィジョンを共有できたと確信したルービンは、このときの出会いを「すごくウマが合ったんだよ」と述懐する。「イッピーは、音楽と生き方を融合させるというビートルズの手法を、自分たちの政治活動のなかにすでに組み込んでいたんだ」

国際青年党――その支持者を「イッピー」と呼んだ――は、ルービンとホフマンが率いる反戦と公民権活動を旨とする非公式の政党である。シカゴではレニー・デイヴィスやトム・ヘイドンといった新左翼《ニューレフト》のリーダーたちに協力したが、そのシカゴでの活動によって、彼らはその名を、もしくは悪名を轟かせることになる。裁判ではジュディ・コリンズ、アーロ・ガスリー、ノーマン・メイラー、ティモシー・リアリー、ジェシー・ジャクソンらの支持者が彼らの側に立って証言したが、この一九七〇年の公判でメディアがこぞって報道したのが、まるで不条理劇のようにふるまうホフマンとルービンの姿だった。なかでも目立ったのは、彼らが法服を着て出廷したときのことだ。当然ながら脱ぐように命じられたが、彼らがその下に着ていたのがシカゴ市警の制服だったのだ。この裁判で七人は、暴動を始めるために州境を越えたことで執行猶予付きの有罪判決を受け、二年後に釈放された。

この裁判のあと、ルービン、ホフマン、デイヴィス、デリンジャー、ヘイドン、ジョン・フロイネス、リー・ウェイナーの「シカゴ・セブン」は、それぞれ別の道を歩むことになる。反戦活動グループの事実上のリーダーになるものもいれば、メディアへの露出によってセレブに仲間入りするものもいたが、一九七一年までには、ホフマンやルービンの行動はもはや人びとの好奇の的ではなくなっていた。ABCニュースは、大豚領《ピガサス》を立候補させたり、証券取引所の床に笑いながら紙幣を投げ落としたりするなどの過去のパフォーマンスをあげつらい、彼らを「グルーチョ・マルクス主義者」として切り捨てた。ホフマンとルービンのやり方が効果的だったかどうかについては左翼のあいだでも意見が分かれていたが、ニクソンの二期目を阻止するにはなんらかの原動力が必要である、という点では共通認識があったことになる。

困難な十年がとりあえず終わった、ということだろう。同時に、抵抗する側の精神《スピリット》はすでに折れてしまっているようにも見えた。多くの活動家は引き続き運動を続けたが、それは国際舞台や反戦運動などの場ではなく、学校や地域といった地方レベルでのことだった。『タイム』誌では、学生による抵抗は不首尾におわったのかと訝り、「冷めるアメリカ」と題された一月号の記事でこう言及している。「アメリカ社会で何かが起こった。というより、何かが起ころうとして、結局は起こらなかった。一九七一年、活気のない冬。この何カ月かの不景気、そして、この十年におよぶ彼の地での戦争とこの国での暴力。いま忍び寄る空気は、深い雪のようにひたすら静かだ」

「反戦ムードが蒸気のように湧き出ていたのに」と語るのは、地元ミシガン州アナーバーで革命運動の口火を切ったレニー・デイヴィスだ。「そのムードももはや潰えた。みんな分かってる。だれかを何かのために動かすなんて、できやしないんだよ」

そのころレノンの革命煽動的なインタビューを読んだデイヴィスは、自分たちが同じ精神を共有していると感じただけでなく、彼なら消え去ろうとしている反戦運動の機運をもう一度蘇らせることができるのではないかと感じた。「それは素晴らしい瞬間だったよ。まさにうってつけの人物がいる。ビートルズ世代をこれほどまでに十全に体現している人物はいない。おまけに口先だけで平和に賛成しているのではないことを明言もしている。『自分は活動家だ、いつでも協力するぜ』と言ってくれているようなものだったんだ」

レノンがアメリカにやってきたのは、そんな危ういときだった。何千人もが逮捕され、抵抗者のうちの何人かが殺され、数千人がベトナムで死んでいる。だからといって尻込みすることはない。命を懸ける価値はある。積極的にかかわると、あなたは明言してるじゃないか。ジョンは、自分が政治的な人間だと考えたことはなかった。しかし、おそらく時代は変わったのだ。反体制新聞『ロサンゼルス・フリープレス』のインタビューに応じると、自分がやらなければならないかもしれないことが何なのかを悟ったのはつい最近のことだった、と述べた。「だからって、政治を諦めたわけじゃない。つまり、直接政治にかかわっちゃいないけど、ぼくがやることは、最終的に政治に関係する。でも、これは誰にでも言えることだ。いかなる発言、記録、そして生き方さえもが、政治的な態度表明なんだ」(9)

反戦運動そのものも岐路に立っていた。公民権運動とともに生まれた精神や情熱は、もはや死に絶えつつあるのだろうか。デイヴィスは、その闘いが掛け値なしに正しかった頃のことを懐かしむ。闘いのきっかけをつくったのは四人の黒人学生だ。彼らはウールワースの白人専用のランチカウンターに決然と座り、それが六カ月におよぶウールワースのボイコット運動に、ひいてはその後十年におよぶ運動につながったのだ、と。「みんなそうだと思うが、とりわけおれにとっては大事件だった。なにせ一九六〇年、あのノースカロライナはグリーンズボロのランチカウンターから始まったんだからね。歴史的なことさ。それがいまや終わりを迎えようとしてるんだが」

いや、そうだろうか。デイヴィスとルービンは、ジョン・レノンという人物のなかに一縷の望みを見出していたのだ。アメリカ社会で再び注目され、そしてなにより反戦運動の現場での彼自身の信頼を取り戻すために、ルービンは何かを必要としていた。ルービンはレノンと同じような人生の問題——自身の未来やそれまで築き上げてきた伝説へ不安——を抱えていたという。『ローリング・ストーン』誌のインタビューで、ルービンは彼自身への、そして革命運動の未来への懸念は少なくないと語っている。「おれのまわりのみんなはやる気を失くして混乱してるよ。運動に関わったみんなが、すべてを、おれたちの歴史をまるごと断罪しているのさ」(10)

ニューヨークのジョン・レノンは、ジェリー・ルービンにとって何としてでものにしたいチャンスだった。アップル・レコード〔ビートルズのレコードレーベル〕に一か八かで電話をかけ、ほかでもないヨーコから折り返しの電話がかかってきたとき、誰よりも驚いたのはルービン自身だった。ルービンとホフマンがワシントン・スクエアのあのアーチ下ではじめてジョンとヨーコに出くわしたことも、彼らの出会いを特別なものに感じさせた。ジョンは星条旗柄のスニーカーを履き、ヨーコは全身黒ずくめだった。興奮でいっぱいの自己紹介のあと、彼らはワシントン・スクエアを出て、ホフマンのアパートで数時間を過ごした。ルービンは、「ベッド・イン」は最高だったよとジョンとヨーコを称賛し、彼自身の政治批判の派手な手法を卑下した。ジョンとヨーコは、ホフマンとルービンをアーティストだと考えている、と言った。革命運動のリーダーたちは、ジョン・レノンの内部に新しいタイプの政治活動家の資質を見出していた。

出会った当初からルービンがレノンにたびたび問いかけたのは、彼が本当にやりたいことはなんなのか、だった。レノンの答えは「かかわること」だった。バンドを組んで演奏することで、「自分が持っている金を人びとに還元したい」というのだ。それ以前にもレノンは、「革命のために曲を書く」ことが目的であり、路上に出て歌い、少しでも世の中を揺さぶってやりたいと吐露していた。

「少しでも政治にかかわって、みんなの考えを根本から変えられる何かがやりたいんだ。街頭なら、ほんとうに型破りで手軽なロック・ショーをいつでもやれるからね」

以前から少なからず革命運動に興味があったレノンだけに、ロンドンでならあらゆるところで顔が利いたはずだ。だが、いま彼はアメリカにいる。行動するための大義を見出すには、なんらかのかたちで自己紹介も必要だ。ルービンを利用することができるとなれば、彼がイッピーたちのリーダーとして、自分をヤンキー左翼たちに紹介できるかどうかにかかっている。そしてまた、バンク・ストリートのパーティーで、レノンに友情と信頼と好意を求めてやってくる夢想家謀略家の輩どもに勝る何かを、ルービンは見せつける必要があった。

そんなとき、あることがレノンの関心を惹いた。デトロイトの活動家でルービンの友人であるジョン・シンクレアが、法外な判決を下されていたのだ。マリファナを所持した罪での禁固十年ということだが、実際には思想犯として見なされた刑だとされていた。見せしめであれ口実であれ、ちゃちな二本のマリファナごときで禁固十年！これしかない。すぐにでも行動に移さなければ——ジョンはギターを引っ掴むと、急遽ミシガンへ飛び、夢中で歌った。ただ光悦のなかで叫ぶのではなく、群衆に向けて。「ステージの上の神をただ称賛するだけじゃなく、オーディエンスには存分にかかわってほしいんだ」とジョンがフランスのテレビリポーター、ジャン＝フランソワ・ヴァレーに語ったのは、十二月初旬、バンク・ストリートのアパートのベッドルームでのことで、そこにはヨーコとルービンも同席していた[11]。スーパースターという存在に絡め取られず、観客と演奏者が心をひとつにする。それまでずっと温めていた、政治色の濃いコンサートを行なうというアイデアについて、レノンは説明した。

ビートルズが最後に群衆の前で演奏を試みたときにも問題になったのだが、四人が再び同じステージに立つとどうなるか——分かりきった話だ。「ぼくはまだ、基本的にはミュージシャンだよ」と物憂げにいうレノンは、人生の新たな章をはじめる準備をしていた。彼の目的のひとつは、スーパースターという立場を捨てた、一介のミュージシャンになることだった。と同時に、曲を書き、演奏しつつも、自分がそれまでグループのメンバーとして成し遂げてきた以上のことができるアーティストとして輝くためにできることを模索していた。そのグループがあのビートルズだとしても、である。「個人としてもまだぼくには大きな力があって、いつでもメディアに登場することができる。でもそれは、ぼくがビートルズのメンバーだったからだ」とジョンは語る。「ぼくたちがいまやらなけりゃならないのは、まだまだ希望もするべきこともある、と彼らに伝えることなんだ。いまこそ飛び出して、人びとの考えを変えないといけない。ぼくたちは変われるんだよ！　ヒッピー・ムーヴメントがご破算になったからって、何かが終わったわけじゃない。まだまだ始まったばかりなんだ」

イギリスを離れるとき、まさに自分が望んでいたものを見つけた、とレノンは感じていた。自分のギターと存在感には、現在のムーヴメントに一役買うことができるチャンスがある、と。

＊

ジョン・シンクレアにとって、ジョン・レノンは自分を獄中から解放してくれる一縷の望みだったのかもしれない。収監から二年が経ったが、『デトロイト・ニュース』や『フリー・プレス』への投稿も役に立たなかったし、アビー・ホフマンがウッドストック・コンサートのステージに上がって、シンクレアの逆境を訴えようとしたことも徒労に終わった（タイミングもまずいことに、ホフマンはザ・フーの演奏中にステージにあがったのだ。ギターのピート・タウンゼントが自身のギブソンでホフマンに一発食らわして追い払ったことは、ロック史の語りぐさでもある）。

彼のデトロイトでの反体制活動家としての大物ぶりは、シンクレアがウェイン州立大学の学生だった一九六〇年代前半に早くも現れる。折衷主義者でマリファナ好き、詩を書き、自身の政治思想とコミュニティの利益を養護し、愛すべきジャズを奨励した彼は、将来の妻でドイツ生まれのマグダレン・レニ・アーントとともに、一九六四年にはじまったデトロイト・アーティスト・ワークショップを、公民権運動の波に乗ってより政治色の濃い場所に変容させ、ホワイト・パンサー党なるものを登場させた。ホワイト・パンサー党という名称は、むろんすべての黒人に武装を呼びかけたヒューイ・ニュートンのブラックパンサー党への共感を示すものだ。誤解を招きかねない名称だが（のちにレインボー・ピープルズ・パーティーに変更された）、モーターシティ〔デトロイトの別称〕を震撼させた一九六七年暴動の余波のなか、彼らが当然同盟を結ぶべきだとみなしていた相手に共感したのが、ホワイト・パンサーである。

「ヒッピーと黒人の敵は同じだったんだ。デトロイト警察さ」とシンクレアは言う。「それにおれたちと同じで、彼らもたいていはマリファナを吸っていた。まあ、おれの友人にはアーティストや詩人が多かったがね」。ヒッピーであれパンサーであれ、世代間ギャップによって分断されたこの国では、容易にそれだとわかるマイノリティーという点で共通していた、と彼は主張する。「長髪でマリファナを吸い、ロックンロールが好きで、仕事がなくてセックスが好き。それがヒッピーさ。すごかったんだよ。この国で生まれた最高のものだ」

いつも、ではないにしろ、たいていはハイで無頓着に見える彼を誤解する人間も多い。本当は情熱的で、自分がこれだと決めた問題には集中する人間なのだ。コミュニティを基礎とする理想主義を信条として草の根の活動を行なうシンクレアだが、その取り組みの規模こそ大小あれど、つねに地域に根ざすものだった。その点、国民の注目を集めようとする目立ちたがりの活動家とは一線を画していた。いっぽうでシンクレアは、共感を示しつつもデトロイト自体にも問題があったことを指摘している。

「既存の政治世界とは完全に別のところにおれたちはいたんだ。左翼といえばＳＤＳ〔Students for a Democratic Society（民主社会のための学生連合。一九六〇年代の新左翼学生運動組織）〕だとか、なんでもかんでも反戦活動と結びつけたりだとか、そういう立場とも違ったんだ。もちろんそういう姿勢にはいつも賛同していたけど、そもそも目指すところが違っていたんだよ」

ルービンやホフマンは国民的な注目を集めたが、シンクレアが地元の人たちから浴びた注目も、良きにつけ悪しきにつけ強烈なものだった。マリファナと政治にたいする彼の情熱のために、長髪野郎は国民の敵だとみなしていた大学警察の格好の標的となった。「ぶち込まれたのは二回。最初は、おとり警察官に十ドルのマッチ箱を売ったとき。二回めは、男をある家に連れて行って、そいつに十ドルの袋を買わせてやったら、そいつがおとり警察官だったときさ」

二回めの逮捕は一九六五年だったが、このときはデトロイト刑務所で六カ月を過ごした。これを教訓に、もう素性が完全にあきらかではない人間にたいしてマリファナを融通することはしない――ということにはならなかった。釈放されて以降も、そんなことは気にかけていないかのようにシンクレアはマリファナを誰かと分け合った。「おれたちはヒッピーだ。犯罪者じゃない。後ろめたいことをしているとは考えていなかった。公衆の面前で、なんでもおおっぴらにやったよ。だってそれが、おれたちのやりかただったからね」

デトロイト・アーティスト・ワークショップでは、誰もが歓迎された。一九六六年末には、長髪にベレー帽の「ルイ」と呼ばれる男と、以前マリファナをやったことがあるというヒッピー風の「パット」と名乗るタイプ入力補助の女、ふたりの新参者がやって来た。(12) パットは男たちに媚を売り、ルイはとにかくマリファナを手に入れたがっていた。ふたりはヒッピーたちのなかで心地よさそうにふるまっていたが、実際はヴァハン・カペイジャン、ジェイン・マンフォードという名のデトロイト警察の捜査官だった。ある記念日のこと、シンクレアによれば、パットがワークショップではおなじみのことを訊いてきた、という。「あの女、葉っぱを持ってるかっておれに訊くんだ。だから一本巻いて、自分で吸った。するとわたしも吸っていいかときたから、ああ、巻いてやるよ、と言った。で、渡したってわけさ」

おとり捜査の適否を云々したとしてもこのふたりの捜査官の手が緩むはずもなく、一カ月後には大量の逮捕状を携え、ふたりは同僚たちを引き連れてワークショップに手入れに入った。シンクレアのほか五十五人が逮捕され、新聞は「大学キャンパスを大麻取締で強制捜査」と報じた。控訴手続きに費やされた時間は都合二年分にも及んだが、結局シンクレアは二本のマリファナ所持を理由に十年の刑に服すことになった。

友人や支持者たちは、温情を求めた政治家への懇願や新聞への投書、広告依頼など、思いつく限りのあらゆる手段を二年にわたって講じたが、シンクレアが釈放されることはなかった。ただ、希望が見込める二つの事態が展開していた。ひとつは一九七一年七月にニクソン大統領によって、それまで二十一歳だった国民の選挙権が十八歳に引き下げられたことだ。大統領選挙ではもちろんのこと、アメリカのすべての国会議員が、それまで理解するごころかほとんど気にも留めていなかった世代に対して自分たちの政策を説明しなければならなくなったのだ。そして彼らがすぐに気がついたのは、マリファナ使用の非合法化について、とりわけ学生たちが関心を持っている、ということだった。国会議員はみな単純所持を重罪から軽犯罪へ移行させるかどうかを検討しはじめた。

シンクレアの支持者は、これを機に新聞やテレビのニュースがシンクレアの話題を取り上げ、世間の注目を集められるのではないかと期待して、ときにはイッピーばりの派手なメディアスタントも試みたが、保守的な力に阻まれた。あるいは合法化支持《プロ・ポット》や反戦を主旨とする集会でコンサートができれば、主旨に賛同した観客が熱気を帯びるのは間違いないはずだ。もちろんそれなりの注目を集めるには、ステージにそれ相応の人間が立つ必要がある。彼らにはビッグ・スターが必要だったのだ。

シンクレアは言う。「いつも、もっといい方法はないか、と手探りだったが、今度こそ大当たり、だったよ」

*

ジョン・レノンが電話に出たことで、コンサート・プロモーターのピーター・アンドリュースは、それが現実に起こっていることだと信じざるをえなくなった。アンドリュースとレニ・シンクレアは、ジェリー・ルービンよりはいくぶん多くの情報——電話番号とダウンタウンの住所と思しきもの——を携えつつ、ニューヨークへと飛んだ。

地元の無名ミュージシャンからジェファーソン・エアプレインまで、アナーバーでのコンサートの手配はお手の物だったアンドリュースではあったが、今回はクライスラー・アリーナで服役中の詩人のためのコンサートに一万五千人を動員する、という少々手強い仕事のオファーだった。「シンクレアは大きなイベントをやりたかったんだね。彼は『何か大きなものが必要だ』と刑務所で言っていたよ」と、アンドリュースは当時を振り返る。

まだまだ不十分だったのだ。当初の計画では、地元のミュージシャンや多くの演説者が出演予定だったが、見込める観客はせいぜい三千人といったところで、空席のほうが多い寂しいものになるのは目に見えていた。もはやジョン・シンクレアのことなど、古臭いニュースでしかないのだろうか？「彼の置かれてる環境を考えて言ったんだ。『これは大失敗だろうな』とね。ムショに入ってもう二年。人間の記憶なんていい加減なものさ」

腐心はするものの、情熱の注ぎようもなかった——レニ・シンクレアが驚くべき話をもちかけてくるまでは。ジョン・レノンとヨーコ・オノをヘッドライナーにできる、というのだ。ありえない、とアンドリュースは思った。「なにをバカな、ってなもんだ。ジョン・レノンがそこで演奏するなんて、想像すらできなかった」

ところが、本当だった。それもまもなく実現しそうだというではないか。レニもアンドリュースもあまりの幸運に驚くばかりだったが、ともかく話をまとめる段取りに取り掛かる。アンドリュースはジョン・レノンにコンサート出演の意志を確認しようとバンク・ストリートへ向かい、レニはほかにも一流アーティストを呼ぶための打ち合わせのため、タクシーでジェリー・ルービンのアパートへと走った。十一月の寒さに身を固くしながら、レニはドアの呼び鈴を鳴らす。しかし返事はなく、彼女はポーチでルービンの帰りを待った。

「しばらくすると男がやってきて、ベルを鳴らしたわ」とレニは述懐する。同じくルービンに会いにやってきたその同好の士とレニはその場で少しだけ話して、夫の苦境について、あるいはルービンやジョン・レノンが助け舟をだしてくれていることを伝えた。すると、その家の鍵を持つ別の男がやってきて、三人は中に入ってルービンを待つことになった。「椅子に座ると、彼らは話をはじめた。耳をそばだてて会話を聞いて、そうだ、と思ったわ。ボブ・ディランとフィル・オクス〔一九七六年に三十六歳で自死する合衆国のプロテストシンガー〕だったの。ルービンはディランもジョン・レノンと同じステージに立たせようとしていたのよ」

ドイツからデトロイトへと逃れるや反体制活動をはじめ、急進派の最先鋒ともいえる存在だったレニだが、いま目の前にいる人物を見て、自分の手には負えない事態だと感じていた。「次の話し合いはなかったわ。それに彼はコンサートには出なかった。だからって別に彼を非難してるわけじゃない。ジョン・レノンがいれば、ボブ・ディランは必要ないのよ」。ディランは出演を見合わせたものの、フィル・オクスはミシガンのステージに立った。

信じられないことに、デトロイトからニューヨークへの旅がもたらしたのは、無条件の成功だった。世界で最も人気のパフォーマーが、シンクレアを支援するコンサートにやって来る。アンドリュースは出演料として五百ドルを支払う契約を交わしたが、その金はすぐにジョン・シンクレア解放基金に寄付された[13]。額はわずかだが、シンクレアの釈放を求めて協力しているグループや活動家の多くが、少しでも活動の足しにしようとギャラをすぐに寄付していることは、レノンも知っていた。その数カ月前、「反体制運動についてはいつも注視してるよ」と語っていたレノンは、チャリティイベントについても自分なりの考え方を持っていた。「誰かがトラブルに巻き込まれれば、僕は金を貸すか出資するか、何かをするね。二日に一度は少なくとも五千ポンドの寄付を頼まれるけど、たいていは寄付するよ[14]」。チケット一枚につき一ドルを募り、しかるべき人が恩恵にあずかれるような基金をつくることも考えていた。

レノンほどの知名度がある人間が演奏する。そしてシンクレアのために演奏される音楽が人びとの記憶に刻まれる――それがどれほどの意味を持つか、計り知れない。シンクレアのことを思って書いた、コンサートでも演奏する予定のブルージーな曲をレノンはお披露目した。「すごくいいよ、と彼に太鼓判を押したよ。シンクレアもきっと気にいるだろう、とね」とアンドリュースは話す。

アンドリュースは、レノンがコンサートに出演するという驚愕の展開に恐れ入りつつも、急遽作成された契約の追認にするように、テープレコーダーに向かってメッセージを話してもらうようにレノンに頼んだ。(15) メッセージは短く要領を得ていたが、なかば弁解のようにも聞こえるものだった。

ぼくはジョン、隣にはヨーコがいる。ジョン・シンクレアを釈放するための資金集めパーティーなのか政治集会なのか、とにかくちょっと挨拶に行くよ。バックバンドは連れて行かずにひとりでね。なぜって、いまはただ旅の途中といったところだからさ。でも、ギターはたぶん持っていくし、ジョン・シンクレアのために書いた曲を歌うよ。それだけさ。じゃあ金曜日に。ハロー、そしてグッバイ。うまくいくといいね。

＊

十二月十日金曜日。ミシガンに到着したジョンとヨーコは、当然のこと王族さながらの待遇を受けた。アンドリュースが空港で彼らを出迎え、その後向かったホテルは、皮肉なことに、アナーバー・キャンパス・インのプレジデンシャル・スイートだった。

ジョン・レノンの名前が印刷されたチケットを売ることについては、何の心配もいらなかった。三ドルという入場料は一九七一年当時の基準に照らしても格段に安く、発売から数時間後にはソールドアウトだった。アンドリュースによると、この価格設定は「民衆のために《フォー・ザ・ピープル》」という自身の哲学をシンクレアが強く主張したことによるもので、このことをアンドリュースは後になって後悔した。「収支ぎりぎりで、誰にも利益がなかった。本当は二十ドルにしたかったんだ。そうしたら三十万ドルだ。それでも売り切れるスピードは変わらなかっただろう。ジョン・レノンを生で見るチャンスなんてそうそうなかったんだから」

ニューヨークにいるときと同様、レノンは自分が特別な存在だと思われたくなかった。大学町にある洒落た店やにぎやかなダウンタウンにいる、普通の人と同じでいたかったのだ。午後のひととき、レノンがいくつかめぐって過ごした店の一つが、リバティ通り四番に位置するハーブ・デヴィッド・ギター・スタジオだ。オーナーのデヴィッドは、まったく何の前触れもなかったよ、とアナーバー・クロニクルに語った。レノンはただ店に入ってきた。気取る様子がまるでなく、誰も彼があの人だとは気がつかなかった[16]。

ただデヴィッドだけは、そこにいるのが誰かをよく知っていた。「やあ、ジョン」。彼は自己紹介の前に語りかけた。

「僕はジョンじゃないよ。いとこさ」と言って、レノンはニヤッと笑った。

「じゃあ、ジョンのいとこさん。こんにちは」とデヴィッドは微笑み返し、木製のシンプルな椅子に座ってくつろぐよう誘った。レノンは一時間以上その店にいて、彼だと気がついて驚いた客に向けてギターまで演奏した（四十年経ったいまも椅子はまだ同じ場所にある。「一九七一年にジョン・レノンが座った椅子」と、博物館よろしく厚紙に書かれたメッセージが添えられ、大統領クラスの記念品のごとく崇められているのだ）。

その夜、レノンの姿はクライスラー・アリーナのバックステージにあった。急造のサポートバンドにギターでコード進行を丹念に説明し、文句なしとは言えなくても十分に飲み込みの良さを見せてくれたバンドに満足した。そして自分の出番を待った。

待ち時間が長かった。七時を少しまわって、詩人アレン・ギンズバーグのステージからショーが幕が上がった。彼のバラッドが、ショーが何のために行なわれるのかを説明し、レノンもその内容を聞いていた。シンクレアの名前が呼ばれるたびに一本ずつジョイント［マリファナを紙で巻いて吸える状態にしたもの］に火がつけられている様子で、その長い夜のあいだずっと、アリーナの内部は煙が雲のように立ち込めていた。そのあと七時間、地元出身のボブ・シーガーに、ティーガーデン&ヴァン・ウィンクル、フィル・オクス、ホット・ロッド・リンカーンのコマンダー・コーディ&ヒズ・ロスト・プラネット・エアメン、ジ・アップ、そしてジャズ・サックス奏者のアーチー・シェップらがステージに上がる。楽器や機材が入れ替えられる幕間には、レニー・デイヴィス、ボビー・シール、ジェリー・ルービンなどが、収監されているマリファナ常用者の釈放を訴え、めいめい自分たちが従事している活動についての見解を述べた。

デイヴィスの熱のこもった演説は、政府の欺瞞を視野に入れたものだ。シンクレアが監獄に入ってからの二年というもの、ニクソン政権は、戦争が終結に向かっていると国民に信じ込ませようとするかたわら、大統領の指揮のもとで米軍は一週間に広島の二倍半」にもなるベトナム空爆を続けていたのだ(17)。

ブラックパンサーの共同設立者ボビー・シールは、ラップミュージックがまだ誕生する以前に自由詩《ヴァース》をリズミカルなビートに乗せて詠唱し、戦争、飢え、殺人、不正義による「歴史的な汚染」について怒りをぶちまけた。「この汚れ《ポルーション》を無くすただひとつの答え《ソルーション》は、人民による人道的な革命《レヴォルーション》だけだ！」

ルービンは例のごとく感情を高ぶらせ、ヒッピームーヴメントの現状についての意見表明を行なった。「終わった、というやつらは革命が終わったと思ってる。なら、いまここで起こっていることは、なんなんだ？　終わったようにはまったく見えないぜ」。少なからずの観客にとって最も興味深かっただろうルービンの発言は、翌一九七二年にカリフォルニアで開催される予定の共和党大会に関するものだった。「一九六八年に民主党にしてやったことを、今度は共和党にやってやろうじゃないか。百万人をサンディエゴに集めるんだ(18)」。「シカゴ・セブン」では年長のデイヴ・デリンジャーの発言もまた趣旨は同じだが、政治的なコンサートをやろうという計画が付け加えられていた。「ジョン・シンクレアを獄中から出してやりたい。そのためにサンディエゴでも音楽をやろう(19)」

もちろん活動家ばかりが登壇したのではない。アーティストのステージ、とくにレノンの登場には会場中が大騒ぎした。マリファナ所持の罪をこれまでより減刑する法案が通過間近であることは皆知っている。おまけにステージにはあの輝かしいビートルズの元メンバーがいる。これでシンクレアの釈放を求める声が勢いづかないわけがない。コンサートで読み上げられたアナーバー市長のロバート・J・ハリスからのメッセージには、シンクレアへの処罰が「恐怖」であり「恥辱」であるとの文言があった。ハリスは州議会による法律改正を称賛した。そしてイースト・ランシング市議会は、シンクレアの不服申立てを支持する決議を採択した。「歴史上はじめてのことじゃないかしら」と、夫であり、〔子どもの〕父親であるジョンの奪還が何より重要だったレニは言った。「そして、これがはじまりなんて——すごいわ」

シンクレア本人が群衆に向けて語りかけるための準備が進められた。彼はこっそりと刑務所の公衆電話の場所に向かい、アナーバーに電話をかけた。アンドリュースがステージに上がると、ショーを一旦やめさせて言った。「みなさん。ジャクソンの州刑務所から、いま電話がかかってきています」。シンクレアは電話口で語りかけた。「もうボロボロだよ。なんて言っていいのか分からない」。そして、「おれに何か言ってくれないか」と観客に語りかけるや、その夜いちばんの歓声が沸き起こり、電話口からは感情のほとばしる音が聞こえた。

多くの観客にとっての音楽的ハイライトのひとつが、午前一時にやってきた。サプライズの特別ゲストの名が告げられたのだ。このゲストが参加することになったのは、ほんの数日前のことだった。アンドリュースは回想している。「オフィスに座っていたら、電話が鳴ったんだ。スティーヴィー・ワンダーだよ。ジョン・レノンの後だからもう驚かないけどね。コンサートに参加したいって、彼が言ったんだ」

モータウンでデビューし、すでに十三歳でその輝かしい天才ぶりを発揮していたワンダーは、政治には慎重だ。アンドリュースによると、ワンダー自身はドラッグの使用を支持しないし擁護もしないが、「シンクレアの身に起こっていることは知っているし、それはあまりいいことじゃない」と思っている彼の立場は明言していたという。

ワンダーによる「フォー・ワンス・イン・マイ・ライフ」のパフォーマンスがはじまると、楽屋にいたレノンは聞き耳をたてた。モータウンのスターが名を連ねていることを、レノンは知らなかったのだ。レノンはアンドリューを探そうとステージに向かって席を立った。「スティーヴィー・ワンダーが来てるのかい？　観たいんだよ！」。信じられないといった様子で叫んだ。ジョンが群衆のなかにいるのを見て驚いたアンドリュースが、「まだ観客に姿を見せるのは、早過ぎるだろう」とそのスターに言うと、レノンはこう釈明した。「わかってないな、スティーヴィーはおれのビートルズなんだぜ」

警備員の一団が輪になって彼を囲み、ステージ横の通路へと連れて行こうとした。ほどなく、ステージ上のスティーヴィー・ワンダーを見ていた近くの観客たちが息を呑んだ。ふと目を遣ると、そこにいるのが誰なのかは一目瞭然だ。観客が群れをなしてジョンに近づく。アンドリュースにはヒヤヒヤものだ。「ジョンに、収拾がつかなくなるぞ、っていうと、兵隊みたいに素直に従ったよ」とアンドリュースは述懐する。「子どもみたいにね、わたしにお礼を言ったよ。スティーヴィーを見られて嬉しかったってね」

その夜、ワンダーはいつになく自分の政治的姿勢を率直に示した。スライ・ストーンの「サムバディズ・ウォッチング・ユー」を、FBIと観客に紛れ込んでいるかもしれないエージェントのために捧げた。〔一九七〇年にケント州立大学で反戦デモ隊に発砲し、四人を死亡させた〕オハイオ国家警備隊にはおとがめなしなのに、ジョン・シンクレアは収監されてしまうような司法制度に、ワンダーは疑問を投げかけた。「ある男はマリファナを所持していたがために十年ものあいだ獄につながれる。いっぽう四人の学生を殺したやつらは、自由に町を歩ける。いったいこれはなんなんだ？　ぞっとする。本当に嫌になるよ」

コンサート開始から八時間を経て、レノンがステージに立った。セットリストは短く、「アッティカ・ステート」、「ザ・ラック・オブ・ジ・アイリッシュ」、「シスターズ・オー・シスターズ」、そして今夜のために用意されたバラッド「ジョン・シンクレア」の四曲。いずれもまだレコーディングされてない曲ばかりだ。登場直前、「ジョン、そしてヨーコへ。ニューヨーク・シティはきみたちの友だちさ」と持ち前の無表情なスタイルながら、敬意を込めて歌ったのはデヴィッド・ピールだ。

そして短めのファンファーレとともに、観客の喝采を受けてレノンの登場だ。革のジャケットを着てサングラスをかけ、二本のギターを手に提げている。まずは「アッティカ・ステート」だ。十月の彼の誕生日祝いに「即興で」演奏した曲だったが、その後、「きちんと仕上げた」と説明した。そして「ハロー、ハロー」とマイクの調子を確認すると、胸の高まりとともに曲がはじまる。

彼の演奏としては最高の出来ではない。それは歌い手自身も含めて誰の耳にも明らかだ。曲の合間にも何度か不満を露わにしながら、バンドメンバーと囁き合っていた。厳しいレビューもいくつかあった。「心待ちにする必要などなかった」と書いたのは『デトロイト・ニュース』のビル・グレイだ。彼は「馴染みのない」歌や「シスターズ・オー・シスターズ」のヨーコの声に納得できなかった。[20]

「ジョン・シンクレア」の演奏前、レノンはリゾネイター・ギターをチューニングしながら、自分の友人たちとのいつもの会話のように、飾り気のない、率直な様子で群衆に語りかけた。もちろん彼は、シンクレアを救援するために、「いままさに起こっていること」に注目を集めるために、ここにいる。しかし彼が人びとに伝えたかったメッセージは、収監された男だけにかかわるものではなかった。

ここでのレノンのスピーチは、新しい時代のための基調講演だった。事態への無関心やゆるやかな抗議といった類のものは、ビートルズが属した六〇年代の、つまり過去の時代の遺物であることを、人びとに知ってほしいと思ったのである。「無関心でいる場合じゃないんだ。ぼくたちには何かやれることがある。フラワー・パワーはダメだった、って言うやつもいる」と肩をすくめる。「そう言われて、で、何だってんだ？　もう一度はじめればいいんだよ」。

彼は歌う。「逆境にあるジョンを救うのさ、ぼくたちならできる」と。

そして四十八時間後、彼らはそれを実現した。

第2章

ジョン・アンド・エレファンツ

John and the Ele-phants

「アメリカ人のモラルを崩壊させるために彼らが使おうとしているのは、ロックンロールと呼ばれる、腐っていて不潔で下品で猥褻でいやらしくてゴミみたいな音楽だ」

ジャック・ヴァン・インペ

あるときジョン・レノンは、こう言った。ビートルズというグループのメンバーとして曲を作るときには、何かしら制限されている感覚があったし、その意味でひとりひとりの主張は制限されてしまった、と。彼の強烈な個性が表現された、真の意味でのソロアルバム『ジョンの魂』は一九七〇年十二月に発表され、彼の最高傑作だという評価もある。この作品は、無駄な要素を極力省くアプローチのもと作られた。「アンプラグド」という用語が基本に立ち返る《バック・トゥ・ベーシックス》べき音楽を定義するようになるずっと以前のことだ。それはレノンにとって、単に芸術的な選択だった。ありのままの、裸の感情を表現するには、楽器はより少ない方がいい。当時流行し、自身も試していた原初の叫び《プライマル・スクリーム》療法にインスパイアされた「マザー」でのレノンほど、内なる心の痛みをあからさまに吐露するパフォーマンスに成功しているアーティストはいない。父の不在と母ジュリアの喪失を語る歌詞に、彼の本当の心の痛みが垣間見られる。

レノンがマンハッタンに移ったのは、ビートルズ解散後二枚目のアルバムとなる『イマジン』が一九七一年九月にリリースされたときのことだ。ジョンは『ニュー・

ミュージック・エキスプレス〔NME〕』誌に、「これまでで最高の出来だよ」と熱く語っている。(1) サポートしてくれたバンドも素晴らしく、「ジョージ・ハリスンと呼ばれる男がいてね、バブルスとかいうやつら〔後に「ボーリャ」（ポルトガル語で泡の意味）に改名したブラジルのガレージ・ロック・バンド。ビートルズの曲もカバーしている〕とよく一緒にいたよ」と述べると、よりコマーシャルな音楽を好むファンも満足させることができればいいね、と付け加えた。「そのうち披露するよ。前作みたいに個人的な作品じゃないし、これまでもずいぶんと学んできたように、そうするのがなによりだからね。明るくもあり――ぼくは満足しているよ」

レビューは判断をつけかねていた。もちろんいい作品にちがいないのだが、『ジョンの魂』ほど革新的というわけではない。非常に内省的な「クリップルド・インサイド」、よりオーソドックスでポップソングらしい「ジェラス・ガイ」、楽しげな「オー・ヨーコ」などの曲が混在する。また、ポール・マッカートニーへの苦々しげな頌歌「ハウ・ドゥ・ユー・スリープ」にはレノンの尖った部分が現れているし、「ギミ・サム・トゥルース」はニクソン大統領を皮肉るポリティカルソングだ。

批評家たちは、革命のレトリックを受け入れはした。しかし、彼らがレノンに期待していたのは、音楽であれイデオロギーであれ、ほかならぬ彼の天才である。『ローリング・ストーン』誌のベン・ガーソンは、音楽だけでなく、人間ジョン・レノンをこう観察している。「ジョン・レノンは自分自身のために新たなキャリアを開拓した――政治に口を挟む国際的なアヴァンギャルド・グループの流動メンバー。ロック界で最も心理的な綱渡りを堂々と行なうアーティスト。そのいっぽう、ロックで大成功した人間が陥りがちな、過去の栄光に囚われて慢心するような気配はない」(2)

ガーソンはタイトル曲「イマジン」のメッセージに見られる哲学について、「世界中で起こる運動の重要性を再認識させるもの」と端的に賛同の意を表し、レノンがわれわれに対して宗教や国境のない世界を、「そしてつまりそれ自体が博愛と平和を意味する」世界を想像することの必要性を説いている、とする。歌唱法については、「彼のスタイルには間違いないが、上手いわけではなく、ブリッジ部分を除けばメロディが際立つわけでもない。ただ、それがわたしには心地良いのだが」と所感を述べている。

ガーソンがとくに気にしていたのは、内省的な詩人としての姿がいまや影を潜め、社会に向けて発言することにレノンが病みつきになってしまっていることだ。「ギミ・サム・トゥルース」でレノンは「分裂自己中偏執狂のワガママ野郎」にはうんざりだというが、図らずもレノンは、ここでいまの自分自身を言い当ててしまっているのだろうか。「彼は誰のことを言っているのだろう」とガーソンは問う。「自身のキャリアのなかでも最大級の試練に、いま直面しているはずだ。人間としても、音楽家としても。ジョンは偉大なアーティストだ。しかし、もしそこで才を発揮できなければ、偉大なアーティストといえども注目には値しない」

「ギミ・サム・トゥルース」は、アメリカにやってきたレノンが名刺代わりに差し出した曲だ。新しいことをとにかく試したいという思いと同時に、いかなる種類のものであれ、嘘八百にはうんざりしていたのだ。ニクソンのよく知られたあだ名を使って、レノンは忠告する。「なにか希望があるんじゃないか、なんて思わせようとしても、短毛で腰抜けの策略家《トリッキー》ディックが、ハバードおばさんよろしくおれたちをうまく丸め込もうなんて、できるわけないのさ」

＊

自分自身のために世間に投げかけた新しいイメージを、批評家連中が受け入れる準備があるのかどうかなど、どうでもいい。レノンは新しいアイデアを喜んで受け入れた。たとえそれが合衆国の左翼のリーダーのものであれ、音楽や視覚芸術といったジャンルにかかわらずどんなアーティストのものであれ、あるいは工作員のものであれ、だ。

「ふたりはニューヨークで起こっていることにどうやって自分たちが参画できるか、その方向性を模索していた」と語るのはジョン・シンクレアだ。ジョンの変化の過程で、ヨーコの影響を過小評価してはならない。アメリカのアンダーグラウンド・シーンで、彼女はすでに指導的な立場にいた——とりわけ一九六〇年代前半、アーティストたちのサークルのなかで。レノンがショービジネスや急進的な活動家たちに熱狂的に受け入れられ、待ちわびられていたのと同じぐらい、前衛芸術の世界では——ジョンの存在とは無関係に——ヨーコは第一人者とみなされていたのである。

グリニッジ・ヴィレッジに引っ越す少し前の九月、ジョンとヨーコは一週間、ニューヨークのシラキュースに滞在した。アメリカでは最初の大規模なヨーコの展覧会《これはここにはない《ジズ・イズ・ノット・ヒア》》がエバーソン美術館で開催されたためだ。館長のジム・ハリサスが『シラキュース・ポスト・スタンダード』紙に語るには、当時コンセプチュアル・アートが非常に注目を集めていて、ヨーコが「その最初期の、そしてもっとも優れた解説者」だったということだ[3]。

コンセプチュアル・アートは、主流の、そして偏狭なアメリカ人からは誤解され、その抽象的な象徴主義は、嘲りの対象とは言わないまでも、まともに取りあげられることがなかった。『シラキュース・ポスト・スタンダード』の社説は、この展覧会を「品位を傷つけるもの」だと評したが、それは作品だけの批判にとどまらなかった。『スタンダード』による侮蔑の矛先は、かつて自分がイエスよりも有名だと主張した男を町に招いた美術館に対しても向けられたのである。レノンは、「ゲイジュツについてのデタラメ記事を書いた誰かさん[4]」に手紙を書いた。芸術について多少は知識があると思っているらしいものの才覚に欠けている批評家たちの辛辣な言葉に、芸術家がどれほど長い間苦しめられてきたかがいま分かった、とレノンは意見を表明したのだ。

そうそう、小生はあなたたちのような人間のことを、すっかり忘れていましたよ！　世界中のあちこちの小さな町にまだ存在しているってね……。いまエバーソン美術館で開催中の展覧会と、そのアーティストの夫が四、五年前に言ったことが、いったいぜんたいなんの関係があるのか。アーティストっていうのはもう何百年も陰気なやつら（というかケチな堅物ども、とでも言うのかな）の、ブルジョアっぽい遠回しな陰口を相手にしてきたんですよ。世間ではもはやこの世にいない芸術家ばかりをお好みなのですね。

追伸、来て、観てみればいいんじゃないですか。小生が侮辱してると貴兄が感じている人も、観れば感じ入って、侮辱されても仕方なかったと思うに違いありません。

多くの来場者のなかには著名人もいた。ボブ・ディランにデニス・ホッパー、そしてジョンではなくヨーコの友人としてアンディ・ウォーホル。レノンのニューヨークの新居近くに、ウォーホルの「ファクトリー」と呼ばれるスタジオがあって、そこにミュージシャン、芸術家、映画作家などが集っていた。その顔ぶれの多彩さには――ジョンの音楽もそうだが――ヨーコの作品と同じくらいのインパクトがある。シンクレアはこう説明する。「彼女はそこにいて、ハサミを持ったやつらが近づいていくと、彼女の服を切り刻みはじめるんだ。なんだこれは、という感じさ。他の誰もそんなことしやしない。彼女がジョンと出会ったのも、ロンドンでその妙ちきりんなショーをやったことがきっかけだった」

展示されていたヨーコの作品には、梯子を登ると一番上の段に望遠鏡があり、覗くと「Yes」という文字が見えるものや、招待客がコインを支払って木片にハンマーで釘を打ち込む、といったものがあった（コインを支払ったことにして、ハンマーを持ち、想像上の釘を打ち込んだことにするのはどうかとジョンが提案したとも言われる）。

そのほか、一九六九年にジョンとヨーコが構想した「バギズム」のコンセプトについて、詳細に説明した作品もあった。その当時彼らは記者会見を開き、それぞれが大きなキャンバス地の袋《バッグ》にすっぽりと収まると、人種、肌の色、服装、民族性といった見た目での判断を妨げる「完全なるコミュニケーション」を実践する「バギズム」なるものを提唱し、その主旨を説明したのである。「こういう袋に入って面接をすれば、肌が黒いとか目が緑色だとか長髪だとかいう理由で撥ね付けられることもなくなると思うんだ」と、レノンはデヴィッド・フロストに語ったことがある。[5]

かつてドイツの実存主義からインド式瞑想術にいたるまで、音楽と芸術をあらゆるアプローチから理解しようとしていたときと同じように、ジョン・レノンは猛烈な好奇心を抱いてニューヨークにきていた。芸術にしろ政治にしろ、自分のメッセージを伝えたがっている魂の同志たちがニューヨークにはたくさんいることを知っていたのだ。おまけに彼は、独創的なアイデアであっても、人がとっつきやすいものに創り上げたうえで自分を売り込むことに、地球上でいちばん長けた人間だ。レノンは自分たちの新婚旅行を、ベッドルームから平和を訴える記者会見場に仕立て上げ、ニューヨークのタイムズ・スクェアをはじめとする世界十一の都市に「戦争は終わった《ウォー・イズ・オーヴァー》、あなたが望めば《イフ・ユー・ウォント・イット》」と書かれた看板広告を出した。レノンいわく、これらの行為の目的はただシンプルなメッセージを発信することだった。

> 石鹸を売ったりソフトドリンクを売ったりというのと同じように、平和を売ってみたらどうだろうと思ったんだよ。それが人びとに平和は実現可能なんだと気付かせることができる、唯一の方法なんだ。戦争は避けられない、暴力は避けられない、なんてことはありえない。あらゆる暴力は避けられるんだよ。ビアフラ戦争やヒトラーのことを知っているぼくたちは、何もしないではいられない。「平和を売ろう」と言っているのは、そういう単純な理由があるからさ。メッセージを書いて、窓に貼ればいい。もし平和に賛成し、信じているのなら、自分自身が広告主になればいいのさ。

当然ながら批判も出る。しかしレノンは、そうやって批判することでメディアはそのメッセージを繰り返し伝えているのさ、とやり返している。『ニューヨーク・タイムズ』のグロリア・エマーソンに対しては、戦争に関するニュースの見出しを、看板広告やベッド・インといった平和の言葉で帳消しにしたかったんだ、とジョンは語った。「もし新聞の一面にぼくの記事が載るなら、『平和』という言葉と一緒に載るほうがいい」[6]。エマーソンは、ベッド・インのような派手なパフォーマンスは「ばかげてる」と思われるだろう、そういうリスクを冒したことで、自分は一線を越えてしまったと思っているか、とジョン・レノンに訊いた。そうした瑕瑾に属する愚かな行為はあっても、彼女はレノンの作品を高く評価していたし、彼を才能と知性にあふれた人物だと考えていた。「彼に加勢する人間は、多いとは言えなかったな」とシンクレアは述懐する。「他にどれほどの人間が、平和のためといって金を払ってまでタイムズ・スクエアに広告をだすというんだ。映画の広告ならいざ知らず、平和のために金は出さないもんさ」

ニューレフトのリーダーやイッピーの活動家、公民権運動の擁護者たち、女性解放運動の支持者たちはおしなべて、平和を究極の目的ととらえていた。レノンの影響力があれば人は変えられるはずだと、誰しも考えていた。「おべっか使いの取り巻きが群がっている、という感じではなかったな」とシンクレアは言う。「彼は実際に行動している人びとに手を差し伸べ、自分自身が提供できるものを与えていたんだ。それは素晴らしいことさ。ふつう誰かに何かをしてほしいと思えば、その人間のところに行って跪き、請わなきゃならないからね。彼自身、何かの一部になりたかったんだろう」

＊

政治色を押し出したロックンロールはグリニッジ・ヴィレッジやニューヨークで人気のバーではすでに馴染み深いものになっていて、それぞれの場所で人気のあるアーティストたちは、ヒットチャートをにぎわす歌手たちより大きな——とは言わずとも、同等の尊敬を集めていた。レノンは、エレファンツ・メモリーというい かがわしそうなバンドについての噂を耳にする。ジェリー・ルービンやデヴィッド・ピールらが彼らを激賞していたのだ。

パーク・アヴェニューにあるナイトクラブ、マクシズ・カンザス・シティの大トリも務めていた彼らが、先鋭な映画のサウンドトラックで歌う曲を仕上げていたのが、ベッドフォード・ストリートにあるマグナ・グラフィクス・スタジオだった。このスタジオは、バンク・ストリートにあるジョンの部屋からわずか数ブロックのところにあった。マグナ・グラフィクスのオーナー、ボブ・プレウィットは、エレファンツこそ対抗文化のヒーローだったと漏らす。シャ・ナ・ナ、ブルー・オイスター・カルト、艶笑の歌姫《ディーヴァ》、ベット・ミドラー、ジ・エレクトリック・カンパニーの商業路線作品、そしてキッスも後にこのスタジオで録音する。しかし、そうした名だたるアーティストによるどんな作品よりも、エレファンツの作品は際立っていた、というのだ。演奏家としての手腕を存分に発揮しつつも、アンダーグラウンドの世界での信頼を維持しつづける、ミュージシャンのためのミュージシャン。「彼らこそ、ストリートそのものさ。エスタブリッシュされた連中とは、違う。まさに『人びとに力を《パワー・トゥ・ザ・ピープル》』を具現化したようなやつらさ」

一九六七年、サックス奏者でティト・プエンテ・オーケストラの古参メンバーでもあったスタン・ブロンシュタインとドラマーのリック・フランクが、他のメンバーを流動的に入れ替えながら活動するバンドを結成する。ここには短期間ながらも一時カーリー・サイモンが在籍したことがある。エレファンツにまつわる多くの逸話のなかに、サイモンがバンドを辞めた理由というのがある。ほかのメンバーたちが彼女のボーイフレンドを階段から突き落としたからだというのだ。つまり、彼らはそういうグループだった。ストリップクラブで生まれ、バイクを乗り回すギャングたちとつるんでいたのである。(7)

ジ・エレファンツは、もともとブッダ・レコードというインディーズ・レーベルからバブルガム・ポップ・グループとして売りだされた。どちらかといえば大人しいイメージのレーベルだったにもかかわらず、一九六九年のアルバム『エレファンツ・メモリー』には、記念碑的ともいえるカバー写真がフィーチャーされる。カーリーの女性ヴォーカルに取って代わったミハル・シャピロも含めて、服の代わりにイカれたボディー・ペインティングを施したメンバーが写っているのだ。「オールドマン・ウィロウ」と「ジャングル・ジム・アット・ザ・ズー」の二曲が映画『真夜中のカーボーイ』のサウンドトラックに収録されたにもかかわらず、このアルバムの売れ行きは限定的なものだった（映画はアカデミー賞作品賞を得るなど評判が高かったが、公開当初、ニューヨークの路上生活者をどこまでもリアルに描くために成人指定されていた。興行収入の面では一九六九年のトップに名を連ねるほどで、ダスティン・ホフマンやジョン・ヴォイトが俳優業をはじめるきっかけを作り、またロックという音楽の文化的価値の高まりとともに、映画のあらたなる時代が始まることをハリウッド中のスタジオにしらしめた作品でもある）。

際立った楽曲ではあるが、ヒット曲の定石に従ったものではない。ブッダ・レコードでは次の作品が作られる計画はなく、その後はメンバーの入れ替わりが激しい状態が続いた。「それも当然といえば当然のことだ。あの作品は『申し分ない』といえるような代物ではなかったからね」と一九七一年に書いたのは、トビー・メイミスだ[8]。高校時代に独立系新聞『ニューヨーク・ヘラルド・トリビューン』で編集者をつとめた天才少年で、のちにアップル・レコードで広報を担当する。

メイミスによれば、エレファンツの初期のサウンドは「ブラッド・スウェット・アンド・ティアーズとメラニーを混ぜあわせたような不愉快なもので、どこで演奏しても失敗するし、それはレコード店の棚に並んでも同じだった」。十年というもの、彼ら自身のライフスタイルに即して「ストリートから音を作り出す」アプローチにこだわり続けたエレファンツだが、それまでその音がなかなか作れないでいた。だが、そのバンドが生まれ変わり、レコード会社との契約獲得のためにしかるべき仕事をしたのだ、とメイミスは評した。フェスでも学園祭でも、観衆がいる場所ならどこででも演奏したのである。

ジ・エレファンツは、マグナ・グラフィックスに戻ってきたのだ。歌も装いも新たにして。一九七〇年にメトロメディアからリリースした『テイク・イット・トゥ・ザ・ストリート』には、大衆向けのラジオではけっして放送されないこと請け合いの曲が揃っていた。なるほど歌詞を見れば警官を「豚」と呼び、攻撃を仕掛けて殺害したり、ある批評家の解説[9]によれば「突然鳴り響く銃声」とともに終わるという「油断ならない鼻《トリッキー・ノージズ》」という曲もあったりする。ある程度ヒットしたのが「マングース」という曲だが、これで彼らはそれまでとは違った注目を集めることになり、一九七一年七月にはフォーク・シティでの一週間におよぶギグに出演することになる。『ニューヨーク・タイムズ』に「ラディカリズムと荒削りなサウンドが入り交じる『エレファンツ・メモリー』」というマイク・ジャンによる記事が載った。「ふつう、ロック・バンドが何か政治的なメッセージを込めるとき、たいていはVサインを見せるとか、せいぜい『人びとに力を《パワー・トゥ・ザ・ピープル》』などの控えめな表現で終わる。『豚野郎を殺す』などと叫ぶバンドがいれば、既存の音楽ビジネス業界と折り合いをつけるのは難しいだろう。エレファンツ・メモリーが該当するのは後者だ[10]」

この記事は、以前の彼らのサウンドが「良き時代の穏やかなジャズ・ロック」であるとするいっぽう、ブロンシュタイン、フランク、ベースのゲイリー・ヴァン・サイオック、キーボードのアダム・イッポリート、ギターのクロウ・アイゼンバーグらの新しい布陣が演奏しているのは、「怒れるラディカリズムによって補強される、攻撃的でラフ、やかましいだけのロックにすぎない」とも断じている。「大きな成功を収めたことがないのにもかかわらず、しつこくがなりたてる彼らの態度は、その音楽と同じぐらい押しが強い」のである。

フォーク・シティに参加したことでバンドは知名度を上げた。『ビルボード』誌は、彼らがステージで前面に押し出したカウンターカルチャーの精神について、次のように書いている。「彼らのパフォーマンスはこれまでの音楽業界の因習にまったくそぐわないし、観客にも彼らの真意は伝わらない可能性もある。しかし、ロックンロールへの回帰と呼べるほどに、その音楽的センス、また強い躍動感という点で、彼らはいいのだ[11]」

そのヌード写真がいかにもフラワー・チルドレン然としていたファースト・アルバ

ムのジャケットとは趣向が異なり、『テイク・イット・トゥ・ザ・ストリート』で採用されたのは、抗議集会でパフォーマンスを見せるバンドの、画質の肌理が荒い白黒写真である。若いファンには到底アピールしそうにないステージングでの魅力の欠如について、あるひとりのファンは、グレイトフル・デッドのドラマーを引き合いに出し、「デッドのとあるメンバーよりむさ苦しい五人の輩」と『ローリング・ストーン』にその感想を漏らした。クラブのオーナー、ミッキー・ラスキンは、私生活での彼らは、ビジネスライクになっていく風潮に反して、今まで通りのやり方を維持していたと言う。「息抜きに一杯やって、だらだらと時間を過ごすバンドを見るというのも、興味深いもんだよ」(12)

パーク・アヴェニュー・サウスにかつて存在し、多くのミュージシャンが集ったラスキン所有のクラブ、マクシズ・カンザス・シティで不動のレギュラーを誇ったのが、ジ・エレファンツだった。彼らは伝統的だとはいえないアートや文化、政治の世界、そしてこのクラブに、なぜだかぴたりとハマった。このクラブにはヴェルヴェット・アンダーグラウンドが占領していたという伝説の楽屋があるが、マクシズで演奏される音楽は、実にさまざまな人格の趣味性を反映していた。醜い栄誉にまみれたエレファンツ、性の境界を越えたグラム・ロックの先駆者デヴィッド・ボウイやニューヨーク・ドールズ、それに有名な多くのグリニッジ・ヴィレッジの政治活動家たち。

五人編成のエレファンツに新しく加入したヴァン・サイオックとイッポリートによって、グループはこれまでにない魅力を加えることになる。年齢的には若いふたりだったが、その才能はグループには欠かせないものとなったのだ。サイオックの名前を世間が知ったのは、ハンナ・バーベラ・レコードに所属していた地元ピッツバーグ出身のバンド、ダイナトーンズによる一九六六年のヒット曲「ファイフ・パイパー」以降のことだ。その後ダイナトーンズは解散、ヴァン・サイオックは六八年にニューヨークに移り、CMのジングルや舞台オーディションに至るまで、あらゆる場所でベースを演奏した。ロングラン・ヒットしたミュージカル『ヘアー』の出演にもう少しで手が届きそうな局面もあった。そしてこうした経験も、彼が自身の進むべき道を見極めるには十分役立ったのだ。「音楽が向いてる、と思ったよ。少なくとも俳優よりはね」

サイオックが次に加入したのは、ビッグ・アイアンという、ジャズとブルースを基調とするニューヨークのバンドだった。このバンドでキーボードを弾いていたのがイッポリートだった。一九七〇年にコロンビアからリリースされたセルフタイトルのアルバムには、スクリーミン・J・ホーキンスの「アイ・プット・ア・スペル・オン・ユー」のカバーが収められている。このアルバムの効果で、アトランティック・スタジオでの、ニール・セダカを含む一流どころのアーティストとの仕事がサイオックに舞い込むことになり、その後ビッグ・アイアンズが解散するや、一九七一年の早々に彼はジ・エレファンツに加入する。手堅いバンドだ、とサイオックは感じた。認知も十分されているし、このメンバーのままでいけば、まだまだ大きくなる、と。「スタンとリックのふたりがいてこそのバンドだった」とヴァン・サイオックは言う。「スタンが作品を作り、リックがマネジメントする。リード・ヴォーカルは数人、ギタリストはかなりの人数が交代した。ぼくが入った年にもギタリストが五人、出たり入ったりしたよ」

キーボードが必要になったとき、サイオックはイッポリートを推薦した。ニュージャージー生まれで、父と祖父のふたりともがドラマー。音楽を生業にすることが運命づけられていた。ピッグ・アイアンのメンバーだったころ、四十八番通りのリッツ・シアターで、三回の公演だけで打ち切られたミュージカル『スーン』の仕事を請け負った（このミュージカルでデビューした俳優たちのなかに、リチャード・ギア、ネル・カーター、バリー・ボストウィックがいたことは特筆すべきだろう）。「とあるバンドとそのマネージャー。そしてグルーピーをめぐるロック・オペラだ」とイッポリートは言う。オーケストラ・ピットで演奏した後に周りを見回すと、サイオックがいた。彼が『エレファンツ・メモリー』で演奏しないか、って誘ってくれたんだ」

　音楽ファンであれば特定の種類の音楽ジャンルに忠誠を誓うこともあるだろうが、自分の才能を糧に変える方法を模索するミュージシャンにしてみれば、スタイル、嗜好、背景を問わず、いろんな音楽を理解したいと門戸を開いているものだ。「ビートルマニア」が誕生した一九六四年、イッポリートは高校を卒業すると、音楽大学でジャズを学ぶことに情熱を注いだ。「じつは当時、ビートルズにはまるで関心がなかったんだ。大学二年のとき、声楽専攻の親友の勧めでビートルズやビーチ・ボーイズを聴いてみると、ハマってしまってね。そういう音楽をやりたくなったんだよ」

　エレファンツ・メモリーのオーディションで求められたのは、音楽的な才能だけではなかった。「おそらくリックには強い政治信念があった。スタンも、それに喜んで付き合っている様子だった。はじめて彼らと演奏したとき、自分たちの政治的スタンスをどう思っているか、って聞かれたんだ」。サイオックもイッポリートも、テキサス生まれの新ギタリスト、ウェイン・〝テックス〟・ガブリエルの加入によって、バンドが商業的に成功する可能性が高まった、と答えた。それはバンドが社会運動に貢献していうるしていないに関係なく、である。

ガブリエルと母親のマリアンは、彼がまだ赤ん坊のころの一九五〇年代初頭、不在と虐待を繰り返す父親から逃れるためにテキサスを離れた。青年期をデトロイトのハイランド・パークで過ごしたガブリエルは、高校時代にアメリカン・フットボール選手を目指したが、ケガでその夢は絶たれた。そしてケガの治療中に出会ったギターをひたむきに練習することで、ガブリエルは心の安らぎを得たのだ。

ガブリエルがはじめてテレビ画面以外の場所でレノンを見たのは、一九六六年、ビートルズがデトロイトのオリンピア・スタジアムで演奏したときのことだった。しかし——ビートルズのメンバーにも分かっていたことだが——このころ彼らのコンサートはもはや音を評価する云々の代物ではなかった、とガブリエルは言う。「わめき散らす女の子たちの声で何も聞こえやしないんだ。ただ叫び声が聞こえただけだったよ」

ミシガンでいくつかのバンドに所属してギャラをもらったガブリエルは、一九七〇年、ニューヨークの水が自分に合っているかどうかを確かめるためにこの地にやってきたが、オンボロの車でリンカーン・トンネルに入る直前、車が壊れてしまったときのことを彼はいまでも忘れていない。いったんデトロイトに戻って、「悪魔のモリー」のミッチ・ライダーをフロントマンとする、デトロイト・ホイールズと改名したばかりのバンドで数カ月間活動した。ただ、ニューヨークで活動したいという夢は持ち続け、一九七一年、彼は自分を試すために再びマンハッタンに出る。そしてオーディションを経て、エレファンツの正式にメンバーとなったのだった。その喜びを、数カ月前に亡くなった母親とわかちあうことはできなかったが。

ガブリエルにとっては前途が開けたかたちだが、ミュージシャンとしての道のりはまだまだこれから、という状況だった。「テックスは最初スタンの部屋に転がり込んだが、ホームレスの犬や猫なんかの保護施設とでもいうか、そんなところだったよ」とイッポリートは語る。「ウェインは犬を二匹飼っていて、しばらくおれの家に住み着いた。よくリビングやキッチンで寝てたよ」

音楽的には、ガブリエルはバンドが願っていた通りの音を出してくれた、とヴァン・サイオックは言う。「テックスがデトロイトからやって来たとき、『こいつは買いだ』と感じたよ。やつはバンドを愛してたし、おれたちも彼を愛した。とにかくすばらしいギタリストだった。妻に、『おい、エリック・クラプトンの再来だ』って言ったのを覚えてるね」

ガブリエルが加入して最初のツアーのあいだに、フォーク・シティで再び演奏する機会があった。このときにガブリエルが聴衆に与えた強烈な印象を各紙が触れまわった。十二月八日付の『ヴァラエティ』は、「まだ加入して数週間のウェイン・ガブリエルはすでにバンドと一体化して、自作曲『ライフ』までも披露した。エレファンツ・メモリーの名声は、再び高まることになるだろう」と書いた。

より華やかなスポットライトを当てられることが、本当にバンドのためになるのかどうかは疑わしいとサイオックは言うが、マス向けに音楽を製作し、演奏することも含めて、一九七一年の暮れには、もう彼は方向性の転換を考えていた。「実入りのないライヴをやるのももうウンザリだったからね」と、サイオックは告白する。

人のちからが浪費されてる
人のいのちが無駄遣いされてるんだよ
あの塔の中の囚人たちを撃ち殺して
四十三人の女が哀れな未亡人になったんだ

ジョン・レノン「アッティカ・ステート」

＊

十二月十六日、収監中の詩人のために集まった、数千名もの観衆の前で歌ったミシガンでのコンサートからほんの一週間足らず、ジョンは旧友デヴィッド・フロストのトークショーに出演、これはニューヨークから全国に放送された。こじんまりとしたスタジオに設えられた、円形のひな壇の隅に座るジョンとヨーコが、収録に参加した観客のすぐ目の前にいる。(13) 世間話もそこそこに「アッティカ・ステート」の演奏に移った。ギターを弾くジョンとならんで、ヨーコとルービンがボンゴを叩く。ロウワー・イーストサイド・バンドから、ふたりのギタリストがサポートに来ていた。

ニューヨーカーにとっては記憶に新しいモティーフだった。その三カ月前、州北部のアッティカ刑務所で起きた暴動事件のニュースが、連日トップ記事として報じられたばかりだった。カリフォルニアの刑務所で受刑者のジョージ・ジャクソンが射殺されたことに反応したニューヨークの千二百名の囚人が、所内での待遇改善を要求してアッティカ刑務所で暴動を起こしたのだ。州知事のネルソン・ロックフェラーは、あらゆる手段を講じることを念頭において事態を収拾させようと、軍から千七百名の兵士を動員した。その後の戦闘が引き起こした大量虐殺が世間の論争の的となったことは言うまでもない。

『デヴィッド・フロスト・ショー』の観客の前で披露したこの刑務所についての歌は、平和賛美も含めたジョンのそれまでのどの歌よりも、一歩踏み込んだものだった。「四十二人の女が哀れな未亡人になったんだ」と死体の数を冷徹に数えあげる、当事者の目線による事実の説明。「囚人たちに責任がある」とメディアは責め立てるが、街の人びとは「ロックフェラーが引き金を引いたと考えている」とレノンは歌う。そしてサビの「みんなが犠牲者の仲間なのさ」というフレーズが繰り返されて歌が終わると、それはそれは上品な拍手が起こった。

実際、「彼らに必要なのは愛情といたわりだ」と言われても、多くのニューヨーカーにとってそれは現実的なメッセージではない。世界でもトップクラスの犯罪都市という汚名がつねについて回り、警察内部でも緊迫した状況が続いていた時期だ。一九七一年五月、内部調査のために組織されたナップ（Knapp）委員会では、グリニッジ・ヴィレッジ居住の長髪のヒッピー警官フランク・セルピコが、ニューヨーク市警に蔓延《はびこ》る汚職について語った。セルピコによる腐敗と汚職撲滅を目指す孤軍奮闘劇は、その年の二月に行なわれた麻薬強制捜査の際に、おそらくは同僚の警察官の陰謀による銃撃で頓挫していた。

レノンはこのとき、ある意味でマンハッタンの観客に挑んだのだ。観客たちはまぎれもないビートルマニアだ。彼らの多くは双手を挙げて自分たち世代の代弁者を称えるはずだった。彼らはジョンを愛していたし、公民権、女性解放、同性愛者の権利擁護、ベトナム反戦などの一連の運動での彼の主張には同意しただろう。しかし、アッティカについて歌うレノンの目を、観客がしかと見ることができたかどうかは疑わしい。観客席から声が上がった。レノンとフロストは見上げたが、照明の光の向こう側にいる観客の発言がはっきりとは聴き取れなかった。「いまなにか言ったよね？　降りてきてくれないかな」とジョンが言うとフロストも立ち上がり、同じことばを続けた。どちらも三十代半ばと思しき女と男が降りてくると、最前列に作られた空席に、ジョンと同じ日の高さで座った。

スターと観客のあいだに「第四の壁」ができた。ファンの声援によってビートルズほどの高みを経験したアーティストは、ほとんどいない。ファンと、これほどカジュアルに話をすることができるアーティストはさらに少ないだろう。その様子は、さながらリビングで夜のニュースでも見ながら語らう友人たちのようだ。女性はこう意見した。もちろんアッティカ刑務所での事件は悲劇だけど、でもジョンの歌は「この世界で唯一価値のあるのは、罪を犯した人びとだ、と言わんばかりに聞こえるわ」

レノンは念を押すように言う。「哀れな四十三人の女性」とは、夫を失った当事者のことだけを意味するのではない、と。「あの場所では警官も傷ついた。彼らの妻も傷ついているはずなんだ」。「囚人」という言葉も多義的だ。「囚人を、裁判官を、囚われたすべての人を自由に、ということなんだ」

女性は続けた。ニューヨークに住むわたしたちには、そんな言葉遊びに同意できるような余裕はない、と。「わたしはニューヨークという監獄に住んでるのよ。カバンをしっかりと抱えて、いつ襲われるかと怯えながら歩いて家に帰らないといけないんだから」。この問題は、要はジョンが考えていたほど単純ではなく、「平和と愛」を歌う人には解決されえない問題だということなのだ。「きちんと子どもを育てることができる町にする、より良い刑罰制度がある町にする。わたしたちにとって、問題が解決するとはそういうことなの。喉元にナイフをつきつけるような人たちをヒーローに仕立ててあげるだけじゃだめなのよ」

確かに簡単なことではない。レノンは認める。「殺人を犯したり暴力をふるう人間をどうするかという問題を、ぼくたちはまだ解決できないでいるんだ。とはいえ、ぼくは彼らを美化しているわけじゃない。この歌はいずれは忘れられると思う。でもアッティカのような出来事は、明日にでも起こってしまうかもしれないんだ」。吟遊詩人が旅をしながら歌い語る民衆のストーリーさながらの、自分にとっての音楽ジャーナリズムの一形式として作られたのがこの歌で、現代を語る題材としてアッティカの事件はとりわけふさわしいものだった、とレノンは説明する。「新聞記者みたいなものさ。ぼくたちはそれを歌にするんだ」

その日のトップニュースをネタに意見交換することほど、ニューヨーカーが愛してやまないものもない。その日のトークショーに出演した元ビートルに宛てた怒りの投書も、各紙一様に見られることになるが、そのときそのスタジオで、観客は早々と議論をはじめていた。「息子や娘、母親や父親が殺されるのを待っていればいいとでも言う気なのか。彼らには当然の報いが与えられたまでなんだよ。午前二時にうちの近所を歩いてみればいい。あなたから金を脅し取って刑務所に入るようなやつらの歌など、二度と歌えなくなるぞ」と、ある男性が観客席から叫ぶように言った。

堂々めぐりの議論になった。フロストは対立意見が同じ程度に出るように、また関連する意見がさまざまに議論されるように、その場をさばいていた。いつもそうだが、今度の新作にもジョンは知性と情熱を注いだんだ、とフロストが言う。「ジョンが曲を書き、情熱を込めることが、彼にはとても大切なんです。この曲も、彼のそうした姿勢の表れなんですよ」

意に介さずとは言え、レノンもさすがに神経質になっている様子だった。居心地の悪い状況から抜け出したいとでも言うように、「次の歌をうたおう」と「ジョン・シンクレア」、および北アイルランド問題についての「ザ・ラック・オブ・ジ・アイリッシュ」を歌う〔実際には「ザ・ラック・オブ・ジ・アイリッシュ」のあと「ジョン・シンクレア」の順〕。彼がアメリカにやって来たのは、このためだ。自分が歌う場所と理由を見つけるためなのだ。ハーレムのアポロ・シアターで行なわれる次のライヴをアッティカの犠牲者たちに捧げることを、レノンはスタジオの観客に告げて、こう言った。「あの歌をうたうために招かれたんだ。ぼくたちは無関心じゃないと意思表示するために行きたいだけさ。必要とされればその場所に出向いて、歌い、対話をする。ハリウッドの象牙の塔に安住して、自分たちが出演する映画をただ観て悦に入ってるわけじゃないことを伝えたいのさ。いま世の中で起こってることに関心があるんだ、とね」

フロストのナイトショーが収録された翌日、レノンは約束通りアポロ・シアターに現れると、彼にインスピレーションを与えたミュージシャンら何人かとともに、気持ちのよいスポットライトを浴びた。ジョンとヨーコは、ルービン、そしてロウワー・イーストサイドのギタリスト、クリス・オズボーンとエディー・モッタウを従えていた。直前に参加が決まった彼らの姿を見た観客の驚きは大きかった。「アッティカの悲劇を決して忘れてはならないものにするために、この事件を音楽と言葉に託して演奏してくれる、若い男性とその妻をご紹介しましょう」という司会者の紹介で彼らが登場すると、観客は息を呑んだ。ジョンは、その場所にいられることが「光栄でうれしい」と述べる。そしてすぐさまカウントがはじまり、「アッティカ・ステート」の演奏に入った。アポロの観客はその歌詞に、またジョン自身がこの場所にいる理由になんら疑義をはさまず、「ロックフェラーが引き金を引いた」という部分にも、力強い叫び声と歓声で賛意を表明した。

レノンが歌ったのは「アッティカ・ステート」、「シスターズ・オー・シスターズ」、そしてイントロのコードをかき鳴らしながら「きみたちも知っているかもしれない歌」と紹介した「イマジン」の三曲のみである。このアポロでの演奏が、レノンにとってはこの一週間で三回目の出演となった。その前の二回のステージでもそうだったように、短時間の登場で申しわけない、という素振りを見せつつ、観客にこう弁解する。[14]「バンドの体をなしてないままにここにきて、演奏しているぼくたちのことを不思議に思っている人もいるだろうね。ぼくが以前のバンドを失ったことは、みんな知ってるかな。というか、ぼくが、離れたんだけど」。そして、新しいバンドを組むつもりだったが、ここ数週間は予想以上に忙しかった、とも説明した。

自分の作品や政治に対する考えがいかに誤解されようとどうでもよかったが、音楽の質の低下は許せなかった――デヴィッド・ピールがいかに愉快な人物であったとしても。アポロでのステージの後、レノンは現在進行中の野心的な計画にふさわしいミュージシャンたちを集めることを最優先に考えようと決めた。彼の新しい友人、ジェリー・ルービンは、すでに腹案がある、と観客に向けて言った。まさにグリニッジ・ヴィレッジからメンバーを集めようというのだ。

✝

ジョン・レノンとジ・エレファンツ・メモリーとの対面を秘密裡に進めるように忠告されていた、と語るのはボブ・プレウィットだ。とはいえ、そんな忠告は必要なかった。音楽にたいする生真面目さにかけては、エレファンツのメンバーは、レノンと遜色がなかった。

音楽に関わる人間として、レノンは完璧主義のミュージシャンであるのと同じくらい熱心な音楽ファンでもる。グリニッジ・ヴィレッジにはありがちなアマチュアレベルの夢想家や趣味人も含めて、クリエイティヴな人と一緒にいることを楽しみ、彼らを励まし、称賛した。ただし、こと自分の演奏にかけては――元ビートルズのメンバーとしては当然だが――音楽エリートとしての基準があった。アナーバー、フロスト・ショー、そしてアポロ・シアターでは、デヴィッド・ピールのロウワー・イーストサイドのメンバーたちにヨーコのパーカッションやジェリー・ルービンが加わることで、なんとか一定の仕事はこなすことはできた。しかし、レノンにはもっと大きなプランがあったのだ。テレビ出演、レコーディング、そしてツアー。とにかく、バンドが必要だった。

それより前、ルービンはロングアイランドのFM局WLIL-FMでエレファンツ・メモリーの曲を流したのだが（このときのセッションではオイスター・ベイというバンドの若いピアニスト、ビリー・ジョエルが特集されてもいた）、このときのスタン・ブロンシュタインの猛烈なサックスとウェイン・ガブリエルのエッジの効いたギターに感銘を受けたレノンは、マグナ・グラフィックスでエレファンツのメンバーと話がしてみたいと申し出たのである。

エレファンツのメンバーたちはレノンが彼らに何を期待しているのか見当がつかず、

多くの人が彼に対して抱いているイメージほどに、容易に定義可能な人物ではないこともすぐに察知した。レノンは誰かと初対面のときにはいくつかジョークを飛ばして相手の緊張感をほぐし、「あのビートルズの人」というお決まりの印象をいくぶんでも和らげようとする。今回もおもむろにメンバーたちに、「きみたちが、あのエレファンツ？」と語りかけ、驚いた調子で彼らの音楽をかなり聴いたと告げると、「本当に？」とたたみかける。ヒッピーであれ州知事であれロック・ミュージシャンであれ王室の人間であれ、彼なりに編み出した、どんな人間がそこにいても笑いが取れる方法だ。「そうだぜ」とドラマーのリック・フランクはニヤリと笑い、「あんたが、彼なのかい？」と返した。

メンバーたちは、オシャレでクールなミュージシャン然とした佇まいを保とうと務めているようだった。世界に冠たる大物ミュージシャンにはまったく関心がないはずなのに、「実際に彼を目の当たりにして、みんななんとなく衝撃を受けていたようだ」とプレヴィットは振り返る。「なんてことだ。ジョン・レノンが目の前にいやがる！　見るつもりなんてないはずなのに、引力に引きずられるかのように見てしまう。どうしても目が離せない――そんな感覚がずっと続くんだ」

フリークショーではもちろんない。でも、どことなくサーカス小屋にでもいるような雰囲気が漂っていた。おそらくは『アビイ・ロード』のアートワークに写っているのと同じ白いスーツを着ている。その頃と比べると、髭は剃られ、髪も短い。そうであっても、彼の風貌は、間違いなくあの夢のような一九六〇年代の記憶を呼び覚まさせた。

さて、最初の軽口はすぐに音楽の話題に道をゆずる。それが彼らの共通の関心なのだ。そしてすぐにセッションが始まった。演奏は数時間続いた。「ハウンド・ドッグ」、「ディジー・ミス・リジー」、そしてチャック・ベリーのいくつかの曲など、定番のロックンロールが十数曲。エレファンツ史上最高とも言えるこのギグは、夜更けまで続いた。「ジョンもヨーコもかなり感心してたよ」とガブリエルは当時を回想する。「いい音を出すね、と言ってくれた。おれたちのことが本当に気に入った、とも。もちろんおれたちは、すでに彼のことが好きだったんだけどね」

アンダーグラウンドであることを自他ともに認めるミュージシャンたちが、とんでもないレジェンドと共演している。プレウィットのいるコントロール・ルームからはその様子の一部始終が見て取れた。かつて「壊し屋《リーク・ハヴォック》」と自称し、狂気のパーカッショニスト、キース・ムーンにも匹敵するほど獰猛なプレイスタイルが特徴だったドラマーのリック・フランクですら、レノンの面前ではスケールダウンしたのだ。プレウィットは言う。「フランクはワイルドなやつだった。そのあいつが圧倒され、尊敬の眼差しを向けている。小さなガキみたいにね。面白い光景だったよ」

契約内容はこうだ。エレファンツには依頼料が支払われ、一回のコンサートのセットリスト分相当のレノンの曲の練習を開始する。そしてアップル・レコードで、レノンがプロデュースするエレファンツ・メモリーのアルバム制作と、さらに『サムタイム・イン・ニューヨーク・シティ』セッションのスケジューリングをする。イッピーたちがいようといまいと、一九七二年はレノンにとって忙しい年になることが決まった。「お次はテレビへの出演だ、と彼は言っていた」とガブリエルは言う。「そして、制作予定のアルバムをプロデュースするフィル・スペクターにおれたちを会わせる、という段取りだった」

ごちらかと言えば無名の彼らには千載一遇の機会だ。プレッシャーもあるが、明るい未来を示してくれてもいる。自分たちの音楽の価値が、レノンンとの共演によって証明される。「自分たちがいいバンドだということに、彼らは誇りを持っていた。いい音を出す、有能なミュージシャンだったんだよ」とプレウィットは言う。本人たちの心境は複雑だ。元ビートルズのメンバーと会った興奮、その彼と一緒にやってゆく展望への不安。まさに諸刃の剣だ。「おれたちの将来が、賭けに出されたんだ」とヴァン・サイオックは語った。

＊

一九七一年十二月、歩いて刑務所の門を出たジョン・シンクレアには、シャバに出て実行することの優先順位があった。待ち構えていた記者たちに、「まずは家に帰ってハッパを吸うぜ」と嬉々として語った。その次が、彼の釈放を可能にしてくれた男へのお礼の行脚だ。「彼が来てくれたのが決め手だったよ。やつらはこんな風に考えたはずさ。ああ、あのビートルズの男ね、あいつが大丈夫だというなら釈放もやむなしか、とね。ジョン・レノンが来るということで、大勢が注視したからな」

マリファナ所持を重罪から軽犯罪に軽減することも含めて、シンクレアの保釈をきっかけに多くのことが検討されることになった。しかしそれは、ジョン・レノンのアクションによって実現したことだ。自分が解放されたことは、自分一人の人間の自由を意味するのではない――そう信じているのはシンクレアだけではなかったのだ。「マリファナ所持でムショ暮らしをしてるやつがいる。でも、レノンが動けば三日で釈放された。彼の神話がまたひとつ作られたってわけさ」とシンクレアは言う。

自分の売り込みも含めて、有名人が特定の人物やスローガンを支援することはよくある。朝食やタバコの差し入れから、ある候補者の側に立って相手候補者をネガキャンすることまで、セレブはいろいろなことに関わってきた。しかし、政治意識の高いヒッピーやイッピーたちは、これまでそういう活動を行なってきた有名人よりもはるかにレノンが大きな存在であることを知っていた。刑務所の扉をこじ開け、シンクレアを出所させる神の如き力が、ひょっとしたら来たるべき一九七二年の大統領選挙で、ニクソン側に不利に働きかける力をもたらすかもしれないのだ。シンクレアは言う。「絶好のお手本さ。彼のレコードが好きで、その彼が誰かを応援している。すると、あなたが好きな別の誰かを、やっぱり彼が応援している。この国の政治はそうやって人を集めてる部分もあるんだ」

一九七一年の最後の週、ニューヨークへと飛んだジョンとレニのシンクレア夫妻が、ますます人びとの耳目を集めて賑わうようになっていたバンク通りのアパートに、祝福のムードに包まれてやってきた。すでにジェリー・ルービンがメディアで、レノンがイッピーに協力を申し出ているむね発言しており、彼はジョンとヨーコを「革命の中心へ」と連れて行くことを確約していた。バンク通りは、いわばその拠点となったのだ。この十二月にも、有名無名、著名悪名かかわらず、多くの人間がレノンのアパートを訪れていた。ミュージシャンではロウワー・イーストサイドやエレファンツのメンバーがふらっとやってきた。また、ルービン、レニー・デイヴィス、ステュー・アルバート、そしてブラックパンサーの創設者ヒューイ・ニュートンにボビー・シールなどの活動家、フェミニスト作家のケイト・ミレット、詩人のエド・サンダースなどなどのその他大勢が。

運動の象徴がそこにあった。制度を刷新するため、体制を揺るがすために闘う活動家たちが、そこにいた。保守的なアメリカ人の心に恐怖心を植えつけ、コミュニストの脅威を体現する長髪の変人たちと同類、いや、それ以上に恐怖を与える者どもだ。あるとき、レノンが楽しむだろうと、ルービンは集まった人の前でカセットテープを再生した。聞こえてきたのは、ルービンの本『革命のシナリオ *Do It!*』に邪悪を見出したジャック・ヴァン・インペが、地獄の烈火のごとくに熱く語る説教の音声だった。その本には「百七十八ものフォー・レター・ワードが含まれて」いるため、やがてもたらされる革命によってアメリカはほかならぬソドムとゴモラと化すはずである、「アメリカの東から西まで、あらゆる街のあらゆる通りに、性の放蕩がもたらされるのだ！」[15]――というのがインペの主張だった。

猛り狂うインペの矛先は、「罪深い」歌へと向かう。国を挙げての性の放蕩、あるいは「乱交」の原因がそこにある、とインペはいう。「アメリカ人のモラルを崩壊させるために彼らが使おうとしているのは、ロックンロールと呼ばれる、腐っていて不潔で下品で猥褻でいやらしくてゴミみたいな音楽だ」。その言葉に納得できない若い信者たちが、平和と愛を歌い、精神の安寧を与えてくれる歌もある、と主張すると、インペはそれは見せかけだ、と返す。「神は歩み寄る牧師を扶く。このロックのビートを説教壇に持ち込むことが許されるのは、この歌のなかにも、その言葉にも、ビートにも、『イエスは救ってくださる』のメッセージがあるからだ」

テープを聴いたレノンが笑う。エレクトリック・ギターを演奏しながら、悪魔の音楽としてのロックンロールの叫びを、レノンは何度も聴いたことがあった。例えば、かつてビートルズのメンバーだったこの男のように巧みであれば、ロックには絶大な潜在力が備わる。皮肉なことに、インペのような人間はその力を過小評価してしまっているのだ。「ストリートでセックスを」といったルービンのおふざけをはるかに凌駕するアイデアが、このバンク通りのアパートではすでに萌芽していた。一人の人間を刑務所から解放したのと同質の政治的なメッセージを発信するコンサートを、ツアーで実現できないだろうか。シンクレアの支援コンサートはいわば試し撃ちで、その発展形のツアーを、一九七二年の大統領選挙運動と連動させてアメリカ全土で行なうのである。活動家、詩人、アーティストたちも引き連れ、地元のミュージシャンや政治家も加えて、地元の利益のために資金を集め、投票率を上げ、新たに加わる十八歳から二十歳までの有権者が貴重な一票を投じられるよう、論点を整理し、まとめることができるようにするのだ。

この計画が具体的に固まったのは十二月下旬、ニュージャージー州アラマッチーにあるピーター・スタイヴサント・ファームに主催者たちが集まったときだった。このミーティングで、レニー・デイヴィスがレノンに正式に要請したのである。「ジョンに提案したのは、戦略的に選び抜いた全米の四十二カ所をまわるツアーだった。政治的な争点が際立っている町をまわりつつ徐々に弾みをつけていき、共和党大会にピークを合わせる。とても可能性を感じる計画だったが、おれたちだけで成功させることができるかどうか、まだ疑問だった。おれたちは間違いなく下降線をたどっていたからね。そこにジョンがやってきて、泥沼から掬いあげてくれたんだ。だから、これからどうなるかがとても楽しみになったよ」。レノンが正式にその計画に同意したことで、あらゆる不安と疑念が熱意へと転化した。

ボストン大学の活動家ジェイ・クレイヴンは、次世代の活動家を自認していた人物だが、あるときデイヴィスが彼の大学を訪れて以来、デイヴィスの支援者となっていた。ルービン、デイヴィス、ホフマンたちより数歳若いだけだったが、自分の同世代は、そうした先人たちよりもさらに現実に即して動ける、と踏んでいた。「フラワー・チルドレンではなく、むしろビートルズ・チルドレンと呼んでもいい世代だったんだ」。大規模な公民権運動は終焉しており、もっと地方に密着した活動がふさわしいはずだ、とクレイヴンは語る。「レニー・デイヴィスやシカゴ・セブンの世代は、それまでぼくたちを受け入れようとはしなかった。SDS（民主社会のための学生連合）には入っていなかったし、ぼくらの理想は彼らのような高邁なものではなかったんだ」

ジョン・レノンの名前を冠したツアーを成功させるには、単一の組織による運営では不十分だった。そして準備ができているかはどうあれ、ともかくニュージャージーでの会合で、この計画が実現することは決まった。「ぼくはレニーとジェリー・ルービンに呼ばれて、ジョン・レノン、オノ・ヨーコと一緒にやる、という計画を聞いた。一緒にバスでアメリカ全土を回り、音楽で活動を盛り上げてくれ、ってね」

レノンをヘッドライナーとして、他にもミュージシャンを集める。デイヴィスはまた、各争点ごとに演説する人間を集めることも考えていた。そしてアナーバーでのスティーヴィー・ワンダーのように、すべての会場でサプライズゲストを用意する。八月のフィナーレでは、ボブ・ディランが念頭に置かれた。あらゆる点で「見事な」計画だとシンクレアは思った。しかしデイヴィスは、事前に期待しすぎると、その後で無気力や組織の崩壊につながりかねないと懸念した。持続的な運営と献身がツアーの成功には不可欠で、その覚悟を確認したいと考えていた。

ツアープランはデイヴィスとクレイヴンが担当し、二十の都市で政治と音楽をテーマとするツアーを行なうというような、何かしら大がかりなものを組織する。このメカニズムが理解できるのは、彼らしかいない。プランを練る段階で、アビー・ホフマンとジェリー・ルービンが、この計画のなかで適所を得ることができるかどうかについての疑念が、徐々に強まってきた。当時ふたりは作家業に本腰を入れていて、このツアーを機に自分たちの名前をさらに売りだそうと、いろいろと横槍を入れてくることが考えられたのだ。金を使わない生活の啓発本『この本を盗め *Steal This Book*』で一九七一年に作家デビューを果たしていたホフマンは、このときにはルービンやエド・サンダースらとの共著で、一九七二年に刊行予定の『投票せよ! *Vote!*』に取り組んでいた。

「ジェリーとアビーは自分たちの本を書き、自分たちが関心のあることをやり、そしてときにイッピーの信条を、言葉や行動で表現していた」とクレイヴンは言う。メディアの寵児である彼らがいれば注目を集めやすくなるのは確かだが、今回のように効率よく行動する必要がある計画の中で、彼らの働きが重きをなすとは考えにくい。プロジェクトを組織することには長けていたデイヴィスですら、当時は彼らとの関係に手を焼いていたのだ。「おまけにレニーは、すでに燃え尽きかかっていた」とクレイヴンは付け加える。「すでに一連の運動がピークを過ぎて、力を失くしてしまっている、と考えていたんだ」

一九七二年になると、クレイヴンは先乗り要員として立ち回りはじめる。人口が多く、予備選挙が最初期に行なわれる州から集団で移動しはじめ、一連のプランを順次実行する、という戦略だ。そして支持する社会運動の間口を広げつつ、彼らが主張するスローガンはひとつに絞り込むのだ。クレイヴンは言う。「一九七二年の選挙は、戦争が主な争点になる。戦争に反対しない候補者は孤立し、敗北するだろう。ニクソンは結局、戦争を続けた。そしてその代償を支払わねばならなかったんだ」

たしかに、野心的ではあるものの達成可能なプランと言えよう。レノンは『ローリング・ストーン』誌に、すべては一九七二年の選挙のためだ、と語った。(16) 政治はさておいても、地域生活を支えるために、介護、フード・コープ、診療所などの事業を支援するチャリティコンサートの開催を熱望していた。しかし、レノンの真意は、このプロジェクトで再び音楽の世界でスポットライトを浴びることにあったのである。

ただ、ミュージシャンとしてありたい。そして、もらった愛をお返ししたい。またバンドとしてそれができるというのは、とても嬉しいよ。いつもと同じさ。ただ、資本主義は抜きでね。来てくれる人には入場料をもらって、ホールの使用料もそれで払う。でも、その町が良くあるためのお金としても使ってもらいたいんだ。そういうやり方を、当たり前のことにしたいんだ。少なくとも、そういう意識を高めていきたいと思ってる。

ニューヨークに住む普通の人間でありたい。ロックスターでもなんでもなく、とあるバンドの、ひとりのメンバーでありたい。そんな、あまりに無邪気にも見える切実な願いを抱くことができたのも、レノンがマンハッタンと、そして新しいバンドに恋をしたからこそである。彼が仄めかしていたのは、エレファンツ・メモリーをバックに従えたアルバムが、長尺で包括的なものであるということだった。『ヴィレッジ・ヴォイス』には、ポール・マッカートニーとウィングスというよりは、ボブ・ディランとザ・バンドの関係に近い、と語っている。前者は、かつての仲間が新しく始めたプロジェクトに対する皮肉、後者は、いまの自分にとって理想のバンドとは何か、といったところだろう[17]。

地域生活支援のための、バンク通りとニュージャージーでのイベントへの参加については、主義主張にかかわらず誰からも歓迎された。レニ・シンクレアによると、その準備のためのミーティングには、諸々の運動とは関係ないと思われる女がいて、ときおりメモを取っていたという。ルービンやデイヴィス、またその仲間たちへの監視が、すでにはじまっていたのだ。一九七二年へ向かうあいだに、このグループの監視者が作るリストには、元ビートルズのジョン・レノンの名前が加えられた、ということになる。

＊

政治がらみの友人たちとどのように接するか、レノンはひさしく決めかねていた。そしてこのあとすぐ、彼らに対する警戒感を示し始めることになるのだが、ともかくこのときも、彼の慰めは音楽だった。新しくできたミュージシャン仲間といる時間は、レノンにとっては、世間知らずのビートルズが成功の夢を追いかけていた頃を思い出させる、ノスタルジックな出来事だったに違いない。

彼は純粋に、新しいバンドのメンバーたちとのセッションを楽しんだ。スタジオでも、クラブでも――そして一晩だけだが――街角でも。音楽とともにあるとき、彼の心は安らいだ。場所はどこでもよかった。コンサートでのファンの悲鳴が彼らのメロディーをかき消してしまって以来、長らく忘れてしまっていた、純粋な喜びだ。そして、もはや音楽だけが、彼らをつなぐものではなくなってゆく。集まり、セッション し、互いのことをより多く知る。「もはやバンドがひとつの生き物、とでもいうのかな」とヴァン・サイオックは述懐する。「その男たち四人と結婚でもしたみたいだったよ」

レノンも関係者も、ビートルズに続く創作活動へのプレッシャーを振り払うよう努めた。そうしたセッションが、エレファンツにとってのオーディションになっているということは誰の目にも明らかだったが、レノンはメンバーたちを、おふざけや軽口で和ませようとしていた。「おれたちのバンドに入っていいか、とジョンが訊いてきたんだ」とサイオックが言う。「おれたちは互いを見遣ったよ。『何言ってんだよ！ありえないだろう！　考えたことすらない。メディアが何を言うかわかったもんじゃない！』って気分でね」

レノンは自分の決定に周囲がどう反応するかが気になる様子だった。妻とともに大きな袋に入って記者会見をした男が、である。同時にもうひとつ気がかりなことがあった。音楽である。ビートルズ時代から、それ以外のほとんどはお遊びだった、と言ってしまってもいい。映画の撮影もお遊びだし、歓声で音がかき消されるコンサートは、それ自体が冗談以外の何ものでもなかった。記者会見では、『グーン・ショー』〔一九五〇年代に開始された英国BBCのラジオ番組〕からモンティ・パイソンに至るまで、英国ならではのコメディに培われたセンスを発揮した。それでも、彼らほどに強い情熱でレコーディングにうちこみ、一つひとつの作品を作るにあたって互いの力を斟酌し合い、チームとして力強く行動したバンドが他にどれほどあるだろうか。

はたして、同じことがニューヨークでも再現できるのか？　もちろんそれまでもそうだったが、マンハッタンに移ってきたときの彼の新たな生活は、なおのこと活気に満ちあふれ、あらゆる経験が驚くべきものになった。グリニッジ・ヴィレッジ、タイムズ・スクエア、ウォール街のコンクリート・ジャングル、そしてセントラル・パーク。行く先々で空気感がこうも違うものなのか。「古風な趣のある小さな町だね……ウェールズの村のような。住人がお互いのことをよく知ってる、そんな感じだ」と、丸いメガネを通して見た近隣の様子を『ニューヨーカー』のヘンドリック・ハーツバーグに語っている。通りを自転車で駆け抜け、いかした店や面白いことが起こっている場所を、ふと訪れる。あるいは、マンハッタンをぶらぶらするだけの何気ない時間。グローヴ・ストリートのレストラン、ピンク・ティーカップでジョンと朝食をともにしたときのことを、テックス・ガブリエルは思い出している。「なあ、散歩に行かないか、とジョンはよく誘ってきたよ。だから、じゃあ行こう、ってね。彼に声をかけてくる人は、思ったより少なかった。ときどきサインしてください、って近づいてくる人がいたけど、彼は快く受け入れていたよ」。

注目され過ぎるときも確かにあって、そういうときには丁重に「とりあえずおしまい」、といって、とはいえ走り去るわけじゃなく、歩いてその場を去ることもあったが、ファンに遭遇したときにはたいてい親切に、感謝の気持ちを表しながら接していた。

レノンは自由を――大都会で暮らすことの自由を、群衆のなかでは誰でもない人間でいられることの自由を――感じていた。シンクレア夫妻がレノンを訪問した際、この、まだ比較的ニューヨークに来てまもない男が、喜んで案内役を買って出た。連れて出たのは九十一番通りにある「ホーム」という名前のレストランだ。レノンにしてみれば、ロンドンでは到底不可能だったたであろう日々の暮らしぶりだった。理由はなんであれ、その部分をレノンは自分に言い聞かせ、日々を、ただ率直に楽しまねばと感じていた。「いったん外出すれば、自分の生活なんてものがまるでない。大変なことだよ。ファンにとっては、自分の好きなアーティストが目の前にいるなんて夢のような話なんだろうけどね」とジョン・シンクレアはレノンのアメリカでの様子について語る。「彼はアーティストでありたかったんだ。女の子たちにキャーキャー叫ばれるようなバンドにいるなんてのは、もう耐えられなかったんだよ。だからそのバンドを辞めた。そういうことさ」

ともあれ、確かにイギリスでの最後の日々と比べると雲泥の差だ。家ですらプライバシーが脅かされる暮らし。音楽を聞くだけでは飽きたらず、ひと目でも彼を見たいと自宅に詰めかけるファン。自分の妻を悪者扱いするためにふたりを待ち構える新聞記者。過去のものにしたいはずのビートルズ時代の記憶が、街の隅々に染み付いていた。

「ロンドンでは、家の周りに四六時中人がいたんだ。生活というものがなかったんだろう」。シンクレアは代弁する。「素晴らしいレコードを作ったのにそれが代償だとは、皮肉なものだよね」

第3章

宗教とセックスとテレビに溺れて

"Doped with Religion and Sex and TV"

「愛、平和、コミュニケーション、ウーマン・リブ、人種差別、戦争。ぼくたちがこれから話し合いたいのは、こういうテーマだ。それこそいま起こっていることだからね」

『マイク・ダグラス・ショー』でのジョン・レノンの発言

妄想ではなかった。監視されているのだ。ファンから丸見えの状態で、プライヴァシーのない生活を送っていたとき以上に。

もちろん彼は、凡庸な時間をそうではないものに変えることができるセレブだ。そのバンク・ストリートの自宅は、もはや名所になっていた。彼がエレファンツ・メモリーのメンバーたちとマグナ・グラフィックスでレコーディングしていることも知れ渡っている――アメリカでも、ロンドンでも。自宅やスタジオの近くには、彼の笑顔をただ見たいと願うファンたちがつねに徘徊し、ひとたび外に出ると、レノンはひっきりなしにサインを書いていた。

しかしそれとは別のことが、すでに進行していたのだ。どうやらウェスト・ヴィレッジの住人ではない何人かの男が、彼の自宅近くの駐車場に張り込んでいる。顔ぶれは同じだ。電話で会話をしていると、スタジオで鍛えられた彼の耳に、普通の雑音ではない音が入ってくる。レノン宅の近所に住んでいた写真家のボブ・グルーエンは、この頃までにレノン夫妻とは友人関係になっていて、その後も変わらず友情は続いたが、後年に刊行した写真集で、近所の様子が変わり始めた頃のことを、こう振り返っている。「近所の人たちが言うには、トレンチコートを着て、特徴的な中折れ帽をかぶった男たちをバンク・ストリートでよく見かけたそうだ。そして通りかかる人ごとに、ジョンとヨーコについて何か不審なことがあれば教えてくれと、やつらは口をそろえて訊ねていたのである[1]」

同じく行動を監視されていたジェイ・クレイヴンは言う。「はっきりと分かったのは、ジョンとヨーコに対する監視が厳しくなってきている、ということだった。危険だ、と感じるまでにね。お前たちの一挙手一投足はすべてお見通しだ、とふたりに分からせようとする政府の魂胆が見え見えだった。それでジョンはナーバスになっていたよ」。クレイヴン自身は、監視下に置かれた生活がどんなものかをよく知っていた。FBI〔連邦調査局。合衆国の警察機関〕はレニー・デイヴィス、ジェリー・ルービンその他、運動関係者を要注意分子《ノウン・ラディカルズ》としてファイリングし、どのような活動に関わっているかも事細かに記録していた。クレイヴンも長いあいだ、そのグループの一員になっていたのだ。

「FBIは、何が起こっているのかすべて把握していた」とクレイヴンは言う。レノンの名前がFBIの報告書に現れ始めたのは、コンサートツアーが準備されていた、大統領選挙が行なわれる年の初頭のことだった。国家の安全を脅かすと彼らが目する人物たちとレノンがつながっていることを、FBIが認識したのである。ニューヨーク支局の捜査官による一九七二年一月四日の報告は、ルービンと活動家のスチュアート・アルバートが「理由は不明だが（おそらくは金銭的理由により）ニューヨークでジョン・レノンと頻繁に連絡を取り合っている」と伝えている。一月六日の補足では、三月にニューハンプシャーで最初のコンサートが行なわれ、そこに「ビートルズのジョン・レノン」が出演する予定であることが示唆されている。(2)

クレイヴンは一月中の多くの時間を費やして、ツアーを進めるにあたっての基本方針を定めていった。運営の事務はジョンとヨーコが買ったハドソン通り沿いのビルの一室で行なう。これまでの活動のためにクレイヴンとレニー・デイヴィスが使っていたワシントンDCの事務所からファイルとタイプライターを移動させるため、彼は雪吹きすさぶ東海岸沿いの道を何度か行ったり来たりした。こうした事務所移転作業についても、当局の一月十日付の報告書に記録があり、ジョンとヨーコや主な出演者が、彼らと一緒にニューヨークにいることが確認されている。計画されているのはコンサートだったが、ニューヨークの当局ではあえてコンサートとは呼ばず「平和集会」などと称し、政治的な意味合いが極めて強い、おそらくはワシントンでも行なわれるであろうこの計画に最大級の関心を払っていた。一月二十三日、FBI長官のJ・エドガー・フーヴァーは「抗議活動と市民騒動」についての優先報告を受け取るが、すぐに大統領、副大統領、国務長官、CIA〔対外諜報活動を行なう合衆国の情報機関〕や軍の幹部など、国の中枢機関にも報告された。

レノンの了解を取り付けたミーティングが行なわれたニュージャージー州の場所にちなんで、グループはアラマッチー・トライヴと呼ばれていたが、メンバーがはじめて特定されたのもこのときの報告によるものだった。リーダーとして名前があがったのが、「シカゴ・セブン」の被告人のひとりレニー・デイヴィス、次にステュー・アルバート、ジェイ・クレイヴン、そしてジョン・レノンが続いた。「トライヴ」という名称は、デイヴィスやクレイヴンによれば、グループのメンバーが使っていたものではなく、ＦＢＩがつけたものであるという。ともあれ、グループの目的ははっきりしており、「大統領選挙の年に活動を活発にする場合、クライマックスは共和党大会でのデモだろう」とＦＢＩは見ていた。

資金をどうやりくりしているのかにも関心が向けられている。その後のニューヨーク支局からの報告では、レノンからの七万五千ドルにおよぶとされる支援を示す参考資料が添えられ、後にはそのうちの一部が、別の目的のためにグループ内で組織された大統領選挙年戦略情報委員会《アイジック》（EYSIC）を立ち上げる資金として使われていたことも報告されている。ＦＢＩの報告にはもちろん正確なことも多い。ただ、著名人の基本情報を集めるにあたっては、素人でもわかる基本情報がわからない、ということもあるようだ。二月二日の報告では、ジョンとヨーコが現在の住まいであるセントレジス・ホテルを引き払った後の経緯について「その後の引越し先については不明」と記録されている。このとき、レノンがバンク・ストリート一〇五番で生活を始めてからすでに数カ月が経過していたのにもかかわらず。捜査官はウェスト・ヴィレッジの住人なら誰でもわかっていることを、単に知ることができなかった。この報告では、おそらくは本人であることを確認するために、「対象者の写真」を添付することが要求されている。理由は不明だが、レノンのニューヨークでの写真を撮るために、ＦＢＩ本部はこのときアシスタントの帯同を求めている。

彼を見つけることは難しくはない。レノンは一月初旬のデモに参加したが、ブリティッシュ航空ニューヨーク支社前で拳を振り上げているジョンとヨーコの写真は、新聞などで広く報じられた。血の日曜日《ブラディー・サンデー》事件直後のこの日、イギリス軍の北アイルランドからの撤退が要求された。報告書には、イギリスから独立するためには手段を選ばないスタンスのアイルランド共和軍に、レノンが資金提供しているような証拠はない、と記されている。それでも、相手がどのような人物であれ、レノンが政治活動家と関係を持っていること自体が、抜き差しならぬ関心事だったのだ。次の選挙の際に、活動家たちのこれまでの実績とレノンの財産や影響力が組み合わされば、ひとつの大きな政治的力になりうることは、十分考えられる。報告書には、秘密捜査員が潜伏していたアナーバーのコンサートでの、最近のジョンの活動についても報告があった。もちろん、ジョン・シンクレアがその直後に釈放されていることも記載されている。あるいはニューヨークではルービン、デイヴィス、クレイヴン、そして「新左翼《ニューレフト》のリーダーたち」と友人関係にあり、彼らは「一九六八年に民主党全国大会で混乱を巻き起こした張本人」で、ロックコンサートで「ニクソンをお払い箱に」するプロジェクトの推進者たちだ、という具合に。

暴動を先導したことで有罪となった「シカゴ・セブン」のメンバーを巻き込んだ計画――というだけで、国家の治安に関わる問題として認定される要件を満たしている。そのため、サウスカロライナ選出で、長きにわたって議員を務めた上院軍事委員会委員長ストロム・サーモンドを含めて、国防関係の幹部のもとにも報告書のコピーは送付された。ニクソン大統領法務問題担当補佐官ウィリアム・ティモンズに宛てた二月四日付報告書のカバーレターに、サーモンドは「これは重要案件であろう」と書いている。検事総長のジョン・ミッチェルのもとにも報告書は送られた。この若者たちによるニクソン反対集会は、今回投票に初めて参加する十八歳から二十歳の若者たちを巻き込み、「ジョン・レノンこそが、ぼくたち、わたしたちが引くべきカードだ」と思わせることで、成功するかもしれない。レノンの名前を最大限に利用し、ニューレフトは自分たちの金庫に膨大な量の金を、確実に放り込めるかもしれないのだ。

サーモンドはこの情報について、最大限の懸案事項であるため、なんらかの手段が講じられる必要があり、「遅くならないうちに適切な行動を取ることで、多くの頭痛の種を取り除くことができる、とわたしは考える」という所見を示した。そしてその「適切な行動」については、注意深く遂行する必要はあるものの、トラブルを引き起こしている外国人の現状に照らした、分かりやすい方法を提案している。例えば、「レノンのビザの期限が切れる。これも対抗手段のひとつである。情報提供者の指摘では、レノンが国外退去となる場合、いわゆる『十八歳投票』を取り逃してしまう可能性に注意を払うべきである」といったように。国外退去処分がなぜ良い「戦略」であるのかの具体的な根拠は示されていないが、今回の選挙で単に有権者が増加したからというよりは——最大の不確定要因とみなすべき十八歳投票についての言及があることが露骨に示しているように——安全保障ではなく、選挙こそが彼らの動機だった、ということだ。

ジョン・レノンに対するFBIの捜査は、極めて珍しいとは言えなくても、いくつかの理由から稀なケースであり、通常の捜査とは一線を画していた。まず、彼を監視する計画が政府内から提案されたこと。そして監視する理由の根拠は、過去に彼が行なったことではなく、これから彼が行なう可能性があることにある。そして、その脅威はアメリカという国そのものを狙うような性質のものではないこと。つまりすべては現大統領の職を保証するためのものなのだ。ヒッピーもイッピーも、レノンが選挙に、現職の立場にある議員たちに影響をあたえることができる、と信じていた。

二月十一日付の「FBI現状分析報告書」によると、ジョン・レノンは単にコンサートに参加し、ニクソン再選に反対する大統領選挙年戦略情報委員会《アイジック》を非公式に支援する以上の存在であり、おそらくは活動の推進力になっているとの認識をＦＢＩが持っていたことがわかる。――「レノンの資産力と知名度が、大統領選挙年戦略情報委員会における影響力を無視できないものにしている。すべての重要なイベントが彼を中心に計画されている」

報告書の表紙には、レノンの顔が描かれている。写真ではなく、イラストだ。彼らは未だ写真を入手できていないらしい。世界中で最も写真を撮られた人間のひとりであろう男の写真を――。

*

いま、エレファンツ・メモリーっていうバンドとリハーサルを重ねてるよ。聴いたことあるかな？ ニューヨークのバンドで、すごくいいんだ。ぼくのお気に入りさ。彼らは何が進行中か、ということも全部理解してるんだ。今度、マイク・ダグラス・ショーで一緒に演奏するよ

『ローリング・ストーン』誌のインタビュー[3]

エレファンツ・メモリーは、ニューヨークでは知名度があった。『ヴィレッジ・ヴォイス』誌上によく登場し、マクシズ・カンザス・シティのオーディエンスを沸かせる彼らは、ダウンタウンの事情通にとっては当たり前の存在だった。テックス・ガブリエルは、一番若いながらも、ミッチ・ライダーのようなそれなりのビッグネームともデトロイトのステージで共演を果たしている。しかし、ジョン・レノンと共演と

なると、これはまったくの別物だ。「それがまさに現実のものとして進行していたんだ。それでも奇っ怪なことに思えたよ。狐につままれているというのか、化かされているというのか」とガブリエルは語る。「でも、そういう感覚でいると、ヘマをやらずに済むんだ。そうじゃないといつも、なんてこった、くそっ、ここにいるのはジョン・レノンじゃねえか！　って驚いてばかりになってしまうからね。意識してコントロールすれば、壮大なドラマの中にいても自分を守ることができる。ともかく、ツアーで時間を共にする、なんていうシュールなドラマのなかに、しばらくいることになったよ。これほど奇妙なドラマなんて、まずないね」

政治もそうだが、レノンにとっては自身の音楽的な展望こそが重大な案件だった。エレファンツにとって残念だったことは、再結成を望むファンの目には、彼らがあくまで一時的な間に合わせにしか見えなかったことだ。「いつビートルズは再結成するんですか、とジョンにたずねてくるファンは何人もいたよ。するとジョンはおれたちの方を指差して、彼らがいまのビートルズさ、と言ったんだ」と、ガブリエルは語る。

もちろんこれは、完全に的を射ている表現ではない。プラスティック・オノ・エレファンツ・メモリー・バンドはファブ・フォーに取って代わる存在では決してないのだから。それより前にエリック・クラプトンと共演したトロントでの公演〔一九六九年九月のロックンロール・リヴァイヴァル・イベントのこと〕ですら、同じことだ。ビートルズの代わりがつとまるバンドなどありはしない。ただ、このバンドのメンバーたちも、きらめくスポットライトを浴びた演奏を楽しんだ。ボブ・ディランのサポートであったザ・バンドも、ビートルズに肩を並べるスターの後ろで、間違いなく彼ら独自のサウンドやスタイルを確立するために時を費やした。果たして、ヴィレッジで名を馳せたベテラングループにも同じことが起こるのか、起こらないのか。

「ぼくは本当に、彼らを応援していたよ」とマグナ・グラフィックスのオーナー、ボブ・プレイウィットは述懐する。「思ったね。おい、こいつらやりやがったな、とね。ああ、というか彼らが本当に成功すれば、一緒に仕事ができるんじゃないかと思っていた、というのが本音かな。いわばジョンは成功の可能性がある道筋を示し、そこにおれたちをのっけてくれたんだ。ある意味、完璧に見えたたね」

しかしメンバーたちは、正真正銘のレジェンドのバックを務めることの落とし穴にはまらないよう、慎重だった。スタン・ブロンシュタインとリック・フランクは、スターの放つ眩しすぎる光栄に霞んでしまわないよう気を遣ったし、レノンもバンドが自分たちのアイデンティティをしっかりと保つよう鼓舞に努めた。「彼は自分がやったことを真似しろ、なんてバンドに言うことはなかったよ」と言うのはプレウィットだ。「全曲を通じて彼らが自律的にやってくれることを望んでいたんだ。彼らには彼らしくあって欲しかったんだよ」

近い距離で、長い時間をともに過ごし、友情が生まれた。レノンが一番居心地よく感じるスタジオという場所で。自分の初めてレコードを出す直前、酔っぱらいの運転手のせいで母親ジュリアを喪っていたレノンは、この当時、母親の死の事実を受け入れるのに苦闘していたガブリエルに、とりわけ親しげに接していた。「ふたりのあいだには絆のようなものがあったね」とヴァン・サイオックは言う。「それにふたりともギタリストだ。共通点が多い。テックスの母親は亡くなったばかりで、ジョンも母親を早くに亡くしていた。悲しみがひどくて、彼らはただ一緒に座り、足を組み、顔を突き合わせて、練習し、言葉を交わしていたよ」

レノンのことを深く知れば知るほど、あれこれと驚くことも増えていった。当然ながら——ビートルズ世代の誰もがそうであるように——彼らにも先入観があった。すぐにそうした考えが間違いであり、往々にして捻じ曲げられていることが分かった。その人物を知らない人間にとって、ジョンは複雑で解けないパズルであり、歩く矛盾であるように見える。いったい彼はひょうきんなのか嫌味なやつなのか。親切なのか辛辣なのか。寛容なのか利己的なのか。

では、レノンは傲慢なのか？ エド・サリヴァン・ショーで初めてアメリカの人びとにビートルズがお披露目されたときの、おれは他の誰も知らないことを知ってるんだ、とでも言わんばかりのニヤリとした笑顔。自惚れ屋としてのジョンのイメージは、この頃から強められていった。ところがいま、バンドのメンバーたちの目の前にいるのは、彼らが想像していたような自惚れ屋とは程遠い人間であった。急ごしらえのバンドと一緒にメディアに露出しはじめた当初は、いかにも申しわけなさそうな様子で、謙虚ですらあった。次のアルバムを作り、テレビにも出演し、ツアーに出る。そういう過程で現在の彼の音楽が判断されることを、ジョンは分かっていた。そして、判断する側の期待値がべらぼうに高いことも。

「ときどき、おれたちより彼のほうが緊張しているときがあったよ」と語るのはガブリエルだ。「一番長い時間をともにしたビートルズのメンバーを除けば、バンドとしてプレイするのはおれたちが彼にとっても初めてだったのさ。彼はそのとき、ストリートから再びバンド活動をはじめたんだ」

ジョンとヨーコの関係については、よく言われるように、ビートルズのメンバーの何人かも含めて、レノンが彼女にステージでパフォーマンスさせたりスタジオに入れたりといった機会を与えることに疑問を感じていた人間がいた。ヨーコが側にいることによってレノンの音楽的な切れ味が鈍ったのでは、という批評家もいた。しかしこれは正確ではない。エレファンツが目の当たりにしたのは、レノンが作品づくりにはつねに真剣であり、ヨーコに限らず、原因はなんであれ、邪魔が入れば寛容さが影を潜めることもある、ということだった。

リハーサルの初期段階では、たいていレノンがコード進行とアレンジを指示した。あるときレノンはピアノの前に座ると、ヨーコの隣で「イマジン」を通しで弾く。イントロが聞こえて歌いはじめると、ヨーコが演奏を遮って意見しようとした。そこでレノンは演奏を止め、ヨーコに黙っているように、と言う。そしてまたヨーコが遮ろうとしたそのとき、「お願いだからやつらに歌を聞かせてやってくれないかな?」。もう一度演奏をはじめたとき、それは起こった。もう少しゆっくり弾けば、というヨーコによる三度めのアドバイスも、レノンの考えを変えることはなかった。「ヨーコ、いいかげん黙れっていうんだ」と言って、レノンは演奏をやめた。彼の実生活は雑誌やテレビで伝えられる姿よりはるかに複雑なのだということを、エレファンツのメンバーたちはこのとき知ったのだ。

ビートルズ解散の余波のなか、ジョン・レノンとポール・マッカートニーの関係をめぐって語られる憶測は途切れることがなく、そうした憶測には、その日そのときのムードによってふたたび一緒に活動したいと感じるのではないか、と思わせるものもあれば、いや、やはり彼らはいがみ合っているのだ、と確信させるものもあった。「再結成するという噂は隔週で出ていたよ。それも、どれも異なる噂がね」とゲイリー・ヴァン・サイオックは言う。「確かにそのときには、彼らも考えてはいなかっただろう。でも、おれ自身はジョンとポールのあいだに強い憎悪があったようには感じなかったんだ。レコード・プラント・スタジオでレコーディングしていたときには、ポールから電話がかかってきたんで演奏を中止したけど、ふたりは一時間半も話してんだぜ。なのに次の日には、ふたりが互いに憎しみ合っている、みたいな記事が出るんだよ」

レノンは、ポールと同じような役割をエレファンツのメンバーたちに期待しているわけではなく、むしろ彼らからのアドバイスを求めていた。ガブリエルが驚いたのは、『サムタイム・イン・ニューヨーク・シティ』に収める曲を書いているときのこと、レノンが彼らに意見を求めてきたのだ。「彼は本気で意見を求めたんだ。そこにひとりの、音楽の天才がいる。でもその人間は、自分が天才だという雰囲気は、おくびにも出さない。かなり追い詰められていたんだよ。有名人だとは思えないくらい臆病に見えたね」

レノンは、メンバーたちを指導する、というよりもプロフェッショナルである彼らに敬意を払いつつ、同じ立場で仕事をしたいと思っていた。ジョンは努めてメンバーがリラックスできる時間を演出し、そしてやっと二十一歳になったばかりのガブリエルですら自分の仲間として接していた。そうした彼の姿にガブリエルは感心した。「いまでも思い出すよ。あれだけの人物といても自然体でいられるんだ。これってすごいことだよね。例えばある曲を練習しているとしよう。すると彼が訊ねてくる。『その曲、好きかい』って。でも、『ああ、この人は、あのビートルズのジョン・レノンだ。これは現実なのか』なんて感じたことはなかった。ぼくは彼の仲間だった。でもそれは、彼がそういう雰囲気を作っていたからできたことなんだ」

スタジオやバンク・ストリートのアパートで作業を終えて遅い夕食をとる。グループとそうやって過ごすとき、ジョンはとてもくつろぐことができた。そんな、静かで気持ちが落ち着いている時間には、それがたとえレノン自身の内面だけのことであっても、自分は誰でもないという幻想が許されるのだ。「もちろんこっちも敬意は払うけど、普通にするほうが彼にはよかったんだ」とプレウィットは言う。「もちろん、通りを歩いていて誰かに『やあ、ジョン、調子はどうだい』なんていう挨拶をされるのも悪くはなかったんだろうけどね。ときおりスタジオの外にファンたちが集まってくるけど、それほど大勢じゃなかった。とてもくつろげんたんだと思うよ」

ただ、ときにはそうした素朴な考え方が、誤った判断のもとにもなった。夜明け前まで続いたレコーディングが終わり、ヴァン・サイオックは車を走らせていた。八番街に差し掛かったとき、ジョンとヨーコがタクシーを捕まえようと手をあげている姿を目にしたサイオックは、「ほら、一体なにやってるんですか！　早くおれの車に乗って！」と叫んだ。サイオックは、彼らが迎えの車を用意すらせずぶらぶら歩いていたこと、そして彼らが有名人かどうかに関係なく、その時間にはおもに「ホームレスや売春婦」の巣窟となる地域に足を踏み入れかけ、それに気づいていないことに仰天した。「でも、彼らはそれほどにニューヨークが好きだったんだ。八番街でタクシーを捕まえることなんて当たり前だ、という気持ちだったんだよ」

＊

ジョン・レノンに対する嫌疑については、二月初旬に上院軍事委員会委員長のストロム・サーモンドが彼の国外追放を示唆するより以前に、大統領執務室へと報告が上がっていた。しかしその一年前にはすでにビートルズというグループが将来的に厄介な存在になるかも知れないと、ニクソンは警戒しはじめていたのである。その理由は、かのキング・オブ・ロックンロール、エルヴィス・プレスリーだった

エルヴィスが従軍した一九五八年以降、アメリカのポピュラー音楽をめぐる情勢にはある変化があった。当時プレスリーはポピュラー文化の世界で最も著名な人物であり、彼の入隊の目的は愛国者層への売り込みだ、と冷ややかな目で見る向きもあった。それが戦略だとすれば、その戦略は失敗だった。なぜなら、初期のサン・レコード時代と比べて彼がヒットチャートで一位を独占する勢いが衰えたからだ。除隊後のプレスリーは紋切り型のハリウッド映画に出演し、その映画の効果もあっていくつかのヒット作が生まれたが、そのうちに「ビートルマニア」の時代がやってくる。ブリティッシュ・イヴェイジョン、数々のロックアーティストの登場、サイケデリック文化の流行、そして時代の流れが、ロックンロール・キングや他の五〇年代の先駆者たちを置き去りにしていく。ニクソンの大統領の再選よろしく、プレスリーも再び一九六八年にステージに登場する。レザージャケットとパンツで自身の音楽的ルーツを示す姿をしばらくのあいだ見せつけたあと、彼の音楽人生の最後期を印象づけた、ラスベガスのネオンを彷彿させる、キラキラと光るスパンコールが散りばめられたキャバレー風のつなぎ衣装を身に纏っていた。

プレスリーの趣味は多彩だったが、なかでも警察に協力することには積極的で、拳銃、警察バッジ、警察からの名誉称号集めにも執心した。心から母国を思うあまり、一九七〇年十二月、彼は大統領に面会を呼びかけ、自分に援助できることがあれば協力する、と申し出た。(4)

ジョージ・マーフィー上院議員（カリフォルニア選出の共和党議員で『いつも上天気』などのミュージカル映画にも出演した俳優）と乗り合わせた旅客機のファーストクラスで、プレスリーはニクソン宛に「いまアメリカは内なる敵からの脅威に晒されていて、そうした反乱分子どもには従来の捜査方法が通用しないはずなのです」との手紙をしたためた。「かつてマレーネ・ディートリッヒは、連合国側の利益に資するため、男たちを誘惑し、情報を収集しました。小生なら、彼女以上に有名な人間としてスパイ活動を行なうことができるのです。ドラッグ、ヒッピー、SDS［民主社会のための学生連合］、ブラックパンサーなどに関係する人間たちは、小生を敵だとは、もしくはエスタブリッシュメントだとは考えておりません。しかし小生が思うに、エスタブリッシュメントこそがアメリカであり、小生はそのようなアメリカを愛しているのです。大統領閣下、愛するアメリカを守るお手伝いができるのであれば、どのような役割でも拝命つかまつります」

プレスリーは「全州代表諜報員」という職名と、そしてもちろんバッジを所望する。任命されて得られるような一般的な職位はほしくなかったのだ。痛ましいほどに皮肉なのは、あの問題に関して、じつに威厳のある調子でプレスリーが書いていることだ。「薬物依存や共産主義者たちの洗脳テクニックについて詳細な調査を行ないました。小生は自分が手に入れることができるあらゆる情報を活用できる立場におりますし、それは間違いなくお役に立つことだと考えています」

そしてホワイトハウスでの面会が設定されると、十二月二十一日の朝、プレスリーは大統領執務室へと呼ばれた。面会の段取りを進めるあいだに、大統領補佐官代理ドワイト・チャピンが首席補佐官H・R・ハルドマンに、プレスリーの信頼性に関する報告を行なった。例えばその少し前にプレスリーが国際青年会議所から受けた賞も、彼の信頼性を裏書するものに含まれていた。「次の年の活躍が期待される『傑出した十人の若者たち』の一人にプレスリーは選ばれたが、選出の主な理由は、薬物の分野における彼の貢献である」

この歴史的会合は、その後アメリカ国家安全保障アーカイブ所有の相当数の写真のなかでも、最も閲覧要求の多いものとなった写真撮影からはじまる。ベルベットのケープを肩にかけ、首元にはシャツの極大の襟が鳥の翼のように折りたたまれている。そしてこれも極大のベルトのバックルがキラキラと輝き、眠たげに誘惑するような、というよりはただ眠たげな目をした出で立ちで、見るからに居心地が悪そうなリチャード・ニクソンと握手を交わしている。

FBIに報告されたこの会合の記録を書いたのは、弁護士のエギル・〝バド〟・クローで、大統領の密偵役としてFBIや麻薬取締局と繋がっていた人物である。ラスベガスでのコンサート中だという冒頭の世間話の説明が、最初の段落にある。「ラスベガスでショーをやるのがいかに大変かを、大統領が理解している様子だ」とクローは記す。話のわかる男、ニクソンというわけか。次の段落では、若者たちに声を届ける手助けをしてほしいとの希望を伝える大統領の姿だ。エルヴィスは歌でもそれは手伝える、と応じる。アメリカの若者たちからいつまでも信頼される人間であってほしいという大統領の要請を、この歌手は受け入れた。

そして、ビートルズが話題にのぼる。第三段落から感じとられるのは、エルヴィスの偏執症的傾向である。「プレスリーは、ビートルズが現在の反米精神の真の推進力になっているという考えを示した。あのバンドがこの国にやってきては金を稼ぎ、英国に戻るのですと、反米キャンペーンを展開する。大統領は頷いて同意を示し、また驚いたふうでもあった」

そして極度な飲酒癖のある大統領と薬物漬けのこの歌手は、アメリカの内なる敵について話した。「反米キャンペーンの先導者のなかにもドラッグの使用者がいると大統領は述べた」と、戦争に反対する者たちは愛国心がない者たちである、というホワイトハウスの哲学の延長線上にある大統領の考えについて、クローは記している。「暴力、ドラッグ、反体制、抗議活動。こうしたものすべてに関わっているのは、概して同じグループの若者たちだと思われる」

報告書の内容や写真から、エルヴィスが当時なんらかの薬の影響下にあるのではないかと考える人間もいた。このときの彼の心理状態について、クローはいくつかの所見を書いている。大統領に「あなたの味方だ」と情熱的に訴え、「テネシーからやって来た、ただの貧しい少年」がアメリカという国に祝福され、その恩返しをしたいと謙虚に語る。会合の最後には、ニクソンに対する支援を繰り返し強調したプレスリーは、「その後、予想しなかったが同時に自然な感じで、左腕を大統領の体にまわし、ハグした」

この大統領への抱擁は、象徴的にであれ文字通りにであれ、大統領執務室での出来事のなかでも最も気まずい瞬間のひとつとなった。結局この伝説の会合は、要領を得ないまま終了する。ギフト交換では、麻薬取締局の模造バッジがプレスリーに、そして（礼状の記述から判断するに、「瀟洒な木製ケース」に入れられた）第二次世界大戦時代の四十五口径M1911が、ニクソンの兵器庫に追加された。公演中のラスベガスでのショーを継続したプレスリーだが、その後彼がヒッピーやSDS、ブラックパンサー党に潜入調査を行なった記録は、ほとんどない。

多くの関係者が断言するのは、若者たちと意思疎通を試みたい、強い反感を抱いているひとびととの共通点を探りたいというニクソンの思いは誠実だった、ということだ。例えば一九六八年の大統領選の年にはコメディ番組『ラーフ・イン』にカメオ出演し、聴衆を番組へと誘う「さあ、わたしをやっつけて《ソック・イット・トゥ・ミー》」というキャッチフレーズを疑問形〔「おれをやっつけるのかい?」〕で問いかけたのも、世代間ギャップを埋めようとした彼なりの努力の表れである。ただ、そうした大衆とのコミュニケーションのなかで彼がいつも居心地良さそうにできたわけではないのは、周知のところだ。

「人に囲まれると、バツが悪そうでしたよ」と語るのは、一九六九年に平和部隊司令官に任命されたジョゼフ・ブラッチフォードだ。ケント州立大学での事件〔一九七〇年四月、合衆国によるカンボジア空爆に抗議するデモ隊に州兵が発砲し、四名が射殺された〕を受けてワシントンDCで抗議デモが起こった際にも早朝のリンカーン記念公園で対話を試みるなど、ニクソンがときにぎこちなさを隠せない方法で若者とつながろうとしていたことを、ブラッチフォードは回想する。側近をひとりだけ伴って壇上に上がり、ヒッピーたちに向かって何事かを大統領がブツブツと語りだすと、その聴衆たちに混じって周りを警戒している人間がいることにほかの観客が気づく、といった具合だ。

「じつに不可解でした」とブラッチフォードは続ける。デモが拡大すれば厳重監禁《ロックダウン》も辞さない、と政府が準備を進めていた時期だったことを考えれば、なおさらだ。「まあなんとも困り果てて、彼らと話すしかほかないと思ったとか、そういうことだったんでしょうが」。なんとか会話してみたいと必死になり、意見主張のさなかに突然、学校で好きな科目は何かと若者たちに問いかけたり、サッカーやサーフィンといった話題を持ちだしたりもした。大統領から若者へのアドバイスは、旅行をしなさい、だった。旅行をすれば、より大きな人間になる、と。

ブラッチフォードにすれば、海外旅行を話題にすることすら注意が必要な時期だったのだ。平和部隊司令官のブラッチフォードは、ボランティア部隊がむやみに世界へと飛び回り、大統領や国家の防衛政策などを批判することがないように、と通告されていた。「ベトナム戦争のおかげで、国民の意見が完全に二分されて」いるなか、平和部隊は理想に燃える大学新卒の若者たちの受け皿になっていた。「外国へ積極的に出て行って奉仕せよ、というケネディの呼びかけに従うのか。いや、出て行かずに国内に留まって、ニクソンや戦争に反対する運動をしなさいという大学の方針に従うのか。二つの考え方のあいだで若者たちは悩んでいたんですよ」

若い世代から見れば、ニクソンという格好の敵対者を冠したそのような見かけの分裂構造があり、それでいてニクソンたちにとっては彼らがある種のウィークポイントになってしまっていて、ときにそれが露骨に出てしまうことがあったとブラッチフォードは言う。「驚いたのは、二十歳以下の若者の票を取りに行くぞ、とわたしに言ったことですよ。わたしはその方向で進めるように彼の手助けをしましたが、政権執行部のなかにはそんなことをすれば次の選挙で苦戦することになる、と考える者が多かったんです。でも彼は『構うものか。無視できない票数になるはずだからな』と言ってましたね」

ニクソンには平和部隊とその任務に対する理解があったが、ニクソンの周囲には、ケネディ政権の終幕とともにそれも終わらせるべきだったという者が多かった。

平和部隊が抱えていた無視できない問題のひとつが、反戦運動に参加する平和部隊のボランティアたちの存在だった。かなりの逆風のなか、ブラッチフォードは敢然と自らの立場を堅持した。「政府とは随分と取引をさせられましたよ。非常に不愉快なものも含めてですが」と彼は振り返る。「奇妙な話ですが、わたしを最も支持してくれていたのは、他ならぬニクソンです。その反面、副大統領だったアグニューはなんとかして部隊を解散させようと躍起でした」

　ブラッチフォードはボランティア部隊を中立的な位置に保つことができるよう腐心したが、それでも抵抗は強かった。ケネディ没後にＣＩＡと政府の関係が強化されると、それがまた政府の足元をぐらつかせる原因にもなった。「ニクソンが平和部隊の維持に積極的ないっぽうで、取り巻きはそうではありませんでした。彼らはむしろ長髪の若者に目を光らせていたのです。かなり緊迫していましたね」。明白だったのは、ロックンロールのファッション属性である長髪と当時頻発した紛争とのあいだには、大いなる関連があったと、いうことだ。一九六〇年代前半、ブラッチフォードはバークレー・ロースクールの学生として、グローバルに奉仕活動を展開するアクシオン（Accion）という団体を設立していた。そしてまさに時代が変わり始めたそのときに、彼はロンドンを訪れた。「それこそシェイクスピア時代を除けば、髪を伸ばす若い男の姿を見たことも、噂すら聞いたことがなかったのです。それが当時のロンドンには、ビートルズにならって奇妙なスーツを着る、長い髪の男たちがいたんですよ。若者が体制に否《ノン》をつきつけるメッセージを目の当たりにしたのは、そのときが初めてでした。当時はもちろんアメリカにそんなやつらはいなかったし、ベトナムが大きな問題になる前のことでした」

　一九七二年にはすでに東南アジアでの戦争がアメリカの国内情勢にはっきりと影響

を与えるほどの状態になっていた。各都市での混乱にたがわず、ワシントンでも混乱の様相は顕著になり、ジャーナリストや活動家たちがそれに輪をかけていた、とブラッチフォードは言う。「メディアに煽られた大衆闘争が頻発していました。あるいはそういう試みが行なわれた時代だった、というのでしょうか。いったい誰が危険で、誰が犯罪者で、誰が聖人で、誰が精神的指導者なのか、区別がつかないんですよ。本当に混乱だらけでした」

政治の世界も同じだが、社会がそうした混乱に包まれた時代、自分が誰と仲間になればいいかもじつは分からないままに、多くの善良な人間が、まだ完成されていない状況に足を踏み入れてしまったかもしれない、とブラッチフォードは言う。誰にも分からない。エルヴィス・プレスリーや、ジョン・レノンですら。例えば、おそらく戦闘集団ではないかと認識されていたものの、ブラックパンサー党に関してすら、人によって解釈の仕方はまちまちだった。「多くの素朴な人間が、非常に危険なやつらと関わりを持ってしまったんです」とブラッチフォードは語る。「レナード・バーンスタインがブラックパンサーのために資金集めパーティーを主催したんですよ。女性解放、黒人解放、人種問題、すべてが一気にやってきた。そしてそこにあったのが、キング牧師の声なのです」

一九七二年二月に、ブラックパンサーの共同設立者、ボビー・シールとブラッチフォード自身が、あるフォーラムのために名前を連ねたことがある。そのことをブラッチフォードはまったく知らなかった。「ジョン・レノンをフィーチャーした五日間にもおよぶプログラムで、マイク・ダグラスがシールにもスポットライトを当てるようにしたのですよ。そのショーに出てくれないか、とわたしにレノンからオファーがありましたよ。ボランティアとはなにかを聞きたい、ということで」

＊

マイク・ダグラスにとって、レノンが彼のショーに出演したときの記憶は、いろんな理由から忘れがたいものになった。「われわれが作った番組のなかでもいちばん興味深く、大変で、しかし最後には最もやりがいのある一週間になった」とダグラスが注釈を加えるほどに、だ。

その注釈には、さらに「前代未聞の」「並外れた」という形容詞が加えられる。自分の名前を冠する一時間番組の五回分に、ジョンとヨーコを共同司会者として迎えたのだ。ダグラスにとってはこれぞショービジネスの真骨頂であり、視聴率をかっさらうためにはうってつけの上玉だった。ダグラスは、自伝『アイル・ビー・ライト・バック *I'll Be Right Back*』のなかで、芸能界のなかではビートルズのメンバーが「もっとも待ち望まれていたゲスト」であり、「絶対に逃してはならない」最高のチャンスだった、と記している。[5] 確かに当のゲスト司会者の気まぐれで番組進行への影響を気遣う必要はあるかもしれないが、それを差し引いても余りある、価値あるゲストだったのだ。

共同司会者にその週のゲストを選ばせることを慣例としていたダグラスの番組だったが、「ジョンとヨーコはご自由にやらせた共同司会者はほかになかった」という。レノンが声をかけたいと考えていたのは、午後のトークショー向きというよりは、夜のニュースでよく名前を聞くような人物だった。この番組の視聴者が望んでいたのは、家族で楽しめるコメディアンのトークや、誰にでも耳障りのいい音楽を聞かせてくれるミュージシャン、それに家庭でも作れる料理を実演するシェフなどである。ディズニーの『シンデレラ』でプリンス・チャーミングの歌唱部を担当し、かつてはビッグバンドのヴォーカルも担当したことのあるダグラスは、そうした誰もが気楽に楽しめる番組作りについて、「午後のひとときを、テレビを見て石鹸のCMを見ながら楽しく過ごす」ためのものだと考えていた。

ただ、彼の主張する、そうした見た目の穏やかさに騙されるわけにはいかない。一九六〇年代前半に放送されたなかでも、他の番組に比べてもっとも数多く黒人リーダーをゲストに招いているのが彼のショーなのだ。こうした番組の傾向について、テレビ局が「平日午後の視聴者にとってはふさわしくない」と、黒人活動家《ニグロ》を過剰に出演させるダグラスに対する注意喚起を指示した記録が残っている。これに対してダグラスは、ストークリー・カーマイケルを番組に呼ぶ形で答えた。カーマイケルはトリニダード生まれ、「ブラック・パンサー党の名誉総裁」を自称し、「ブラック・パワー」という言葉を流布させた立役者である。

もちろんカーマイケルは、レノン夫妻の招待客リストに名を連ねていたジェリー・ルービンやボビー・シールとは違って、暴動扇動のかどで有罪判決を受けたわけではない。そもそも興味の幅がひろいレノンの網にかかったのが、芸能界から政界にいたるさまざまな業界人なのであり、結果として、そういう人選になったということだ。国務長官のヘンリー・キッシンジャーやグルーチョ・マルクスをはじめとしてテレビ出演が実現しなかったゲストもいたが、その一週間のプログラムの名声によってテレビ史に刻まれること確実、と思われるキャストが招集された。平和部隊司令官のジョゼフ・ブラッチフォード、自動車の安全性を監視する運動の端緒となる『どんなスピードでも自動車は危険だ *Unsafe at Any Speed*』の著者で、消費者運動の先導者でもある弁護士のラルフ・ネーダー、そしてコメディ畑からは、つい先ごろスーツとネクタイを脱ぎ去り、長髪で社会批判を展開しはじめたジョージ・カーリンが登場した。これら業界折衷的な出演陣に加え、アート・パフォーマンスを披露するヨーコはもちろんのこと、公民権運動に取り組む弁護士やマクロビオティック料理の専門家、またこうした場に最も似つかわしいコメディ俳優のルイス・ナイらが活気を加えた。

エレファンツ・メモリーのメンバーたちは、ジョン・レノンの影響力がどれほどのものかを、出演者交渉の経緯のなかで間近に観察することになる。「結局マイク・ダグラスは、ジョンをショーに出演させるためならなんだってやった、ということさ。そしてそれは、ジョンがまさにロック・アイコンだったということの証しだよ」とアダム・イッポリートは言う。「番組の準備段階で何人かの出演者をめぐって大論争になったんだ。おれの記憶が正しければ、マイクはエルドリッジ・クリーヴァー〔初期のブラックパンサーのメンバーで情報相だったが一九六八年に思想的対立から離脱し、分派活動をしていた〕まで候補者リストに入れていたよ」。またテックス・ガブリエルの言によれば、「そういう人選はジョンなんだろうね。マイク・ダグラス自身がボビー・シールを呼んだとは思えないじゃないか」とのことである。

いっぽうジョンとヨーコにしてみれば、ありがたくもない、陳腐なゲストもいた、ということになる。アップル・レコードの広報担当だったピート・ベネットに宛てた手紙で、レノンは愚痴をこぼしている。「もう知ってるかもしれないけど、マイク・ダグラスの番組で、えらい目にあってるんだよ。ことあるごとに『サプライズ』とかいって、予想しないゲストを登場させてきやがるんだ。いったい、どう対応しろっていうんだって感じだよ。別に、あのひとたちと番組で一緒に何かやりたいなんて思っちゃいないわけだよ。もともとはこの番組で話をしたいと思っていたゲストたちとだけ話してみたいだけなんだよな。いちいち癪にさわるぜ」[6]

音楽方面では、新しくレノンのバックバンドとなったエレファンツ・メモリーが紹介されたが、『デイリー・ニューズ』紙は「既存の音楽にとらわれない、長く、常軌を逸するアンダーグラウンドでの音楽活動のあと」に、ようやく日の目をみたグループだ、と評した。[7]

彼らへの期待値は高かった。なぜなら、元ビートルズのメンバーの代わりに演奏するメンツなのだ。娯楽の王道のような番組でイッピーが討論できるというのは、ルービンにとっては喜びだった。直前の一週間というものフィラデルフィアのスタッフたちと準備に躍起だったダグラスは、「番組史上類を見ないほど多方面からの関心を集めていた」と述懐している。もう何年も会っていなかった番組のスポンサー会社、ウェスティングハウスの重役がひょいとスタジオに顔を出す。あるいは長年そのうち行くと言いながら来てもいなかった、ダグラスや番組スタッフの親戚連中が、急にフィラデルフィアにやってくると言い出す。そして、「少なくとも半ダースは地味な格好の男たちが毎日いる」ことにダグラスは気づいていたが、後に確認されたのは、彼らが「過激思想を持つ疑いのある元ビートルズのメンバーに目を光らせるため」に送り込まれたFBIの特別捜査員であるということだった。

＊

『マイク・ダグラス・ショー』のオープニングでは、ゲスト司会者にふさわしい歌をマイク・ダグラスが歌うのが慣わしだった。レノンの初回登場は二月十四日の月曜日。この日のオープニングの選曲は、よかれと思ってのことだというのはわかるが、とうてい上手だとは言い難いものだった。セッティングが整って出演者が所定の場所につくと、まずは局アナがスタジオ観覧者と番組の視聴者を歓迎する言葉を述べ、その後にステージでマイクを握るマイク・ダグラスが、この日の一曲目を歌いはじめる。

「舞台袖で、ジョンと並んで立って見ていたよ」と言うのはゲイリー・ヴァン・サイオックだ。「番組開始とともにマイク・ダグラスが出し抜けに歌いはじめたのが、『ミッシェル』でね」。ビートルズの楽曲にクレジットされる「レノン／マッカートニー」の名義が往々にしてあてにならないものだということを、ダグラスや番組スタッフは認識していなかったのである。多くの曲は事実上ソロ作品であり、その代表的なものとして、ジョンの「イン・マイ・ライフ」や「ストロベリー・フィールズ・フォーエバー」、ポールの「イエスタデイ」や「ミッシェル」があった。イギリスの大衆演芸場《ミュージック・ホール》風のメロディーラインにフランス語まじりの歌詞、ゆったり漂うような歌唱法は、これぞポールといったところで、ジョンのお気に入りとは言えないものだ。

「なんだよ、これは」とレノンはかぶりを振り、顔をしかめた。「開いた口がふさがらないとは、まさにあれだ」とサイオックは言う。「ジョンには考えられないことだったんだ。とにかくナーヴァスになっていたよ。なにせ何百万人もが観ているテレビショーに出たはいいが、司会者のマイクはいきなりポールの歌を歌い出す。その一週間を始めるにあたっては最悪の出だしだったね」

スタジオに群れるビートルズのファン、FBIのエージェントたち、そしてテレビを観ている視聴者は、ジョンが舞台袖で毒を吐いていることなどもちろん知らない。

ただしそこはプロ、このあとジョンは大股でステージに上がるとダグラスの優雅なパフォーマンスをともかくは讃えるのだ——それがまた、この曲がジョンのものだという世間一般の誤解を上塗りしたのかもしれないが。

キューが送られ、ジョンとヨーコがフレームインして、ダグラスと握手をすると、観衆は喝采を送った。中央ステージに置かれた椅子に三人が座り、ジョンとヨーコはマイクを前にしてくつろいだ雰囲気を見せる。ジョンは丁重に「ミッシェル」が本当は誰の曲かを説明した。確かに一部手助けした部分はあるけども、と補足し、ダグラスへの配慮も見せている。(8)

いくつかのやりとりがあってレノンが発したのは、シンプルかつ大掛かりな、これからの五日間における基調声明だった。「愛、平和、コミュニケーション、ウーマン・リブ、人種差別、戦争。ぼくたちがこれから話し合いたいのは、こういうテーマだ。それがいま起こっていることだからね」

初日のゲストのひとりがラルフ・ネーダーで、レノンは「一つの模範、それもすごいことをやっている男」と紹介した。ジョンに政界進出の計画を訊ねられると、たとえレノンが「音楽大臣」をやると申し出てくれたとしても、大統領選に出馬するつもりは「毛頭ない」と断言した。チェンバーズ・ブラザーズやルイス・ナイのパフォーマンス、ジョンとヨーコが歌う「イッツ・ソー・ハード」、そして「割れたティーカップを修復する」および「手を伸ばし、観客のだれかに触れよ」というふたつのインタラクティブ・アートの展示などとともに、初日については特段の問題もなく時間が流れていった。ダグラスも初日のトークの展開やテーマについては事前に心配していたことはなく、実際に収録もつつがなく済んだ。

しかしダグラスにとって、次の日の収録は楽しんで望めるものとは言えなかった。彼が「悔い改めないアナーキスト」と呼ぶ男がゲストに含まれていたのである。ジェリー・ルービンの登場直前、ダグラスは留保条項を視聴者に提示した。「この若者について、わたしは否定的な見解を持っています。しかしジョンが彼を番組に招いたのです」。レノンはルービンを紹介するとき、如才なく、「シカゴ・セブン」の評判や彼らが活動家の中でも筋金入りであることを自分は理解している、という点を確かめた。同時に彼らが忌避されるべき「爆弾を投げつけるような」過激派なのかどうか、という疑問も投げかけている。

「初めてジェリー・ルービンと出会ったときは、正直怖かったよ」とレノンは告白する。いっぽう、実像とは異なる姿をメディアによって喧伝されている人間、そうした状況に置かれたのが一度や二度ではないに人間に対しては同情してしまう、という。「ぼくとヨーコが考えていたのは、一年や二年前ではなく、いま彼らが何を考えているのか、そして未来にどんな希望を持っているのかを示すチャンスがあってもいいはずだ、ってことなんだ。少なくとも彼らは、例え一部であっても若者の考えを代表できる人間だ。いまこそ彼らが自分たちの言葉で語るべきなんだよ」

そうしてルービンが語りはじめると、ダグラスが最も懸念したことが起こる。ルービンが間髪入れずにニクソンへの不満をぶちまけ出したのだ。まずは人類の殺傷機械である「自動発生する戦争」を作り出したとして、ニクソンを批判し、その突撃隊員的気質はアッティカやケント州立大学での事件で見事に証明された、と主張したのだった。レノンはルービンに、きみたちの活動はいまどうなっているのか、と訊ねた。「人びとが晒されている抑圧は甚大だ。いまでは誰しもが逮捕され、獄につなががれ、殺される可能性がある」と、自分たちの活動の必要性を語った。

そこにダグラスが割って入る。「世界でも唯一、テレビで視聴者に向かってそんなことを言えるのがこの国なんですよ」。ルービンは、自分の考えを述べ、聞くも耐え難い非情な真実を語ったがために拘禁されたんだ、と返した。

そこでダグラスは、多くの視聴者が頷いてくれるような、もっと前向きで明るい話題に変えようとした。ルービンが薬物使用に反対していると耳にした、方向転換したんですか、と問いかけたのだ。「それは本当のことじゃない」と、ルービンはしかめっ面をカメラと観客に向けた。「薬物全般に反対しているわけじゃない。ヘロインだけだ」

予想はしていたが、政府に対する彼の暴言にいらだっていた自分自身の様子について、「とにかく癇に障りましたね」と、ダグラスは後に語っている。ジョンが会話の舵を取り、話題は選挙へと移る。レノンは投票をよびかけ、今回はじめて選挙権を得た十八歳から二十歳の若者に、有権者登録と運動への参加を求めた。ルービンは、投票はニクソンを排除するためだけに行なわれるべきであり、そのために若者は連れ立って投票に行かねばならないと、彼らしい主張を展開した。

コマーシャルのあとにルービンが若者に促したのは、共和党大会と民主党大会のどちらにも出席し、「非暴力的に自分たちの存在感を見せつける」というプランだった。レノンは「非暴力的に」と繰り返し、お墨付きを与えて次の話題に行こうとしたが、ルービンは、なぜ非暴力が唯一の懸命なやり方であるかをどうしても説こうとした。「なぜそうしないといけないのかといえば、そうしなければおれたちは殺されてしまうからだよ。おれたちはそういう国に住んでいる、そういうことさ」

観客は必ずしも彼の見解に同意しているわけではなく、なかにはブーイングや野次で反応する者もいた。いつもなら昼下がりに家庭に穏やかな雰囲気を届ける番組のはずだったが、スタジオには緊迫感が漂っていた。デヴィッド・フロスト・ショーでのアッティカに関する議論と同じく、ジョンは場を落ち着かせようとして観客に投げかける。「誰でもが議論に参加していいんだ。どんなことにでも、ぼくたちには何かをする責任があるからね」

ダグラスは、ジョンが天性の仲裁者であることを後になって悟ったという。「番組という枠の中では理解のある寛大な司会者の役を演じることに決めていて、レノンはその役をうまくこなしたのです。ルービンの発言を噛み砕いて辛辣さを取り除き、そこにユーモアをふりかける。すると、彼の発言がとてもかっこいいものに感じる、といったところでしょうか」(9)。話題はほとんど変わることなくいくつかの点が確認され、彼独特の物言いが披露される「ルービン劇場」はあっというまに終わった。観覧席にいたFBIの捜査官が、大統領の排除に焦点を当てていたルービンの主張に注目していたのは間違いない。

政治から離れるなら、レノンにとっての個人的なハイライトは水曜日にやってきた。ロックンロールのパイオニア、チャック・ベリーと共演したのだ。「ジョンは天国にでもいるみたいだったよ」とガブリエルは回想する。「それまで一度も彼とは共演したことがなかった。だれもがジョン・レノンのことを畏怖しているのと同じように、ジョンはチャックを畏怖している、そういう様子だったね」。レノンとエレファンツのメンバーたちがチャックと共に演奏したのは二曲、ロックンロールといえばエレキギターというイメージを決定的にしたリフが特徴の「ジョニー・B・グッド」、そして「メンフィス、テネシー」である。

レノンと同じくベリーも断固たる大胆な性格の持ち主で、ヴァン・サイオックが言うには、チャックがリハーサルで演ったのと変えて「ジョニー・B・グッド」の演奏を始めたときには、多少修正が必要になったという。「彼は思いつきのキーで演奏を始めたんだよ。メンバー全員がこれでやろうって決めた後にでもだよ。ジョンはあまりハッピーじゃない感じだったね。プレイし始めたときの顔がすべてを物語っていたよ。ちょっとしたパニックだった。リハーサルとは違うキーで、全国放送のテレビ番組でぶっつけ本番だからね。それにしてはよくやったと思うけど、おかげでジョンは声に多少の力みが出ていたな」

「メンフィス、テネシー」のとき、チャックも目をむくほどの声が突如として耳に飛び込んできた。彼がいつものように一番の歌詞をうたい、さてこれからリビだというときに、ヨーコのユニークな、あの突き刺すような声が後方から聞こえてきたのだ。驚いたチャックは一瞬、目を大きく見開いたが、そこは百戦錬磨の彼のこと、グッと堪えて何事もなかったかのように平然と歌い続けた。そしてレノンがチャックと同じマイクに向かってデュエットする姿が大写しになったときの笑顔が、このステージでレノンが経験したことのすべてを物語っていた。番組全体を通じて、レノンの心はこの数分間で満たされた。過激な政治思想など関係ない。ダグラスの回想によると、ニヤリと笑ったレノンが彼に、他の部分はどうであれ、チャック・ベリーとの共演だけで「この番組全部の価値に価する、そう思わないか」と言ったという。

ダグラスにとっての最大の懸念は、四日目のゲストだった。主婦向けの午後の番組にブラックパンサーのメンバーが登場するのだ。公民権運動に通じていないわけでもないダグラスですら認めざるのえないのは、彼の番組のファンがその週のゲストの何人かについてはまったく歓迎していなかったかもしれない、ということだ。「ジェリー・ルービンとの耐え難い時間を過ごしたあとでは、ボビー・シールについてもまったく期待が持てなくなったのです。ブラックパンサーは好戦的な武装集団だ、というのが一般的なイメージです。わたしの番組からコアなファンを離れさせるにはうってつけのゲストに思えましたね」

　ダグラスが予想していたのは、警官を「豚野郎」と呼んだり、闘志を煽るために「じたばたするな、観念しろ！」〔デモ参加者が体制側に浴びせる言葉〕などという男の姿だった。ところがその男からダグラスが実際に耳にしたのは、衣服の無償供給、スラム街の生徒への無料朝食プログラムなど、地域に根ざした活動についての話題だった。自分がブラックパンサーのリーダーに初めて会ったときに知らされ、驚いたことについて、レノンは語っている。「とにかく話しても話し足りない、という感じだったね。彼の所業だとして新聞でいろいろ書かれているけど、新聞で書かれていないこと、例えば基金の設立、食料の提供、それに教育プログラムをはじめとして、彼はいろんなことをやってたんだ。それで思ったんだよね。彼らの違う側面を見てみようじゃないか、と」

　ブラックパンサーのリーダーのひとりボビー・シールは、地位向上の哲学や地域への責任などのアイデアが反映された、世間でもその評価の賛否が取り沙汰されていた「テンポイント・プログラム」の基本概念について語ったのだった。これにはダグラスも驚きと喜びを隠せなかったという。「わたしがただ言えるのは、ボビー・シールよ、神の御加護あれ、ということだけなのです。悪意を抱くだろうというわたしの予測は完全にはずれました」。靴の寄付を呼びかけ、必要な人に配布して回る活動については ダグラスも喜んで聞き入り、また食料品の入った袋を無料支給する様子を撮影した映像が流された。礼節と純粋な情熱によって行なわれているそうした事柄の重要さに比べると、何が語られているかはあまり問題ではなかった。

その週が終わる頃までに、ダグラスは「頭痛の種は思ったほどではありませんでした」と述べられる心境に至った。そして偉大なるミュージシャン、ジョン・レノンとその真の人柄が現実と釣り合いの取れたものだということも。「スマートで面白く、社交的で人好きのする男。話もうまいし、同じぐらい聞き上手でした。他者に心から同情し、異なる考えを持つ人にもしっかりと敬意を払うのです」。そしてダグラスにとっては、おまけがついてきた。当時はまだ謎だと思われていたことについて伺い知る機会を得たのだ。「この女性です。彼女へのジョンの愛情の本質を理解できた気がしましたね」と、ヨーコの人柄について述べる。「彼女は奇妙で難しい人だが、その個性は強烈です」

この一週間を通して、ヨーコの音楽とアートが紹介された。無作為に電話をかけ、誰が電話口に出ようと「愛しているわ」と告げるパフォーマンスや、鏡が貼られた箱を持ってニヤリと笑った自分の顔を見る、ダグラスが「困惑させる箱」と呼んだ作品。「笑顔を集める」のがコンセプトで、ヨーコがぜひその箱を試してみてはというので、出演者全員で回覧した。「ジョンがわたしの方を向いて言うのです。『彼女と一緒に住んでるけどね。この箱もそうだけど、まだまだ彼女についてわかないことがたくさんあるんだよ』と。どうすればこの男のことを好きにならずにいられようか、という気分でした」

もちろん誰もがヨーコを評価していたわけではない。ジョンを崇拝するファンや仕事仲間には、ビートルズの解散、ベッド・イン、そしてバギズムなど、その後のジョンの奇天烈な行動はヨーコのせいだとして、彼女をスケープゴートにする者もいた。レノンに批判的な人間には彼女が格好の標的になり、スタジオでもそうした風潮に便乗する人間がいるのをエレファンツのメンバーたちは目の当たりにした。リハーサルでヨーコが歌を披露したとき、スタッフから嘲笑と批判が聞こえてきたのだ。

「ヨーコは泣いていたよ。でも彼女にとっては、ただ耐えるのみだったんだ」とイッポリートは証言する。関係者の話では、番組での演奏中、彼女のマイク音量は下げられていたという。それでもテレビに映る彼女の表情は強く、涼しげだ。このことについて、レノンは彼女が傷つかないような口実を考え、語りかけていた様子をイッポリートは見ていた。愛あればこそ、である。「彼女の声が実際にどう聞こえていたかを、ジョンは知っていた」とイッポリートは続ける。「でも、ジョンは芸術の自由な表現を擁護していたし、それに彼は、ヨーコの神秘的な雰囲気に魅了されていたからね」

ヨーコ・オノは、不可思議な女性だ。共演したジョゼフ・ブラッチフォードもそう感じたかもしれない。それまでブラッチフォードにとって、レノンはアーティストであり、政治の人ではなかった。「ビートルズのメンバーとしての姿以外はほとんご知らなかったんです」。そして、「番組で一緒に話して、はじめてわかったのです」。ボランティアへの彼の取り組みに関するレノンの質問については放送されたが、ブラッチフォードはコマーシャル中にヨーコと会話を交わしていた。礼儀正しく親しげに、そして控えめに彼女は彼の手を取り、「赤いペンで書かれたメモを、そっとわたしに渡したんですよ」とブラッチフォード。「彼女個人の電話番号でした。そして、これはそのとき彼女が囁いたのか、あるいは〔そのメモに〕書いてあったのかは忘れましたが、ジョンのために後ろ盾になってくれる人間を探してる、と言うのです。わたしが彼らの手助けをできる人間だと踏んだのでしょうね」

その要請に真面目に応えることは難しい、とブラッチフォードは考えていた。たかが平和部隊の司令官にできることは何もなかったのだ。彼はレノンが「非常に愉快で善良な」人物であると感じたし、収録はうまくいったと考えていた。

まもなくブラッチフォードは、ニクソン政権がジョン・レノンを「国家の治安を脅かす秘密活動の扇動者」に認定したことを知る。徐々に偏執的性質を強めていた傾向はあるにしろ、大統領とその側近が、ひとりのミュージシャンを脅威とみなして監視下に置き、国外追放までをも視野に入れていたことが彼にはにわかに信じ難く、嘆かわしくもあった。ブラッチフォードは言う。「政権がジョンをＦＢＩに調べさせていたかどうかといえば、もちろんそうでしょう。もはや度を超えていたんです」

第4章

まったくもっての厄介者

“A Thor-ough-Nui-sance”

あの男がおれたちを追い出すなら
おれたちは飛び跳ねて、こう叫んでやる
「自由の女神は『ようこそアメリカへ！』って言ってるぜ」

ジョン・レノン「ニューヨーク・シティ」

いよいよニクソン政権によるジョン・レノン追放工作が開始された。一九七二年三月一日、レノン家のもとに届いたのは、彼らの観光ビザの更新を認めない、ついては三月十五日までに米国を立ち去れたし、という移民帰化局からの通知だった。

この最初の通知からわずか五日後のこと、「レノン夫妻に立ち去る意志はない」という地区局長からの報告をもとに、国外退去処分の処理が進められていることを通告する二通目の通知が発送された。[1] これで一件落着、政府当局者たちはストロム・サーモンド議員の提案による選挙戦を睨んだ「対抗策」が成功した、と考えていた。大統領補佐官ウィリアム・ティモンズは、サーモンドに「君が提供した情報が適切に活用されて、君もさぞ気分がいいだろう」と言い、八月の党大会の時期にジョン・レノンはアメリカ国内にはいないだろうとの見解さえ示したという。大統領の身の安全を脅かす可能性を確認し、これを排除するための処置が遂行された、というわけだ。

レノン夫妻にはアメリカに滞在を続ける正当な理由がいくつかあった。そのうち最も切実なのが、ヨーコの前夫トニー・コックスとのあいだに生まれ、コックスが親権を持つ娘のキョーコの近くにいるため、というものである。一九七一年の夏に〔ニューヨークに〕移住する少し前から、テキサス州連邦地方裁判所による娘の親権の決定をめぐり、ジョンとヨーコは数回にわたって渡米していた。コックスもキョーコもアメリカ国籍で、当時はテキサス州ヒューストン在住だった。いっぽうのヨーコも、このの親権騒動を通じてアメリカに生活の基盤を置くことを真剣に考えはじめ、ビートルズ時代の苦い記憶がまだ鮮明なロンドンから遠くに身を置きたいと考えるジョンの思いと合致したわけである。

弁護士のレオン・ワイルズは、そうした家庭の問題さえあれば〔滞在期間の〕延長は認められるものだし、ビザの更新自体はむしろ形式的に粛々と行なわれるべきだったという。「まったく驚いたね。彼ら〔レノン夫妻〕は何も特別なものを望んだわけじゃないんだから」

ワイルズはアップル社の専属弁護士、アラン・カーンのロースクール時代からの友人である。アップル創設の祖であるアーティストに国外退去を命じる書類が届いたとき、カーンの念頭に浮かんだのが、ニューヨークでも移民問題に最も精通している事務所、ワイルズ・アンド・ワインズバーグだった。この案件を持ちかけるために電話をかけたカーンは、ワイルズの「アラン、ジョン・レノンって誰だっけ？」という質問に驚きつつ、「おいおい、冗談も休みやすみにしろよ」と返したのだった。

ペンシルバニアの小さな町で生まれ育ったワイルズは、現代風のポピュラー音楽よりもクラシックやオペラに精通している人物である。六〇年代後半を通じてニューヨークで生活しておきながら、彼はジョン・レノンやビートルズにほとんご関心がなかった。ジョンとヨーコに対しては、ヴェルディのオペラ『アイーダ』の王族恋愛劇がなんとなくオーバーラップする、といったかすかなイメージしかなかったという。「ジョン・レノンやヨーコ・オノがどんな人物か知らなかったんだ」とワイルズは告白する。「ましてや彼らの音楽なんて、まるで知らなくてね。一般人とはかけ離れた美しい男女のカップルがいて、美しい結婚をした、ぐらいの印象だった。彼らが何者なのか、どれほどの重要人物なのかを知るにつれ、彼らの音楽を聴くようになっていったよ」

　最初のコンサルティングのためにワイルズがバンク・ストリートのレノン宅を訪れたとき、ゲストの多くはアパート内の最も広い部屋で気軽にくつろいでいた。真ん中にベッドが置かれ、その周りにギターやピースマークが散らばっている。グリニッジ・ヴィレッジのイカしたアパートではよく見受けられる雰囲気だが、物にあふれた本棚に置かれたオスカー像〔映画『レット・イット・ビー』でアカデミー歌曲賞を受賞〕は、他の居室には滅多になかっただろう。くつろいだ雰囲気とはいえ、ビジネスはビジネスで、ジョンとヨーコはこの弁護士を篤く出迎えた。「ふたりは大部屋から出てきて、奥の部屋へと案内してくれた。彼らの礼節が感じられたよ」とワイルズは言う。

　アメリカに留まりたいというふたりの願いをワイルズはよく理解し、ヨーコの夫がそばにいて、彼女を支えながら娘の近くにいなければならない状況が説得力のある理由になるとのことで、ふたりを安心させた。問題があるとすれば、一九六八年にノーマン・ピルチャー率いるロンドン警視庁麻薬取締班のスター芸能人に対する一斉捜査で、レノンが大麻所持を理由に軽犯罪で有罪となっていたことだ。ジョンの他にピルチャーが目星をつけていたのが、ジョージ・ハリスン、ドノヴァン、ローリング・ストーンズのミック・ジャガー、キース・リチャーズ、ブライアン・ジョーンズだった。

このときは弁護士の勧めでジョンは有罪を認め、僅かな罰金を支払っている(2)。

有罪ではあるが、パスポートの取得に際して大きく不利に作用することはない。ただ、ビザの取得が認められない可能性はありえる。前回アメリカに短期滞在したときにはビザを免除されていたが、今回はさらなる時間を、おそらくあと一年ぐらいはアメリカで過ごす必要がある。レノンは以前、この有罪判決の効力は五年後にはなくなる可能性があり、その後なら例えば永住までも視野に入れた準備ができる、とは聞いていた。ただ問題は、いまこの現時点である。もう少しのあいだアメリカにいられるかどうか、レノンはワイルズに訊ねていた。

猶予期間を引き出すのは簡単なはずだ、あるいはもっと要求してもいいかもしれない、永住権を申請してみればどうか、とワイルズは提案し、「もし君が本当に誰もが言うような重要人物なら、政府が困惑するような状況を作り出せるかもしれないね」と言ってのけた。ワイルズは、移民帰化局が有名人がらみの訴訟を嫌がることを知っていたのだ。ニューヨーク地区局長のソル・マークスとはロングアイランドからの通勤列車でときどき一緒になることがあり、友人と言える間柄だった。また主任検察担当ヴィンセント・スキアーノは、マフィアのボスが絡む案件や、『ザ・ハッピー・フッカー』の著者ザヴィエラ・ホランダーの一件（伝えられるところではホーランダーは、貴兄は自分を「好ましくない」外国人であると本当に考えているのか、との質問を添えたこの本をスキアーノに送りつけたという）に至るまで、さまざまな問題を担当している。ジョン・レノンを追い回すことは、メディアの注目を浴びることを意味する。おまけに元ビートルズのメンバーをアメリカから追い出してしまえば、国民の反発を招くことは必至だ、と当然マークスは考えるだろう(3)。ワイルズが考えた主張は、レノンが「芸術や人文科学の分野で傑出した人物」であり、娘と自分のどちらと暮らすかの選択を妻に求めたことで生じた苦境に、いままさに挑んでいる状況である、というものだ。

マークスが非公式にワイルズに伝えたのは、一カ月か二カ月のビザの延長は認められるだろうが、それも一回きり、それ以上はない、というものだった。マークスのワイルズへの回答は、ワイルズが考えている以上の状況があることを示唆していた。

「質問はしないでほしいんだ。これ以上の延長は認められないだろう。彼らに出て行くように言ってくれないか」

＊

三月初旬、ある抗議活動にレノンは注目することになる。今度は政治絡みというよりは金にかかわるもので、彼自身のビジネスパートナーや他の元ビートルズのメンバー、そしてスターミュージシャンの利害もからんでいる。

アレン・クラインは、レノン、ジョージ・ハリスン、そしてリンゴ・スターらのマネジメントを一九六九年から担当しているやり手の弁護士だ（一方でポールは弁護士の義父に任せたいと考え、クラインとは契約しなかった）。ビートルズの四人のうち三人のマネジメントを担当しつつ、クラインはジョンの「イマジン」のプロモーションビデオの制作にあたり、また一九七一年六月からは、マディソン・スクエア・ガーデンで開催され、ハリスンの名前を冠した「バングラデシュ・コンサート」をプロデュースした。ジョージ、リンゴ、エリック・クラプトン、ボブ・ディランなどが参加し、危機に瀕する地域に対する人道支援を訴えるタイプの、後に定番化したチャリティ・プロジェクトとしては最初期のものといわれるこのコンサートは、一見すると成功したように思われた。義援金はチケット収益だけで何百万ドルに達し、これにレコードの売り上げに映画の上映権も加わる。

　ところがよくよく収支を調べてみるとクラインの信頼性に疑義が生じ、実際に行なわれた支援の規模が次第に明らかになってきた。一九七二年二月二十八日付の『ニューヨーク』誌の暴露によれば、収益金の大半が実際にはバングラデシュに渡っておらず、しかもそのうちのいくらかはクラインの個人口座に振り込まれていた、というのだった。[4] これを大衆の耳目を集めるチャンスと見て義憤を発するチャンスにしたのが、グリニッジ・ヴィレッジでは名の知れた、活動家を公言して憚らないA・J・ウェバマンだ。クラインは道義にはもとるが、法的には問題のない財務上の偽造操作をしていたのだ、とウェバマンは言う。「アレン・クラインは、収入の八十五パーセントが経費として使われたと主張していたけどね」。受領者側に何割を寄付として差し出さないといけない、というような法的な要件は存在しない。ただクラインの主張からは、本当に必要な人びとに渡る金しか用意できない、という印象も否めない。ウェバマンは言う。「こう考えることにしたのさ。彼がバングラデシュの飢える人びとの金をピンハネするということは、彼自身が飢える有閑階級だということだ。だからブラックパンサーの朝食プログラムに倣って、レコード会社の飢える重役のための、無料昼食プログラムをやることにしたんだよ」

『ニューヨーク』誌の記事から一週間後、ウェバマンと「ヒッピーの一団」がいくつかのフルーツ屋台のゴミ箱を漁ってまわり、クラインのオフィスが入ったビルの前に、その腐りかけの果物を積み上げた。彼らにふさわしい「無料昼食」を、ウェバマンたちは約束通りお届けしました、というわけだ。「やつのオフィスは腐った果物にふさわしい。そういうことさ」とウェバマンは言う。

このとき偶然、ある対決が見られた。コンサートのライヴアルバムをプロデュースしたフィル・スペクターとウェバマンが、ビル前の歩道で対峙する場面があったのだという。「鼻面にパンチを食らわせてやろうか、そしたらもうコカインも吸えなくなるな、って言ってやったよ」

世間でも論争になった。誰がバングラデシュの子供たちを救い、誰が傷つけているのか。しかしウェバマンのそうした演出が、その後何年も費やされてようやく解決するこの問題に影響を与えることは、ついぞなかった。いっぽう、権利や印税の問題が落着する前にいくつかの訴訟が起こされ、二十一世紀の現在では、アルバム、CD、ビデオ、そしてDVDなどの売上印税は、ユニセフ・ジョージ・ハリスン基金に寄付されている。

富裕層との対決姿勢を示したウェバマンは、カウンターカルチャーの世界で一時人気を集めることになる。ストリートで話題になり、『ヴィレッジ・ヴォイス』では記事になった。活動家のなかでも名が知れ、ついには彼の名がレノンの耳にも届くことになる。当時のジョンにとっては——最終的にこの関係は長続きしないのだが——クラインへの信用がきわめて重きをなしていた。ジョージ・ハリスンやリンゴ・スターと再度ステージに立つことも考えはじめていただけに、彼らが共演したバングラデシュ・コンサートについての論争も、当然ながら他人事では済まされなかった。

本人いわく「おれたちが何をしたのか、彼らが聞きかじった後に」、ウェバマンはバンク・ストリートのレノン宅に招かれ、ジョンやヨーコとの会話に興じた。「宗教、無神論、政治、第三世界、民族解放運動、ベトナム、環境問題などがテーマだった。

お互い打てば響くような会話をしたよ。基本的に同じ考えをもつ友人。そういう感じがしたね」。当初、ウェバマンが発行する『イッピー・タイムズ』の配送料を負担するなど、ジョンとヨーコはウェバマンになにかと便宜を図った。レノンとルービンの親交から、セントラル・パークで開かれた「スモーク・イン」コンサートにエレファンツ・メモリーが出演したが、このときに作った十フィートもの大きさの、舞台上の小道具のことをウェバマンが回想している。「おれたちで藁を巻いて、あのでかいマリファナを作ったんだよ」

ウェバマンがジョンやヨーコと近い関係にあったのは短期間だったが、ジョンがアメリカで生活しはじめた時期には、ウェバマンと同じような関係で終わった人間が多い。レノンは誰とでも積極的に会った。なかにはちょっとした知り合いでしかない間柄なのに、親しい友人だったと言い張る者もいる。

ウェバマンは、イッピースタイルを模した風変わりな行動、あるいは人の家のゴミを漁ってその家の人物の本質を暴く「ガーボロジー」〔garbage + psychology〕を提唱した「心理学的調査」で知られ、良く言えば文化批評家、別の言い方をすれば何にでも口を挟む奇人であり、その名望もB級だった。

このウェバマンがとりわけ魅了されたのが、ボブ・ディラン宅のゴミ箱だ。「ガーボロジー」という用語を彼が作るずっと前から、ウェバマンはディラン宅から出るゴミを調べ、彼なりの結論を出していた。そしてドラッグ世代の声を代弁するべく、自らを「ディラン解放戦線」隊長であると宣言した。ウェバマンの主張によれば、ゴミ箱調査の結果、ディランがヘロインを使用している可能性がある、とのことだった。これにはディランも抗議したと伝えられているが、そもそもその薬物の痕跡を証明する調査法の信憑性に問題があり、さらにその家の住人が使用したかどうかも定かではない。さらにウェバマンは、ディランの政治姿勢自体が彼のドラッグ願望に由来する、と信じていた。ディランは一般に思われているようにはリベラルではない、とウェバマンは言う。「以前はこう考えていた――ディランもかつては左翼だったが、金を儲けてヘロインをやりだしてからは宗旨替えした、と。でも違うんだ。彼は一度も左翼だった形跡がない。最初から右翼だったんだよ」

ディランはニューレフトの理想を発信するメッセンジャーの先駆者であるし、また友人でもある――そう考えていたレノンは、この発言が決定的となってウェバマンとの関係を断った。「ボブ・ディランという人物について、ジョンとおれとでは違う考えを持っていたよ」とウェバマンは認める。「ディランについておれが何か言うと、ジョンはやたらとムキになって、ヨーコの制止が必要なほどだった。おれがディランのあとをつけ回すのをみんな嫌がっていたな。みんなが好きなのはジョン。ということはおれが嫌われる、ってことさ」。その後、アレン・クラインを追い回しはじめたとき、ウェバマンはディラン解放戦線から進化した「ロック解放戦線」の代表者として行動しはじめ、こうした名称はFBIの捜査官を混乱させるためにつけた、と主張した。またジョンとヨーコを自分が組織する「ロック解放戦線」の新兵だとする説も、ウェバマンと袂を分かったレノン夫妻やルービン、デヴィッド・ピールらが構成する、「真のロック解放戦線」が送付した手紙が『ヴィレッジ・ヴォイス』に掲載されるに及んで、公式に否定された[3]。この書面はウェバマンのディランにたいする過度の執着や根拠のない言いがかりを非難するとともに、仲間内で非難したり、互いを中傷する噂を流したりする左翼体質を嘆くものでもあった。

すでにこの時期までに、ジョンの日常の中では、こうしたことが十分すぎるほどに起こっていたのである。

＊

知遇を得た活動家が自分たちの目的を遂行するための単なる手段なのか。それとも時の政治ゲームの捨て駒なのか。あるいは彼自身、さらに強い力を行使することも考えているのか？――一九七二年三月の報告には、当時展開していた政治運動全体におけるジョン・レノンの布置を明確化できないでいたFBIの様子がうかがえる。捜査官、覆面捜査官、情報提供者のいずれも多くの情報を得ていたが、それが信頼できるものなのか誇張されたものなのかの区別がつかないのだ。

その頃、ジェリー・ルービンの友人たちは、大衆受けを狙ったルービンのやり口はもはや実効性がないと見ていた。『マイク・ダグラス・ショー』ではダグラスを不快にさせていたが、とくにこのときの乱暴な発言によって、彼はむしろ害になる存在なのではという疑念が周囲に生まれた。三月五日の報告書には、プリンス・ストリートにあるルービン宅にイッピーのリーダーたちが集まった最近のミーティングについて、ジュリー・メイナードという人物から情報提供があったと記されている。この報告書にすべての参加者の名前があがっているわけではないが、「シカゴ・セブン」のステュ・アルバートが参加したことは記録されている。

このミーティングの冒頭でルービンがぶちまけた不満は、最近の彼の「評判を落とす」記事の責任は自分の「友人たち」にあり、それによって「政治的に傷つけられている」というものだった(6)。ルービンが期待したのは同情の声だったようだが、実際には彼に対する叱責の言葉が飛び交った。

メイナードによると、「彼らの反応は、『お前なんかろくでなしだ』というもの」だったという。「おまえは仲間たちのことを考えていない」、「おまえの言う理屈が通じていたときにはまだ金を集められていたけどな」、あるいは「スーパースターのようなな自尊心がかろうじてリーダーらしく見せていたが、それに見合った仕事は何ひとつできていない」など、参加者が口々にルービンの「嫌なところ」をあげつらいはじめたのだ。最終的には体臭や悪癖など、彼のプライベートな部分にまで非難の矛先が向いた。ルービンは左翼グループの仲間からの信頼を失ったばかりか、唯一彼が使えると一同が考えていた切り札すら、その有効性を疑われていたのである――巷ではルービンとジョン・レノンの友情はすでに終わったと噂されていたのだ。一度は確約を得ていた各地の政治集会への参加が、八月の党大会も含めて、条件が整えば参加する程度にまで不確かなものになっていたのである。レノンは参加するにしてもあくまで目立たない形での参加を望み、断固として市民的不服従を貫徹する、というルービンの戦略には従わないことにしていたのである。

単にルービンの計画が成功するかどうかを左右する「広告塔」なのではなく、「何をしでかすかわからない人物」――それがジョンに関するFBIの了解事項になっていた。捜査官は次の日にジョンがどんな活動家とどこにいるのか、あるいは彼がいま何を計画しているのかをほとんど把握できていないように見え、報告書の正確さや信憑性にもばらつきが見られた。ある報告書には、「ミシガン州アナーバーで近く行なわれるものを皮切りに」、ジョン・レノンを筆頭とするコンサートがまもなくスタートする、とある。「近く」とあるが、これは実際には数カ月前の事実、つまりデトロイトのヒッピーたちとジョンの交流に関する、すでに過去のニュースについて言及しているのだ。つまりこの報告書は、八月にレノンがジョン・シンクレアのために出演したイベントについて、誤って示唆しているのである。

併記されたジョンの薬物使用に関する情報の正確さはさておき、彼を国外退去させるための可能性については、あきらかに不正確なものがある。三月十六日付の報告では、レニー・デイヴィス、ルービン、そしてレノンの三人が「薬物の常用者」で、その使用をめぐって不和になっていると記録されている。レノンに関しては、詳細には諸説あるが「ダウナー」と称される錠剤を含め、「過度に」使用している状態だとのこと。抗議活動への熱意についても、「レノンは思想的には急進派ではあるが、薬物の影響下にあることから、真の革命家という印象には値しない」と言及されるなど、薬物動向を留意するには「薬物に依存しすぎ」であるとの理由で無視されている。

実際のところ、レノンの薬物使用については、さまざまな説明がなされている。もちろん彼の同時代人の多くの例に漏れず、アルコール、錠剤、幻覚剤、薬物などを試した経験があることは間違いない。

極端な例はヘロインで、それから手を引いた経験については「コールド・ターキー」でも歌ってもいる。ただ、彼を否定的に描く伝記などでは、過密スケジュールのなか、公衆の面前で激しいプレッシャーにさらされ続けているときに何週間も連続して薬物による酩酊状態にあった、という誇張された記述もみられる。エレファンツ・メモリーのメンバーたちは、レノンが酒を飲むのと同じくらい気軽にマリファナを吸っていた場面を記憶してはいるものの、決して自分を見失うほどには至らなかったと主張する。しかしそれ以降も、ドラッグに関しては大なり小なり一笑に付してしまえる例は枚挙にいとまがなかったのだが。

仮にジョンのドラッグ使用が証明されたとしよう。では、その証言の正しさはどの程度公平でありえたのか。報告書は、捜査官が聞き及んだ噂を単になぞっただけのものかもしれないのだが、「つねに薬物の影響下にある」という記述も、他の現地報告や連絡メモ、指示などにみられる多くの矛盾点のひとつに挙げ得るものなのだ。

こうした程度の混乱は、活動家たちが使っていた組織の名前やその目的についても見られる。例えば「平和と正義のための国民連合」が国内全体に散らばる百以上の「破壊的」なグループの呼称であるとされている、だとか、レノンからの資金提供を受けた大統領選挙年戦略情報委員会《アイジック》が、党大会の計画についての詳細を監視している、だとかいった記述がある。そしてこれらのグループが、「戦争、人種差別、貧困、抑圧といった事象への徹底した市民的不服従の姿勢を見せている」というのだ。

報告書のなかで共通の了解事項とみなされているのが、「共和党大会中に混乱を扇動するデモを行なう」という、レノンが資金提供を行なっているとされる組織の計画である。その前月の報告では、レノンが一連の抗議活動の媒介者的な――つまりとくに違法性はない――役割であることが明確化されているにもかかわらず、J・エドガー・フーヴァーはレノン自身が消極的なわけではないとみなし、引き続き調査の対象だと定めたのである。フーヴァーによれば、ジョンは「破壊活動に従事する意図があることを公言している」のだそうだ。

そういうことなら、FBIとしては手段を選ばずにそれを阻む必要がある。もしレノンが彼らが考えるような「薬物常用者」だとすれば、捜査官は直ちにその証拠を押さえて警察に報告し、容疑者を逮捕すれば話は早いはずだ。その後のFBI本部への報告のなかで、ニューヨーク市警は「捜査により充分な証拠が得られれば、被疑者とその妻ヨーコの逮捕を試みる」としているが、そんな証拠はあがっていなかった。レノンは、巷で囁かれていたほどには薬物との関わりが深くはなかったのかもしれないのだ。

＊

二月下旬、ジョン・レノンとエレファンツ・メモリーのメンバーたちが『サムタイム・イン・ニューヨーク・シティ』制作のために西四四番通りのレコード・プラント・スタジオで一カ月にわたるセッションをはじめると、すぐにその噂は広まった。このときの経験は、バンドのメンバーたちにとって単なる音楽的冒険というにとどまらないほどに素晴らしいものとなる。彼らの新しい友人がいかに有名であるかを思い知らされない日が皆無なのだ。レコーディングに参加するミュージシャンの友人が訪れることはよくあるが、レノンを訪れる顔ぶれに、彼らはただ驚愕するばかりなのだ。レノンでなければ、誰かに会うための数分間を礼儀正しく待つことに慣れていないのではないか、と思わせるほどの人物がやって来たときのことを、テックス・ガブリエルは思い出す。「ジャクリーン・ケネディ・オナシスがスタジオに足を運んできたんだよ。驚いたね。あのときのことは決して忘れられないよ」。多くの人間がほんの一瞬でも得たいと考える、ジョンと共に過ごすかけがえのない時間。エレファンツのメンバーにとっても、それは一生の記憶となったのだ。

彼らが驚くのは、そこで出会う人びとばかりではない。生産性を追求するための徹底した戦略や時間管理もそうだったと言うのは、ゲイリー・ヴァン・サイオックだ。「よくあれだけいろんな人間の相手ができたと思うよ。ある夜のこと、ミック・ジャガーがスタジオに来て、二、三時間いたんだ。ほかにもルドルフ・ヌレエフとか、いろんな人間がいろんな理由で来ていたね」。レノンの人あしらいの上手さは、プロデューサー契約をしていたフィル・スペクターとのやりとりでも現れる。スペクターがビートルズと出会ったのは一九七〇年、収拾がつかなくなったアルバム『レット・イット・ビー』を救い出してほしいと依頼を受けたときのことだ。この作品に伝説のプロデューサーの手が加えられたことは、レノンの「アクロス・ザ・ユニバース」やポールの「ザ・ロング・アンド・ワインディング・ロード」などいくつかの曲に加えられた、それまでの彼らにはなかった新しい要素を見ればすぐにわかる。それがスペクターの代名詞とも言える、何種類もの楽器を使って多重録音した「ウォール・オブ・サウンド」という手法で、ティナ・ターナーの「リバー・ディープ、マウンテン・ハイ」、ライチャス・ブラザーズの「ふられた気持ち」など、いくつもの名曲で使われている。

スペクターは凄腕プロデューサーとして名高いが、同時にその奇行によって悪評がついてまわる人物でもある。ビートルズ作品のプロデュースを手掛ける頃までにはすでに一流ミュージシャンのプロデュースしか引き受けておらず、エレファンツ・メモリーに対する態度も冷たいものだった。「おれたちとは何もやりたがらなかったよ」と言うのはテックス・ガブリエルだ。「無名の人間とは仕事はしない、なんでエリック・クラプトンとやらないんだ、という雰囲気が満々だったよ。おれたちはスターじゃないからな。彼はただ有名人が好きだったんだ」

スペクターが不承不承ながら彼らと仕事をするのは、ジョン・レノンがいるからだ。

彼こそ豪腕プロデューサーの迫力を上回る力を持つ、数少ないミュージシャンのひとりなのである。ガブリエルは回想している。「ジョンが要求するんだよ。『こいつらはおれの仲間なんだよ。一緒に作品を作ってるんだ。彼らにも敬意を払ってくれよ』ってね。ほんとにバンドのことが好きで、ここぞというときに直接的に力強く言ってくれたね」

ここでも仲裁者としてのレノンの役割が発揮された格好で、ギクシャクした当初の雰囲気が取り除かれた。バンドのメンバーには、「フィルがどんな態度を取ろうと気にするな、ここにはただプロデューサーとしているだけで、彼がやらないといけないことをやってるだけだ」と語ったという。スペクターはスタジオにときどき顔をみせるだけで、『レット・イット・ビー』のときと同様、彼が独自に音源を加工する、という形で話がまとまった。

そしてエレファンツのメンバーは、共演ミュージシャンを選ぶジョンの天才ぶりをまざまざと見せつけられる。他にいくらでもバックバンドがいるはずなのに、なぜ彼らを選んだのか。その理由が理解されはじめたのだ。

彼らは事実上のジョン・レノン専属バンドだ。すでにマイク・ダグラスの番組での一週間をこなし、これからアルバム制作のためにスタジオに入る。さらにこの先の一年も、いくつかの可能性が提示されている。レノンにはさらにプランが目白押しで、エレファンツ・メモリーもそのプランの一部に組み込まれているのである。「あの時期はおれたちと一緒でなければ、ジョンは音楽のことは何もしなかったんだ。彼にとって、おれたちとの作業は片手間のものじゃない、そう思えたね。世界ツアーの話までしていたんだ」。ヴァン・サイオックはそう語る。

他のアイデアと同じく、そのプランもジョンの在留資格がどうなるかにかかっていた。リハーサルやレコーディングの時間、プロモーション活動にも影響するし、何もなければ首尾よくいくはずだったさまざまのことが、かなりやりにくくなるかもしれない。「あいつらはジョンという有名人を使って注目を集めようとしていたんだよ」とヴァン・サイオック。「ジョンには永住ビザ《グリーンカード》がない。とにかくそれが問題だった。そんななかでもキョーコをめぐる問題でいつも飛び回っていたし、ヨーコを心身ともに百パーセント支えようとしていたんだ」

そもそも厳しいスケジュールが土壇場で変更されることも当たり前だ。電話で招集がかけられるが、その一時間後にはレノンがヒューストンに飛んでしまったと連絡がある。するとまた突然、いますぐスタジオ入りだと連絡が入る。「忙しいったらなかったね。ジョンがどこにいるかすらわからないまま、『一時間後にリハーサルだ』って電話があるのさ。何週間も何もない時期が続いた後に、また元に戻る。当時はそういう感じだった」

＊

彼らの仕事は早かった。そうする必要があったのと、またそれがこのときの制作方針だったからだ。都合数週間のセッションで一枚のアルバムを作るのに十分な音源を録音したということは、制作期間としては比較的短い。レノンは『サムタイム・イン・ニューヨーク・シティ』を歌詞とサウンドの双方で一種の「コンセプト・アルバム」であると考えていて、この作品に対する反応をできるだけ早い時期にメディアに求めたいと思っていた。「歌で伝える、という点が異なるだけで、ぼくたちはジャーナリストみたいなものなんだ」とレノンはデヴィッド・フロスト・ショーで語っていた。時代状況について語る歌なら、作品を作ってから発表するまでのあいだも限られてくる。

レコーディングの開始はたいてい午後の七時。夜通し続けられるが、ウォームアップの時間もリラックスする時間も、そしてアイデアを出し合う時間も十分に取る。スタジオはそれほど広くはなく、壁際にはアンプが並べられ、その上に紙コップやビールの缶が置かれている。吸音性のボードで仕切られたパーティションの内側にドラムセットが収められ、マイクスタンドや譜面台は一箇所にまとめられている。何本かのギターがスタジオの中央部で幅を利かせ、そこからレノンがバンドのメンバーに向けて、楽曲の説明をする。

レノンとメンバーたちが出会った当初のグリニッジ・ヴィレッジでのリハーサルと同様、彼らは音楽を通じて親密さを感じていた。レノンが曲の骨格を固めてスタジオに持参し、メンバーたちに意見を求め、必要があればそれを取り入れる。長年のスタジオワークで培った、効率よい曲作りの方法だ。そしてここでもその方法は上手くいった。ひっきりなしにレノンがメンバーに意見を求めていたのは、ドラムとベースのパターン、キーボードやリードギターのフレージング、そしてスタン・ブロンシュタインのサックスだ。ジョンの曲作りのスタイルに沿った形で、ロック、ブルース、ジャズなどさまざまな要素を織り交ぜつつ、メンバーたちはレノンが期待する以上の仕事をした。

前年の十二月にすでにできていた曲もある。ブルース調の「ジョン・シンクレア」や、抗議の足踏みが聞こえる「アッティカ・ステート」、レゲエのグルーヴに乗ってヨーコが女性の団結を訴える「シスターズ・オー・シスターズ」、北アイルランドの窮状に怒り、パブの仲間と歌い上げているかのような「ラック・オブ・ジ・アイリッシュ」がそうだ。ここに活動家アンジェラ・デイヴィスの投獄について語るバラッド曲「アンジェラ」、北アイルランドはデリーでの虐殺事件を歌う「血まみれの日曜日」、そして典型的なロックンロールスタイルで「ジョンとヨーコのバラード」の続篇ともいえる自伝的ストーリー「ニューヨーク・シティ」が加えられた。

サビでレノンが「やあ元気かい《ケ・パサ》、ニューヨーク?」と叫ぶ「ニューヨーク・シティ」では、ルービンやピールとの出会い、マクシズ・カンザス・シティでエレファンツのプレイを観て、彼らと初めてセッションし、マンハッタンのすべてを自分の中に取り込もうとした過程が明かされている。このストレートなロックナンバーが最初のシングル曲になっていればヒット確実だったのでは、と考える者もいる。「いま聞いてもすごい曲だよ」と言うのはヴァン・サイオックだ。「おれは、この曲がアルバムのなかで一番好きだな」。しかし、レノンは予定調和を嫌った。『サムタイム・イン・ニューヨーク・シティ』からの最初のシングルは、社会における女性の地位の現実を歌う「ウーマン・イズ・ザ・ニガー・オブ・ザ・ワールド〔邦題「女は世界の奴隷か!」〕」で、そのタイトルは論争を巻き起こすことになる。

レノンが女性運動に正面から取り組みはじめたことは、古くからのビートルズファンの多くにとっては当惑するところだが、フェミニストのグロリア・スタイネムには、それも当然のことだと感じられた。一九六四年のこと、彼女は雑誌『コスモポリタン』に、マンハッタンでのビートルズの追跡取材記事を書くことになった。当然ついて回るのは、彼らを追いかけていく女性ファンの一群である。「彼は他のメンバーと比べて、女の子たちにはあまり興味がないように見えたわ。書き手の色眼鏡で見ていた可能性はあるけど、でも彼はもっと他のことに関心があるようだった」とスタイネムは言う。「彼が書いたものを読んで、彼がいかに想像性に富んだ人間であるかを理解したわ。ロンドンの下町訛りのリズムと、想像力を掻き立てる言葉。昔からの彼のスタイルね」

スタイネムは、レノンの最初期の作品が、女嫌いとまでとはいかなくても女性差別的であるとする批評家の意見に反対する。彼が『ジョン・レノンセンス *In His Own Write*』で見せたのは、誰もが考えている以上の彼の懐の深さなのだという。「女性に対して敵対的だとか性差別主義だとはいえないわ。ただの気まぐれなのよ、人情味のある。それは彼の想像力に由来していて、普通の人にはない、とてもオープンな気質ゆえのものなのよ」

女が群がる男臭いバンド、というのが一般的なビートルズのイメージであり、そのメンバーの一員だったことを思えば、一九七〇年代初頭のフェミニズムの隆盛や女性運動を歓迎するレノンのイメージとは対照的なものかもしれない。公民権運動に対する白人の理解が必要であったのと同様、女性が権利を主張するためには男性の参画が必要だった。ジョンには、人とは異なる道を歩むにあたっての強い確信と、偏見を物ともしない意志があった、とスタイネムは言う。「好戦的でマッチョであることが評価されがちなこの国で、ジョンは反戦を掲げたわ。戦争に賛成、というほうが男にとって見返りが多い国で、彼はそうではないものを創造したのよ。彼の作品と同じで、彼の人生はすべての人に——とくに男性に——自由や解放といった意味での影響を与えたし、いまでも与え続けてるわ」

「ようこそアメリカへ、
ジョン・レノン、ヨーコ・オノと友人たち」
『ディック・キャヴェット・ショー』。
1971年9月。
(Ann Limongello, Getty Images)

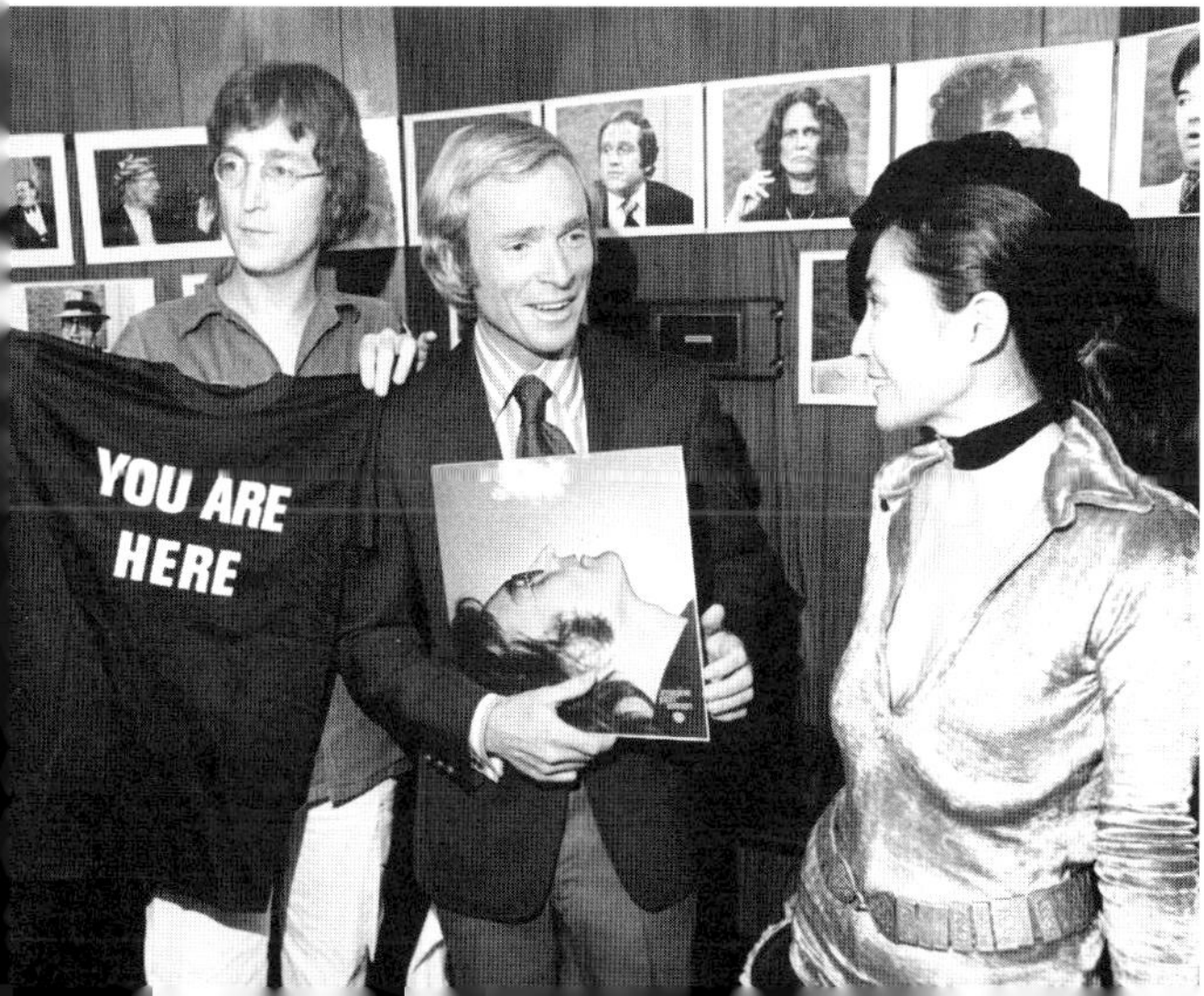

『ディック・キャヴェット・ショー』の
バックステージ。
舞台衣装を考えるジョンと、
キャヴェットとの会話に興じるヨーコ。
1971年9月。
(Getty Images)

1972 年 2 月、国外退去命令を受けたジョンとヨーコが裁判所で
急遽行なった記者会見に加わる新左翼運動のリーダー、レニー・デイヴィス。
(Leni Sinclair)

1971 年 12 月、アナーバー、クライスラー・アリーナでのジョン・シンクレア解放集会のステージ。
デヴィッド・ピールのロウアー・イースト・サイドをバックに演奏するジョンとヨーコ。(Getty Images)

ジョン・シンクレア解放集会ポスターの復刻版。
1971 年のオリジナル版には、
サプライズゲストのスティーヴィー・ワンダーや
地元出身のボブ・シーガーの名前はない。

1972 年、レコード・プラント・スタジオで
『サムタイム・イン・ニューヨーク・シティ』を
レコーディング中のレノンとエレファンツ・メモリー。
(Mike Jahn)

1972 年、『サムタイム・イン・ニューヨーク・シティ』のセッションで
ギタリストのウェイン・“テックス”・ガブリエル（左）に助言するレノン。
向こうには、待機中のキーボーディスト、アダム・イッポリートが見える。（Mike Jahn）

ベーシストのゲイリー・ヴァン・サイオックとセッション。

『サムタイム・イン・ニューヨーク・シティ』のレコーディング。1972 年。（Mike Jahn）

ロックの帝王チャック・ベリーとともに『マイク・ダグラス・ショー』の観客を魅了するジョンとヨーコ。
エレファンツ・メモリーの創設メンバー、スタン・ブロンシュタインや、
ボンゴ担当のイッピーのリーダー、ジェリー・ルービンもバックを務めた。1972年2月。(Corbis)

多くの著名人がニューヨークに移住したレノンをスタジオに訪ねた。
写真はウェイン・ガブリエルとレノンによる即興のジャム・セッションに、
ミック・ジャガーが加わったときの様子。(Bob Gruen)

レノンはエレファンツ・メモリーのメンバーのなかでも
特にギタリストのウェイン・“テックス”・ガブリエルに強いシンパシーを感じ、
スタジオの床で膝を突き合わせてセッションした。(Bob Gruen)

1972 年 5 月、移民帰化局の審問後にレポーターのインタビューに答えるレノン、
そしてピースサインのヨーコ。(Corbis)

「血の日曜日事件」直後の 1972 年 2 月、
ブリティッシュ航空ニューヨーク支社ビル前で集会に参加し、英国軍の北アイルランドからの
撤退を要求するジョンとヨーコ。(AP Photo ／ Ron Frehm)

1972年6月、『サムタイム・イン・ニューヨーク・シティ』で
フィーチャーされたレノンの「新バンド」のメンバーたち。
左からゲイリー・ヴァン・サイオック、レノン、ヨーコ、ウェイン・“テックス”・ガブリエル、
リック・フランク、アダム・イッポリート、スタン・ブロンシュタイン。(Bob Gruen)

1972年5月、ジョン、ヨーコ、エレファンツ・メモリーが『ディック・キャヴェット・ショー』で
「ウーマン・イズ・ザ・ニガー・オブ・ザ・ワールド」を演奏し物議をかもす。(Bob Gruen)

8月、「ワン・トゥ・ワン」コンサートのリハーサルでのレノン、
サイオック、ガブリエル、フランク。(Bob Gruen)

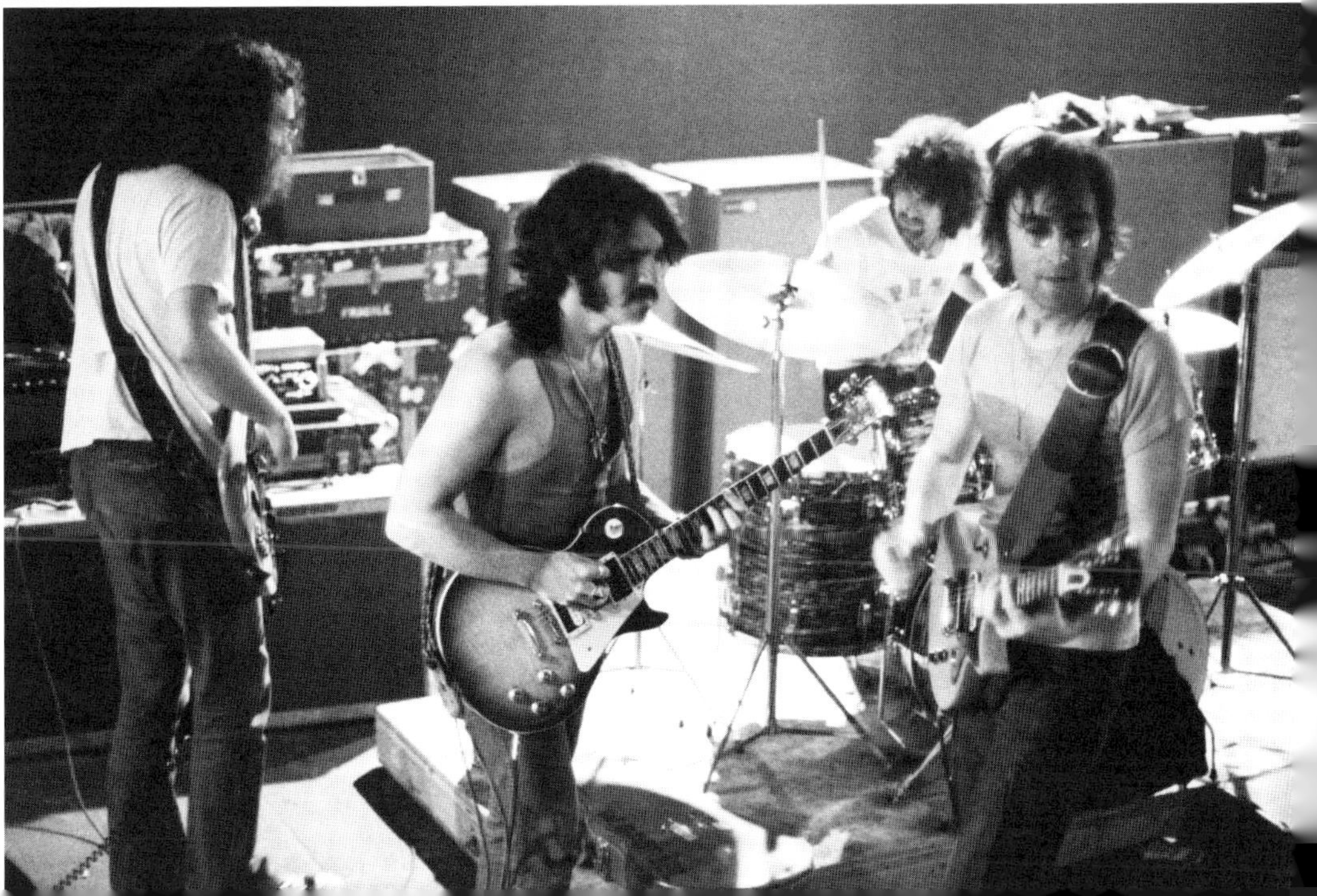

1972年8月のマディソン・スクエア・ガーデンでのジョンの最初で最後となったソロコンサート直前、
プラスティック・オノ・エレファンツ・メモリー・バンドと追加メンバーの面々。左からジョン・ワード（ベース）、
ゲイリー・ヴァン・サイオック、ウェイン・"テックス"・ガブリエル、ジム・ケルトナー（ドラム）、リック・フランク、
アダム・イッポリート、スタン・ブロンシュタイン。
ジョンとヨーコの前に横たわるのは『サムタイム・イン・ニューヨーク』で
プロデューサーを務めたフィル・スペクター。

1972年8月、マディソン・スクエア・ガーデンで開催された「ワン・トゥ・ワン」で「マザー」を演奏中のレノン。(Corbis)

マディソン・スクエア・ガーデンで、ジョンとエレファンツ・メモリーをバックに歌うヨーコ。(Bob Gruen)

1973年6月、
民主党上院議員サム・アーヴィンに
招かれてウォーターゲート事件の
公聴会に出席する短髪のジョンとヨーコ。
(Corbis)

1973 年 4 月の会見で、自身が大使を務める「ヌートピア」の建国を宣言し、
外交特権を模索するジョンとヨーコ。
左は同席した弁護士のレオン・ワイルズ。（Corbis）

レコード・プラント・スタジオでの一枚。
バレエダンサーのルドルフ・ヌレエフ、
マディソン・スクエア・ガーデンで「ワン・トゥ・ワン」の陣頭指揮を執った
レポーターのジェラルド・リヴェラの姿も見える。（Bob Gruen）

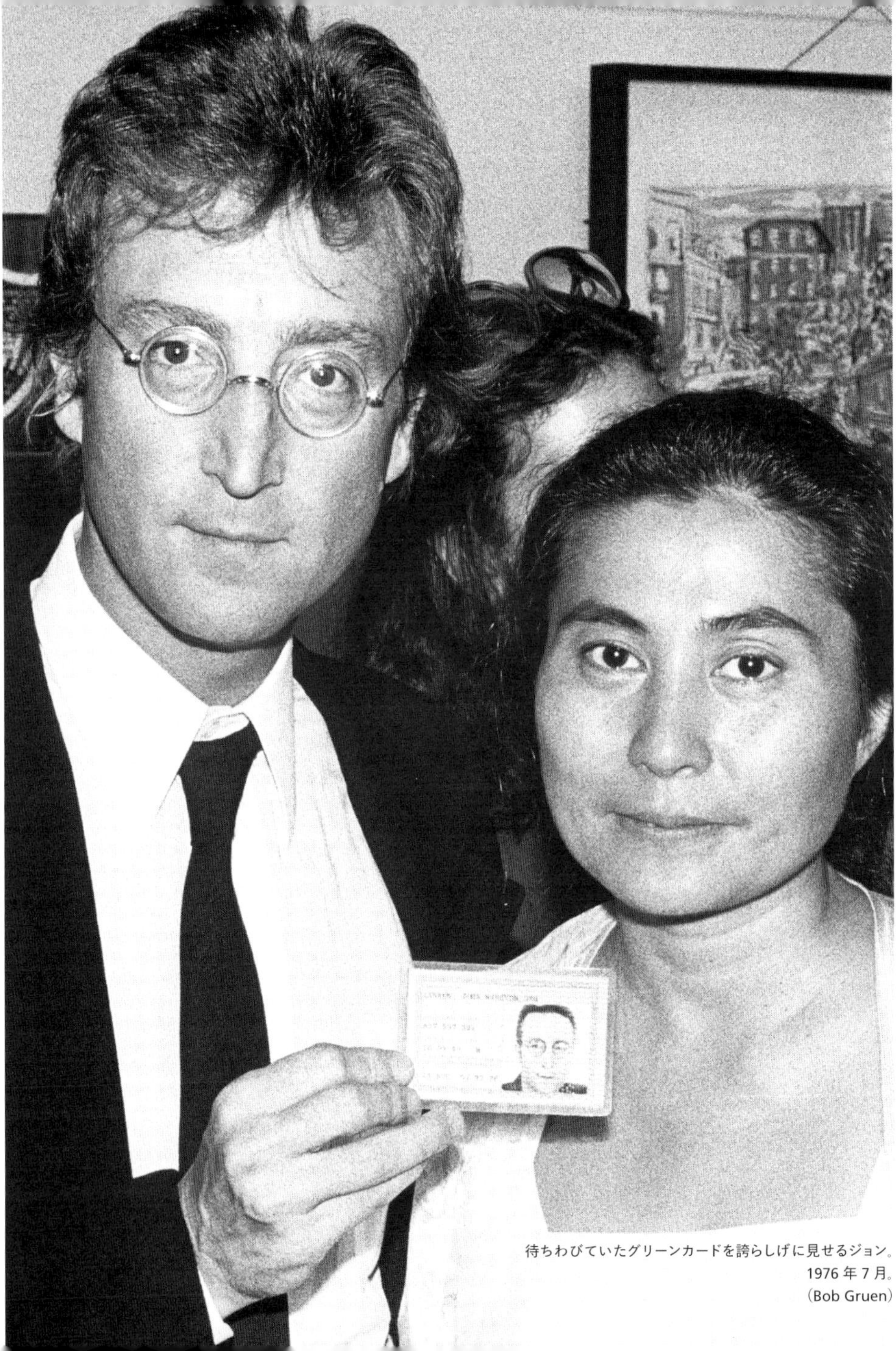

待ちわびていたグリーンカードを誇らしげに見せるジョン。
1976年7月。
（Bob Gruen）

いっぽうレノンは、自分を目覚めさせてくれたのはヨーコだという。仕事の話をするときの彼女は、当時女性に対する敬称として「ミセス」や「ミス」の代わりに頻繁に使われるようになってきた「ミズ」を使って、「ミズ・オノ」と呼ぶように求めた。そしてジョンは、自分の名前を正式に「ジョン・ウィンストン・オノ・レノン」と改名した。当時なお結婚を機に男性が改名するのは例外的だったにもかかわらず、である。一九七一年のこと、第四インターナショナル英国支部の機関誌『レッド・モール』のインタビューに対してレノンが語ったのは、権力層の人種差別的傾向を糾弾するニューレフトのリーダーたち自身が、性差別主義という点では有罪であるとして、彼らの活動のアジェンダにフェミニズムも含まれるべきだ、ということだった。「女性がかかわらない、女性が自由にならない革命なんて意味がない。社会では男が優位であるという考え方は、いつのまにか刷り込まれてるものでね。ぼくの男性性がヨーコの特定の領域を削り落としてしまっていることに気づくまで、ずいぶんかかったよ。解放活動家として、彼女は人びとに気づきを与えてくれてるんだ。自分では当然だと思ってやっていることがいかに間違ったことなのかを、彼女は即座に教えてくれる。だから活動家を称している人間がどのように女性を見て対処するか、ぼくは興味があるんだ」

女性運動は、反戦運動や公民権運動の影に隠れながら徐々に興ってきた、というのがスタイネムの考えだ。前線で闘う機会はまだほとんどなかったが、女性の有志たちは男たちが新たに作り始めたネットワークで後塵を拝していた、というのだ。「そうした運動で、男と同じ機会が女に与えられていたならば、女性解放運動というものはそもそもなかったんじゃないかしら。女に求められていたのは、ただお茶を入れてガり版を切ること。いまならコピーを取る、になるんだろうけど。そして夜の相手をして、支えになって、とかね」。スタイネムによれば、公民権運動や反戦運動など、直面している問題の志の高さに照らすと、運動にかかわっていると必ず一定数は存在する、女を性的に見下している男たちと一緒に活動を共にする状況は、残念で辛いことだ。活動に参加できないわけではないが、彼ら一部の男性のために、結局そうした活動自体に共感しにくくなってしまう。そうした状況の一例が、ワシントンで行なわれた反戦集会で見られたという。「女性活動家がステージで演説をしていたんだけど、すると退役軍人たちが叫ぶの。『おい、舞台から降ろしてやっちまおうぜ』って」

その点、女性運動が訴える価値観を心から理解しつつ、人びとにあえて衝撃を与え、気分を害するような歌詞でこうした問題を世に問う決心をしたのがジョン・レノンなのだ、とスタイネムは言う。一九七一年のヘレン・レッディによる「アイ・アム・ウーマン」はもちろん重要な曲だが、一九六〇年代終わりから七〇年代初頭にかけて、男が歌った初のフェミニストソングとなるのが、レノンの「女は世界の奴隷か！《ウーマン・イズ・ザ・ニガー・オブ・ザ・ワールド》」なのだ。このタイトルが、ラジオのオンエア回数やその他もろもろ、ヒット曲となる条件の妨げになることは、考えなくても分かることだ。レコードの売上とは関係ないところでこの曲の果たした役割は大きい、とスタイネムは言う。「重要な曲だわ。本当に。あることを真剣に考えるよう人びとを仕向けるには、そのあることが、それが当たり前だと人びとがすでに思っていることと比較されることになる。そう、これまでにも例えば『女は世界のお荷物か《ウーマン・イズ・ミュール・オブ・ザ・ワールド》』なんて言い方もあった。彼の歌詞にはそのフレーズは出てこないけどね」

レノンの歌にはよくあることだが、このタイトルが示す意思表示に即して綴られた歌詞が、白人一般に対する問いかけにも、そして挑戦にもなっている。「彼女はそういう状況にある／考えればわかるさ／何かをすべきなんだよ」

＊

ジョンとヨーコによる闘いがはじまった。一九七二年三月十六日に行なわれた移民帰化局での審問で、五月まで審査決定の持ち越しが決定し、そのかんレオン・ワイルズが、レノンの大麻所持の前科消滅の手続きと在留許可を申請することになる。テキサスでは、娘にたいするヨーコの養育権が大筋で認められるものの、娘との再会はしばらく先延ばしにされるという、内実を伴わない判決が言い渡されていた。『ニューヨーク・タイムズ』は、「判決はジョンとヨーコにとっては犠牲をともなう勝利だ。なぜなら娘と娘の父親のアンソニー・D・コックスは雲隠れしたのだから」と記した。雲隠れを続けることで、ヨーコたちが国外退去処分になるのをコックスが待つつもりであることは、彼女には分かっていた(7)。コックスが見返りを期待しているのでは、という見方もあった。元妻が次の夫と結婚することを元夫が歓迎することは稀だが、これが大金持ちのロックスターとなれば、コックスが雲隠れする動機に金銭の匂いをありありと感じたとしても無理はない。

当局にとっては難題だった。ヨーコがアメリカに住むという条件で養育権は認められている。ジョンが国外退去となれば、ある家族をバラバラに引き裂いたことの責めを移民帰化局が負わされかねない。ヨーコは、実質的な永住権を得ることを半ば確信していた。ジョンはジョンで、公の場で争う準備を整えていた。移民帰化局前の階段で、在留延長許可書を手にしたジョンは記者たちの質問に答えた。話を聞いていたのは記者たちだけではない。FBIの報告書には、「ラジオやテレビのレポーターを含めた八十五人の記者たちと一緒に、捜査官ひとりが立ち会っていた」と記されている。(8)記者の質問にレノンは、ぼくが信じているのは真実だ、と答えた。このときのことについて報告書は、「移民帰化局が彼を国外退去処分にしようとしている理由について彼は、自身の政治信条や政権に対して物申す外国人に対するアメリカ政府の方針にある、と推察している」と記録している。戦いを挑んできた――FBIはそう認識した。J・エドガー・フーヴァーにしてみれば、ジョンは反ニクソンをテーマとするコンサートの主役なのであって、問題がなかなか進展しないことに歯がゆさを感じていたようだ。「被疑者の即時国外退去が難しくなる可能性が出てきた。共和党大会の時期には、おそらくまだアメリカにいるだろう」と、四月初旬の段階でフーヴァーは所見を述べている。

審問のあとの状況をまとめた報告書は、司法長官のジョン・ミッチェルや大統領首席補佐官H・R・ハルドマンなど、その審問に直接関係していない人間にも届けられた。彼らも臨戦態勢に入りつつあったのだ。ジョン・レノンにとって長期化が予想される裁判の費用など取るに足らないものであり、メディアも彼の側に立つ記事を書き立てるだろう、とフーヴァーは見ていた。なにも反体制的な『ローリング・ストーン』だけがジョンに対する興味を持っているわけではない。FBIが未だ写真の入手に手間取っていた男は、『ニューヨーク・タイムズ』、『デイリー・ニューズ』、『ニューヨーク・ポスト』など、他の多くの出版物にも頻繁に登場していたのである。

そうこうするうちに、ジョンとヨーコの国外退去についての問題が広く人びとの話題となるが、処分の真の動機が伏せられたままだったので、困惑の色が広がった。そしてこのとき、こうして注目を集めることを良しとする人びとから、ジョンとヨーコにたいする支持が続々と集まってくる。

レノンが愛してやまないニューヨーク。ジョン・V・リンゼイ市長は真っ先に支持を表明したうちの一人で、四月には自ら移民帰化局長のレイモンド・ファレルに宛てて書面を送っている。(9) この中でリンゼイは、レノンを国外退去させることは「重大な不当行為」だとして、「ニューヨーク市民のみならず国民全体の大きな注目を集める事態であり、ふたりのような傑出した人物に対しては在留許可が認められるべきである」と述べている。かつてふたりと面会したとき、「彼らがニューヨークを愛していて、この街にずっと住んでいたい」と語ったことや、また、彼らが留まりたい動機のひとつが、娘のそばにいたいと願う母親の切実な思いであることにも触れている。「彼らを退去させることはこの国の理念にも、また移民局の、人道主義に基づき手続きを行なう慣例とも矛盾する」というのがリンゼイの主張だ。マリファナ所持で有罪になったことには言及せず、なぜ彼らがこのような事態に直面しているのかについて疑問を投げかける。確かにふたりは、彼らの現在の考えを語ってはいるが、それ自体は犯罪ではないし、「そしてこれが、移民帰化局が彼らに課そうとしている通常ではありえない厳しい処分の裏に隠された動機であるとすれば、それは合衆国憲法修正第一条が定める言論と集会の自由を奪う企てであり、彼らの市民としての自由を否定するものである」

リンゼイ市長の手紙について、「美しい、誰が読んでも傷つけられることのないものだ」と『ニューヨーク・タイムズ』に語ったレノンは、世論がどう反応するかをよく心得ていると言えよう。批判的にではなく、建設的に語るのだ。政治をめぐってメディアで主張を展開する場合も、故国と呼ぶにやぶさかでないアメリカへの多大なる敬意の念を表しつつ、まだこの段階では少なくとも自分が望んでいるような国ではないのだが、という意見も付け加える。「ビートルズとして訪れたときは、ニューヨークはただ滞在するだけの場所だった」が、移住してからはグリニッジ・ヴィレッジでの生活を愛するようになった。近所の店でコーヒーやアイスクリーム、ビールを口にする日常に心が躍る。もっとアメリカという国を見てみたい、グランド・キャニオンなどの名所やニューオリンズも訪れてみたいと、気持ちが逸るのだと言う。

支持を表明したのはリンゼイ市長だけではない。ワシントンのナショナル・プレスクラブでは、「ジョンとヨーコのための国民委員会」が発足のアナウンスを行なった（活動家グループの動きを注視する向きにとってはまた新たな「組織」ができたことになる）。レノン夫妻の友人にしてアーティスト、ジョン・ヘンドリックスが呼びかけた会で、ジョンは政治記者の一群に向かって、ヨーコとジョンの国外退去処分の理由は、彼らが「反戦の立場をとり、若者を感化する影響力を持ち、少数派の意見を支持しているから」だと語った。

しつこく嫌がらせをする政府との闘争準備を進める段階でも、レノンと弁護士のレオン・ワイルズは多くの著名人から支持表明を得ていた。(10)「芸術家の自由のための国際委員会」の代表者たちを含め、とくにクリエイティブな領域で活躍している人物たちから、ジョンの怒りを共有し、考えを同じくする旨の多くのメッセージが届けられた。リストに含まれるのは俳優のトニー・カーティスやディック・キャヴェット、アーティストのアンディ・ウォーホル、映画監督のスタンリー・キューブリックやエリア・カザン、小説家のジョイス・キャロル・オーツやジョゼフ・ヘラーなどだった。

ジョン・アップダイクは、「彼らがこの国に善き影響を与えこそすれ、悪影響をあたえることはありえない」と述べ、作曲家のジョン・ケージやレノンを「音楽の世界における重要な担い手」と呼んだレナード・バーンスタインも助け舟を出した。ジョーン・バエズは、定型文が印刷された手紙にあえて手書きで「世界の特定の領域に人びとを縛り付けてきたことが、六〇〇〇年の平和ではなく、六〇〇〇年の戦争を人類が引き起こしてきた理由なのだ」と添えた。また、ダイアン・キャロルは、「自由を愛するこのふたりのアーティストの倫理観と良心にもしあなたの心が動かされないなら、母でもあるレノン夫人が愛娘を失うかもしれない状況を、ただ黙って見過ごすことになる。みなさんには、どうかレノン夫妻を支持する行動を起こしてほしい」と発言している。

芸能界以外からも支援の声があがった。全米自動車労働組合会長のレナード・ウッドコックは、レノンの「非暴力への、そして社会変革に向けた建設的行動への、明快で雄弁な献身」に言及しつつ、「ジョン・レノンとヨーコ・オノが国外退去に処されるならば、激しい憤りと悲劇がこの国にもたらされるだろう」と述べた。

ロックを代表したのはボブ・ディランで、彼らしく詩的かつ皮肉たっぷりの抗議声明を発表する。手で走り書きされたメッセージは、「ジョンとヨーコに正義を！」との文言からはじまる。

ジョンとヨーコは、この国の芸術に、偉大な声を、そして活力を注入する。彼らはそうして芸術を鼓舞し、超越し、刺激する。彼らはただ人を助け、そして清らかな光に触れる。驕れるメディアは、その光を芸術家ぶった芸術として無視するが、彼らがその清らかな光に触れるとき、ひどく退屈でしみったれた商業主義に引導が渡される。ジョンとヨーコに力を！　彼らはここで暮らし、呼吸するべきなのだ。この国には居住空間がたっぷりとあるのだから。

いっぽう、移民帰化局とレノンとの決戦が山場を迎えてもなお、ジョンを擁護する人物のリストにはジェリー・ルービン、アビー・ホフマン、レニー・デイヴィスらの名前は見えてこなかった。そもそも、ジョンの国外退去処分に向けての動きが始まったのは、これらニューレフトやイッピーのリーダーたちによるコンサートの出演者リストにジョンの名前が載ったからだ。その彼らが、ジョンの擁護にまわっていないのだ。さらに奇妙なことに、体制への反逆者を気取るロックンローラーからの声も聞こえてこない。『ローリング・ストーン』誌のラルフ・J・グリーソンは、「ごいつもこいつも、どこに消えた？」と戸惑いを隠さなかった。悲しいかな、ジョン・レノンその人に感化されたはずのミュージシャンたちが沈黙したのである。アナーバーでレノンが遠回しに、無関心世代について言及したが、それが本当だとでもいうのか。「ジェリーや誰かがジョンの国外退去の問題を組上に乗せようという動きはまったくなかったよ」と言うのはジェイ・クレイヴンだ。

ただ、執行猶予期間中の者も含めて犯罪容疑者たちからの支援がさらなるトラブルの元になりかねないことは、レノン自身すでに分かっていたようだ。レコーディングと［ヨーコの親権訴訟中の］テキサスへの移動にはかなりの時間が取られたし、ルービンのあいまいなプランについても、どこまで本格的に関与できるかわからない。八月の党大会に合わせたコンサートをクライマックスにする計画自体が、記憶の片隅に追いやられそうな状況になっていた。いずれにせよ、彼らがレノンについて口をつぐんでいたのは、彼らの支援が国外退去処分問題を解決する一助になるよりは、むしろ邪魔になるだろうという配慮からであったことは考えうる。「事態は中断したまま進展せず、ほどなくして計画は撤回。あれこれと目標は掲げられたが、結局はそういうことだね。計画が進行する予定はなかったんだ」というのはクレイヴンである。

退去させられるかもしれないというプレッシャーを感じるいっぽう、乗りかかった船も壊してしまいたくないという思いがレノンにはあった、という見方もある。レニー・デイヴィスはそれを残念だと感じつつも、状況は理解していた。「司法がジョンとの全面対決姿勢を見せたんだよ。ジョン・シンクレアが釈放されたときから、ジョンはいつ国外退去になってもおかしくない状況に置かれた。ジョンとヨーコがやったことを批判する気はおれにはない。彼らは堂々と、信念にもとづいて闘ったんだ。しかしつまるところ、ジョンは党大会で歌う計画からは身を引いた」

この数カ月というもの、レノンはずっとコンサートツアーに出たいと考えていたし、それが政治的なものであるかどうかは、レノンにはどうでもいいことだった。ニューレフトたちが仕切る集会に貢献できれば、とプログラムの一部にコンサートを組み込むというアイデアに賛同はしたが、それは次の条件があってのことだった。すなわち、「行く先々の町で暴動やケンカが起こるのはごめんだよ。ただ赤く塗れればそれでいいんだ[11]」

この頃までにはむしろ軟化していた、と彼らには思われていたはずのレノンの政治姿勢に対して、心中穏やかならず、必要とあらばなんとしてでも物申したかったのが、ジェリー・ルービンだろう。彼の精神状態は、レニ・シンクレアがルービンから遠ざかった理由にもうかがえる。「まわりの人間が自分をミスリードしたと思い込んでいたのよ。誰の言うことにも従わなかったわ。むしろ、彼自身が周りの人間を遠ざけたのね」

友人の写真家ボブ・グルーエンにレノンが語ったところによれば、ルービンのプロテスト活動は崩壊必至で、もはや関わりたくない、というものだった。後年、グルーエンは「革命家の友人たちの意見に完全に同意しているわけではない、とはっきり言っていたよ。ジョンが日々こだわっていたのは、非暴力によってのみ社会は変えられる、という考え方だった」と記している。加えて、レノンは平和思想を広める意志は固かったが、英国人として、アメリカという土地で政治家や党を公に支持はできないと感じている、と語ったという。

ルービンの反ニクソン・キャンペーンに参加しないとは決めたものの、レノンは公共の場で意見表明する活動は続けた。その前日と翌日に移民局での審問が予定されていた四月二十二日、ニューヨークのブライアント・パークで反戦集会が行なわれると、平和を訴える活動をこれからも続けることを観客に宣言した。「運動《ムーヴメント》は終わった、だって？ ハッハッハ！」とレノンは嘲笑する。[12] 彼は健在なのだ。翌日の新聞は、反戦ベトナム帰還兵会とともにデモに参加するレノンの姿を大写しで伝えた。

帰還兵の会リーダーのなかに、パープルハート〔戦争で死傷した兵士に与えられる〕、ブロンズスター〔英雄的かつ名誉ある奉仕により成果を挙げた兵士に与えられる〕、シルバースター〔交戦において勇敢さを示した兵士に与えられる〕の三つを含む勲章を提げた、ある帰還兵がいた。その男こそ、この集会の数週間前に「オペレーションPOW（Prisoner of War 戦争捕虜）」での行進を先導し、「落ちぶれた帰還兵の一団」に混ざって「平和を我等に」を歌い上げたマサチューセッツの活動家、ジョン・ケリーだった。ダグラス・ブリンクリーによるケリーの評伝『ベトナムでの服務期間 *Tour of Duty*』には、「上院外交委員会でのわたしの演説を見て、レノンはその内容を気に入ったらしい。反戦に関する発言を理由に政府は彼を批判していた、そこで彼はわたしに、ニューヨークの集会で自分を紹介してほしいと依頼してきたのだ。事前に彼と会い、あたりをぶらつきながら一緒に話したのである」とある。(13) ケリーはレノンが登場したニューヨークでの集会に招待されていたのである。ボマー・ジャケット姿のケリーの隣にジョンが並んで写り込んだ写真は、その四十年後、ケリーの上院議員室に誇らしく掲げられることになる。「わたしはジョン・レノンが好きだった。だからわたしはこの写真が好きなんだ」とレノンを賞賛するケリーは、二〇一三年に国務長官室へと根城を変えた。

レノンは集会の舞台に嬉々として立ち、拳を振り上げて支持を表明した。翌日の新聞記事に取り上げられることを意識して——そしてまたそれが監視報告書に書かれるであろうことも。レノンの行動すべてが精査の対象になっていたが、なかには笑えるほどに見当違いな報告も存在した。アップルは四月、レノンがプロデュースしたデヴィッド・ピール・アンド・ザ・ロウアー・イーストサイド・バンドのアルバム『ローマ法王とマリファナ *Pope Smokes Dope*』を発売したのだが、ピールがこのアルバムでマリファナ解放を主張しているのは、プロデューサーの意図によるものだと結論づけているのである。「あいつ、法王がマリファナを吸うべきだとか言ってやがる」とは、ある情報提供者の証言だとのことだ。(14)

ジョン・レノンの音楽は長いあいだ、一部の、とくに彼に狙いを定めていた人間たちからは誤解されていた。『ローリング・ストーン』誌は、ジョンを国外退去させるための法廷戦術として、FBIはレノンの曲を流すことが有利になると考えていた、と報じている。法廷にステレオを運び入れ、「アイルランド独立や女性解放、黒人やネイティヴアメリカンの権利、そして大麻解放を主張するような破壊活動を支持するジョン・レノンの曲」を再生しようというのだ。つまり、FBIにとってフェミニズムや公民権運動は「破壊活動」なのである。

*

黙してやり過ごすよりも、なんの変哲もないブラウンストーン張りのグリニッジ・ヴィレッジのアパートから強く発信することを、ジョンとヨーコは選んだ。正義は彼らの側にあるはずだ。少なくともそう信じられることが何度かあった。

五月二日、バーナード・J・ラスカー判事が、予定されている移民帰化局による審問を一時中止する命令に署名した。(15) 代理人のワイルズにとっては、退去命令が出る前に裁判所で不服申立ての主張を行なう十分な時間を得たことになるが、このような場合、すぐに審問が再開されることはほとんどない。どうやら政権が当初想定していたほどには、ジョン・レノンという男を国外に放り出してしまうことは簡単ではなかったようだ。ふたりに対して娘の親権を認める判決に加え、移民帰化局がジョンとヨーコを「傑出したアーティスト」であるとする裁定を下したことで、レノンのマリファナに関する罪状は相殺され、ジョンのアメリカ永住への道が開けてきたのだ。『ニューヨーク・タイムズ』はこの件について、「留まりたい者、追い出したい者」と題された社説を出し、一連の成り行きについて、ニューヨークという街、アメリカという国を愛していると公言するおべっか使いを、政府当局者が躍起になって追いだそうとしている皮肉な構図だ、と解説している。[16]

実際のところ、レノンに気分を害される人間も何人かはいたようで、例えば英『タイムズ』紙が伝えるところでは、リバプールでの小学校時代、後に「ビートル」となる当時五年生のレノンに、校長が罰としてお仕置きをしたという。体罰の咎《とが》が何だったかは忘れたとしてその校長は、レノンが「まったくもって厄介者」の存在だったと振り返っている。

当時と同じように、いまでも彼を厄介者だと考える者たちがいるのだ、というのが『タイムズ』の見方だった。強固な反対意見もあったが、個人が持つ考え方を理由にその人物を罰しようとすることで、政府は合衆国憲法修正第一条の理念を踏みにじったのだということなど、ここではお構いなしなのである。国家が家族を引き離すとはなんとおぞましいことか、正義のかけらもないと、『タイムズ』に寄せられた読者からの大量の手紙は訴えた。「国民の思想信条や安全の守護者たるものたちが、『アメリカを愛しなさい、そしてアメリカを去りなさい』という新たなスローガンを打ち立てたとするならば、これはなんと皮肉なことだろうか。ビートルズならこの状況をどう歌に仕立てあげただろうか？」

レオン・ワイルズが一時的な退去禁止処分に鼓舞されたのは確かだ。しかし、まだひと波乱あるのでは、との懸念もあった。移民局支局長のソル・マークスは、この件について必要以上に関心を持っている、というのがワイルズの印象だった。「移民局判事は、判断を下したときに記者会見を開いたのです」とワイルズは言う。「特別な措置は行なわれない、支局長としてすべての違法滞在者を国外退去させるのがわたしの義務だ、と彼は言っていました。実際は違法ではなかったわけですが」

移民局がらみの訴訟も多くこなしてきたワイルズだが、今回は経験したことのない敵に遭遇する。レノンに関する情報提供者の名前を誤って言及したのだが、これが手続きを進める上での阻害要因として少なからず働いたのだ。「ジョンとヨーコはアメリカ法曹協会にも働きかけていました。若者のドラッグ離れを推進する機関であるからとか、いろんな理由をつけて」とワイルズは説明する。

彼はある弁論で、法曹協会の取り組みを薬物取締局が主導する活動の一環であると説明した。これは単なるうっかりミスで、その後の弁論でも訂正したのだが、このミスに対する反応の大きさから、当初考えていた以上の力が立ちはだかっていることを知らされたのである。「FBIはかなり取り乱しました。四人の捜査官がこの件の調査にあたっていたのです」。ちょっとした言い間違えにそれほどまでの確認作業を必要とする状態だったのだ。どちらかというと無害とも言えるふたりの人物を国外退去させるために、猛烈な、尋常とはいえないエネルギーが注がれている様子を、ワイルズは驚きをもって眺めた。「FBI長官のJ・エドガー・フーヴァー自身がこんなふうに報告書に書いています。『レノンたちがわれわれにつきまとっている、だからわれわれもつきまとってやる、やつらは日毎に扱いにくくなっている、これはわれわれにとっての戦いなのだ』と」

第5章

Word-play

ことばあそび

「国外退去命令が出ているんだね。国外退去命令ってのは、大物マフィアの専売特許みたいなものだと思っていたんだけど」

ディック・キャヴェット

国外退去差し止めの命令が出され、当面のあいだジョンとヨーコに米国での滞在が許可された一九七二年五月二日、J・エドガー・フーヴァーが没した。

ときに政府機関の長が急に不在になることはあっても、フーヴァーを喪った影響がFBIにもたらしたほどの混乱はかつてなかった。半世紀以上をかけてフーヴァー自らが築き上げてきた長官としての職権に口出しできるのはもはや大統領府のみ、いや、ひょっとすると大統領以上かもしれない、とまで言うものもいたのである。

一九二四年、彼はFBIの前身であるBOI（捜査局）長官に、そして一九三五年、FBIへと名称変更されると同時に初代長官となった。禁酒法時代から、第二次大戦、マッカーシズム、そして公民権運動に至る長きを通じて、自分の仕える大統領が次々に交代していくのを横目に、フーヴァーは着実に、政府内部でそれまで誰も持ち得なかった権威をまとうことになる。評論家の多くが指摘するのは、共産主義者や反乱分子、同性愛者、異議申し立てをする者、そして愛国的ではないと思われるすべての人間を苦しめることが、長官として果たすべき責務であるとフーヴァーが考えていたことだ。通常の手段では情報収集がままならない場合には、操作対象と権限を拡大した。一九七一年になってはじめてアメリカ国民は「コインテルプロ Cointelpro」なるスパイ防止活動の存在を知った。国家に異議を唱える者たちを探し出すために一九五六年に開始されたプログラムだが、その活動方法の不当性を指摘する声は多い。チャーリー・チャップリンやキング牧師らがターゲットとなったが、元ビートルズのメンバーであるジョン・レノンも、フーヴァー長官最後期の敵であった。

ニクソンがフーヴァーの後任としてFBI長官代理に指名したのがL・パトリック・グレイである。海軍では大佐にまで昇進、除隊後は弁護士に転じ、国防総省と議会の調整役を務めたのち、ニクソンの指名によって司法省市民局局長となった人物だ。マーク・フェルトが局の日常業務を担当するいっぽう、グレイはフーヴァーが手をつけていたプロジェクトを引き継ぐ格好となり、フーヴァーの死の翌日、五月三日の彼の業務にも、ジョン・レノンの国外退去に関するものが含まれていた。ジョンとヨーコに対するフーヴァーの調査がすでに衆知となってひさしく、その意味でグレイは新聞や全国ネットのテレビ番組で報道されること必須の案件を引き継いだことになる。

＊

「ジョンとヨーコは一度出てくれたことがあるんだよね」とディック・キャヴェットはその日のゲストを紹介する。「国外退去命令が出ているんだね。国外退去命令って のは、大物マフィアの専売特許みたいなものだと思っていたんだけど」(1)。一九七二年五月十一日の『ディック・キャヴェット・ショー』はこんなふうに始まった。このナイトショーのホストであるキャヴェットは、ネブラスカ生まれの作家兼コメディアンで、一九六〇年代にコメディアンのジャック・パーの台本作家やクイズ番組の解答者、朝のバラエティ番組のホストを務めたあと、ジョニー・カーソンの『トゥナイト・ショー』の台本を書くようになる。

キャヴェットは物事を知的にとらえる傾向があるが、これがときに厄介な事態を招くこともあった。例えば、次のようなエピソードがある。

キャヴェットは、しばしばいままさに論争の渦中にいるようなゲストを招くのだが、これは偶然ではなく意図的なもので、単に新作映画や歌、番組などの宣伝で時間をつぶすよりも、出演者による内容の濃い討論を好み、その可能性をつねにさぐっていたのである。なかでも一九七一年六月のベトナムに関する討論は特筆に値しよう。反戦ベトナム帰還兵会のリーダー、ジョン・ケリーがベトナムからの撤退を主張し、戦闘継続を主張する陣営よりも討論を有利に展開させることになった。キャヴェットによれば、この討論の後に浴びせられた批判が忘れられないという。なんと、批判の主にはニクソンも含まれていたらしく、「なんとかして、ヤツを懲らしめてやろう」と宣ったのだ。

これまでジミ・ヘンドリックスやジャニス・ジョプリン、またウッドストック・フェスティバルではクロスビー・スティルス・ナッシュ&ヤングとして出演し、熱狂を巻き起こしたスティーヴン・スティルスらも番組に出演しているが、レノンがこの番組にふさわしいエリート・ミュージシャンであることは贅言を俟たない。一九七一年、一時的にジョンとヨーコが居を構えていたセントレジス・ホテルへの招待を、キャヴェットは嬉々として受け入れた。このときの約束がきっかけで、キャヴェットは果敢にもジョンとヨーコが制作したショートフィルムに出演したが、その見返りとして、ジョンとヨーコは一九七一年九月に一度、キャヴェットのナイトショーに出演していたのだった。

このときは曲の演奏がなく、全編フリートークだった。一回分の収録時間をはるかに超過して会話が弾み、結局二晩に分けて放送された。「六〇年代を通じて最も語られ、聴かれ、模倣されたグループだったし、この十年で若者たちのルックスや考え方も大きく変わったけど、なかでもビートルズが若者たちに与えた影響は比類がありませんね」と、ビートルズ時代の話を差し挟むことにも余念のないキャヴェットであったが、そのタイミングでジョンは以下のように語っている――とても楽しい時間だったね。自分たちの作品にも誇りを持ってるよ。でも、もう大人なんだ。十代のアイドルだったぼくじゃない。そして、「かなり歳をとったね。五十の声を聴いて体も衰えて、それでもステージに引っ張りだされて『シー・ラヴズ・ユー』を歌わないといけないってこともないだろう。そういや、三十歳になって『シー・ラヴズ・ユー』を歌いたいとは思わない、って言ったことがあったな。二十五歳のときだ。でもそれは『シー・ラヴズ・ユー』に限らず、三十になったらそれまでやっていたことはすべてやらなくなる、ということを遠回しに言ったつもりだったんだけどね」

一九七一年一月の『レッド・モール』と『ローリング・ストーン』のインタビューでは、キャヴェットのナイトショーでも訴えていた運動への協力を読者に求め、若者による抵抗や市民的不服従の意義を論じた。「暴力をともなう革命は、権力闘争をやっているのと同じことだ。ぼくたちは革命のアーティストであって、殺し屋じゃない。平和は求めるけど、まずはアーティストであり、そのうえで政治家でもありたい」

レノンが言及したのは、志を同じくする者たちのあいだでさえ、どのようにして目標を達成するかについて意見の相違があることだった。それに無抵抗主義を標榜してはいるものの、具体的にどんな活動を具体的にどう展開するかについてはまったく異なった考え方があることも、同じくらい悩ましい問題だった。おまけに当時はデヴィッド・ピールやエレファンツのメンバー、ジェリー・ルービンらと仕事をしている最中でもあった。レノンは言う。「こういう人たちもいたよ。『ジョン、君にはデモであんなふうに平和を訴えてほしくないんだ。もっといい方法があるはずだよ』なんてね」

八カ月後の一九七二年五月、レノンはキャヴェットの番組に再び登場すると、運動への参画、ＦＢＩの監視下に置かれた生活、そして新曲の歌詞の意味について話をすることになるのだが、テレビのフレームに登場するやいなや――これは彼が弱視であったことが一因でもあり、無意識の行為でもあったのだが――当時、トークショーに出演するゲストが自ら支援する政治家の名前を述べる、というテレビ界のタブーを、知らず知らずのうちに破ることになったのだった。

この日、番組の前半には女優のシャーリー・マクレーンが登場した。民主党の大統領候補の選挙運動を支援しているマクレーンだが、自分の持ち時間に彼女が支援候補の固有名を番組で口にすることはなかった。

そこへ出番が来て紹介を受けたレノンが、観客に向かって手を振りながら歩いて登場し、マクレーンとキャヴェットの両人と握手を交わす。そのとき彼はマクレーンが小さなバッジをつけていることに気がついた。それは選挙運動のために作られたものだったが、レノンは彼女の方に顔を近づけて目を細め、「この名前、なんて書いてあるのかな?」と訊ねると、「ああ、マクガヴァンか。マッカートニーって書いてあるのかと思った。目が悪いんだ、知ってるよね」と言ってのけた。するとマクレーンが、「ああ、あなたなら言っても大丈夫よね、どのみちもうすぐアメリカから出て行かされるんだから」と笑いながら応じたのだった。

そもそも、こうした話題はニュース番組に任せるべきもので、トークショーで話題にのぼるのをテレビ関係者はよく思っていなかった。しかしキャヴェットはむしろ、そうした話が展開することに前向きだった。マクレーンは選挙活動で各地を移動する道すがら、いかにアメリカ国民が、人びとが考えているよりもずっと賢明であるかを語った。「彼らはただ真実を知りたいと思っているだけなんですよ。でないと、汚職がリーダーシップと同義語であり、正直な人間は政治ができない、と誰もが思ってしまう状況は変わることがありません」。そしてキャヴェットは、レノンをゲストに招いた理由と、彼が置かれている状況について説明する。「彼の音楽が素晴らしいのはもちろんだ。そして彼はいま、この国に留まれるのか追い出されるのかが決まる重要な裁判の係争中なんですよ」

このところのレノンの生活は、プライベートと呼べる時間がない、誰もが読むことのできる開いた本のようなものだった。FBIが確かめたかったのは、レノンがドラッグを使っているかどうかだった。過去には彼自身もビートルズの他のメンバーも実験的に使用したことは認めているし、それが作品をつくるためであったという理由もあきらかにしている。ただそのことと、彼らが社会のロールモデルとしてふるまうべきかどうかというのは、まったくの別問題だ。「アイドルと呼ぶ人たちもいたけど、だからってそれでぼくたちになんらかの責任があるとは思ったことがないんだ。そういうのを期待するなら違っているね。そういう人って自分たちが負うべき責任をぼくたちに押し付けてるだけなんじゃないかな。ぼくたちの真似をする人たちのことを真剣に心配するなら、そういう影響が出るっていうことを考えてレコードをプレスしないといけなくなるよ」

ジョン・レノンは自分の生活のあらゆることについて、時に愚直なまでに正直に語る人間だ。精神的なこと、自身の名声、ビートルズのメンバーたちやヨーコとの関係。作品のなかでもインタビュー取材でも、そうしたことが事細かに語られた。彼が口をひらけば、移民帰化局で審問があれば、そしてジョンとヨーコがキョーコを探しているといえば、それらは一様にニュースになった。「ぼくの国外退去の動きが政治的なものであるという意味では、ひとつの家族をバラバラにすることを望んでいるのは政府なのであり、それは悲しいことだ」としつつ、「まだ子どものことは何もできていないんだ」と、アンソニー・コックスとヨーコの裁判のことについて語る。まるでここにでもある離婚案件で、元妻の新しい夫の金を利用してやろうというコックスの側の明白な動機には目をつぶるかのように。「わかるかな、状況は悪くなるばかりなんだ。気がついたときにはもう、キョーコには会えないんじゃないかと思ってしまうんだ」

このときジョンは、観客と演奏者のあいだにある「第四の壁」を破壊した。カメラのレンズを睨み、コックスに、そして移民帰化局に直接話しかけたのだ。「聞いていてくれることを願うよ。彼女の娘が母親と会えないなんて状況は、もう止めにしたいんだ。ヨーコはいつも言ってる。子どもには母親と父親の両方の姿を見る権利がある、どちらの親からも恩恵を受けるべきだ、ってね。家族をバラバラにしないというのが、この国での移民に対する基本的な考え方じゃなかったのかな。娘がいるんだ。ぼくたちも、この国にいたいんだよ」

多くの国民、それに政府が注視していることを意識して、彼の代理人であるレオン・ワイルズの評判については「彼は決して急進派ではない」と説明を加える。例えば「シカゴ・セブン」を弁護するウイリアム・クンストラーのような公民権活動家ではなく、ワイルズは移民問題のスペシャリストである、というのである。「皮肉なのは、政府がぼくたちを『傑出したアーティスト』、つまりその存在によってこの国の文化の注目度と豊かさが高められることを認めてくれたことだよね」

レノンの機略に富んだこの発言に、「裁判をきっかけに政府に考えを改めさせるにはこれ以上ないタイミングだったよ」とワイルズは舌を巻く。全米自動車労働組合会長のレナード・ウッドコックによるものも含め、移民帰化局に寄せられたジョンとヨーコを支援するメッセージをキャヴェットが読み上げると、マクレーンは頷きながら「二十世紀を通じて、愛と平和を表現したアーティストとしてあなたほど重要な人物はいない。これは事実なのよ」とレノンを支持する意見を表明した。

国外退去の理由についてレノンは、マリファナではなく政治的なものだという考えを示した。「愛こそはすべて」のときも「平和を我等に」のときも、訴えかけているメッセージは同じ、違っているのは歌を作ったときの居住地だけだ、とレノンは言う。有罪者との過去の関係はどうかと問われると眉をひそめ、いまこそ白黒つけると言わんばかりに語った。「平和が必要なんだ。この二年、同じことを言っている。『シカゴ・セブン』との関係についていろいろ言われてるのは知っている。彼らはぼくがサンディエゴやマイアミなどなどの場所に一緒に行くと思ってるみたいだけど、ぼくは行かないよ。ぼくも、ボブ・ディランも行かないよ。もうたくさんなんだ」

この発言が、観客の中にいたFBIの捜査官によって報告されることはなかった。この日のことで報告書に記されていたのは、ワシントン・スクエアのメソジスト教会で行なわれる、エレファンツ・メモリーも出演予定の小規模な慈善コンサートについて、レノンが少し言及したことだけだった。また、報告書には「ディック・キャヴェット・ショーでレノンがしつこく売り込んだあと、アッティカ弁護委員会のために行なわれた慈善コンサートの観客数は予想よりも多くなった。委員会に二千ドル、メソジスト教会に二百ドルの寄付金が集まった」とあるが、この寄付金については、一九七〇年代前半の物価レベルを考慮したとしても、わざわざ報告書への記載が必要な金額であるとは言いがたい[2]。

*

放送業界が危惧していたのは、歌のタイトルに含まれる「ニガー〔黒んぼ〕」という単語だ。ジョン・レノンの歌なら業界のタブーも放免となるのか。「スタジオに向かう前に妻と話し合ったことを覚えてるよ」とゲイリー・ヴァン・サイオックは言う。「そもそも歌えない可能性があることを考えれば、土壇場でジョンも気が変わるかもしれない、と思ったけどね。でも彼の気持ちは変わらなかった」。歌詞についてかなり長めの議論が行なわれたあと、五分間の演奏がはじまる。「始まるやいなや、まるで爆弾が破裂したみたいに、大混乱が起こった」とサイオックは続ける。「ジョン自身はなぜまわりが慌てているのかが分からない様子だった。おれたちもそうだったけど、彼はとくにバカ正直なんだ。あれほどまでの反応があるとは予想してなかったんだよ」

キャヴェットにはその後の展開が目に見えていた。ＦＣＣ〔連邦通信委員会〕が注文をつけるポイントは明白だ。例えば「ワーキング・クラス・ヒーロー」は放送には向かないと考えられていたが、それはもちろん歌詞に「くそったれ fuck」の四文字語があるからだ。この単語が電波に乗ることには、進歩的だとされるＦＭラジオ局でも躊躇したし、歌詞が印刷されたアルバムジャケットがわいせつ罪に引っかかるのでは、と恐れるレコードショップ店主もいた。『ローリング・ストーン』の編集者ベン・フォン・トーレスは、当時支配的だった放送業界の空気について、「関係者の多くは『ワーキング・クラス・ヒーロー』をラジオやテレビで流したいと考えていたが、僅かな例外を除いてほとんど流されることはなかった。みんな恐れていたのさ』と説明する[3]。

彼らが何を恐れていたのか定かではない。重い罰則が課せられるはずはないし、それも苦情が来ればの話だ。ＦＣＣの放送アナリスト、ジューン・ヘリックは、「ワーキング・クラス・ヒーロー」もそうだが、サンフランシスコのコンサートでジェファーソン・エアプレインが、「八方塞がりだぜ、こんちくしょうが《マザーファッカー》」と歌い、ＰＢＳがこれを放送したときですら、特段の批判があったという記憶はないという。ほかにも問題があるとすれば、ポップソングでつねに変化しつつ使われるスラングのなかでも、ドラッグの使用を促すような表現だ。ヘリックによると、特定の曲を「ドラッグ・ソング」だと主張する手紙が、毎月およそ千五百通も送られてきて、そのほとんどは、「ルーシー・イン・ザ・スカイ・ウィズ・ダイアモンズ」というタイトルの頭文字をあわせれば「ＬＳＤ」になり、これはアーティストが意図したものだ、といった類の指摘だった。レノン自身はこの指摘に驚き、思わず確認したはごだという。そもそもビートルズはドラッグについてはあからさまに歌っているし、暗号解読の手間をかける必要もないのだが。

それでも一九七〇年代前半には、ドラッグに関係がある歌かどうかは最優先の問題ではなくなった。政府がより目を光らせていたのは、ニール・ヤングの「オハイオ」などの「反政府的姿勢を露骨に表明するような歌だった」とヒューストンのFMラジオ局KPFTの構成局長、ラリー・リーは言う。「ウーマン・イズ・ザ・ニガー・オブ・ザ・ワールド」は、そのタイトルだけでも多くの問題を提起している。アップル社内では反対意見が多かったが、ジョンはこの曲が『サムタイム・イン・ニューヨーク・シティ』からの最初のシングル曲になるべきだと主張し、またこの曲をディック・キャヴェット・ショーで歌うことにした。多くの人にこの曲を聴いてもらいたいというジョンの願いは強く、一九七二年現在のオンデマンド・メディアを活用すべく、アップルはこの曲が聴ける電話番号を載せた広告を出した。

キャヴェット・ショーでの演奏は、ホストであるキャヴェットが免責事項に目を通し、録画映像にキャプションを挿入して放送する、という条件付きで認められた。その免責事項に目を通したとき、キャヴェットはその内容への不快感を露わにした。

ジョンとヨーコは、彼らの言葉を借りれば「非常に物議を醸す問題」に発展するかもしれない事柄にかかわっている、とABCとしては認識している。「ウーマン・イズ・ザ・ニガー・オブ・ザ・ワールド」という曲のタイトルに明らかだが、この歌に気分を害する黒人の聴衆が出てくることが予想される。演奏後、この曲にこの単語を使用した理由をジョン・レノンが説明すること。場合によってはこの曲の演奏を理由に、番組そのものの放送を見合わせることも局としては念頭においている。[4]

「女性が抱える問題をうたう曲なんだ」と、レノンは語った。「この歌を不愉快に思う人間はいるさ。でもそう思うのはいつも、白人と男。そういうことさ」

そもそもタイトルは、英国の女性誌のインタビューでこのフレーズを口にしたヨーコのものだという。これにジョンが詩的な対比の妙を見出して曲にしたのだ。この点、リンゴ・スターが「ア・ハード・デイズ・ナイト」や「トゥモロー・ネバー・ノウズ」と言ったのがきっかけで知らず知らずに曲ができたという経緯と似ている。ただ、ヨーコの場合は、その言葉尻だけでなく彼女自身に訪れる覚醒――主に芸術的なものだが――をレノンはたびたび目の当たりにしていたし、また女性に対して間違った認識を持っていたという罪の意識があった。「以前はいまよりも男性優位の考え方を持っていた、ということさ。でもこの二年、みんなと同じようにそのことについて考え、話し合ってきた。いまではとても重要な問題だと思うし、ぼくなりに考えを明確にしたいんだ」

フェミニストたちの運動がこの歌を作る力になったのは確かだが、採用したことばが別の論争を引き起こした、とレノンは言う。「多くの局は、白人が『黒んぼ《ニガー》』という単語を使うべきでないといって曲を流そうとしなかったよ」。それがメタファーであると理解し、ジョンのやり方を支持したのが、黒人議員連盟の設立者のひとりでカリフォルニア州選出下院議員のロン・デラムスである。

「勇気があればこそ、彼はこのことばを使ったのです。素晴らしいことですよ」というデラムスによる声明は、このことばの「定義」として、アップル・レコードが『ビルボード』誌に出した広告にも使われた。キャヴェットの番組中、レノンはデラムスの定義を読み上げたが、その前に次のように前置きした。「誰か別の人間によって、その人の生き方や、チャンスや、社会での役割が決められる。『黒んぼ《ニガー》』ということばがそういう人のことを意味するなら、それは良いニュースなんだ。『黒んぼ』であるためには黒人である必要はない。アメリカ人のほとんどは『黒んぼ』なんだよ」。説明を終えると沸き起こった熱のこもった歓声に、ジョン自身が驚き、そして微笑んで言う。ぼくはただの「音楽ジャーナリスト」で、だから、そういうメッセンジャーを国外退去にさせないでほしい、と。「ああ、すごいね。まだ出て行きたくないよ」

　テレビ局の懸念をよそに、「ようこそ、『危険な』おふたがた」とキャヴェットが紹介すると、ジョンとヨーコ、そしてエレファンツ・メモリーのメンバーたちはスタンバイした。レノンがギターをアンプに繋ぎ、コードをかき鳴らして音量を調整する。メンバーたちに目配せして足を四回踏み鳴らし、さらに4カウントを叫ぶと、ドラムのリック・フランクが打ち出すビートにスタン・ブロンシュタインのうなるサックスが絡みついた。ブルージーなバラッド調で、ジョンが力強く最初の言葉を紡ぎだす。

「女は黒んぼ、そんな世の中さ。考えたこと、あるかな」。歌の合間にブロンシュタインのサックスソロとガブリエルのギターソロが入り、ともにスポットライトが当たる。

「ぼくたちはテレビで毎日彼女を侮辱してるんだ」とレノンは続け、彼の歌パートは終了。バンドの後奏が続くなか、レノンが先にギターのケーブルを外すと、ヨーコとともに壇上から下りてキャヴェットに近づき、曲が終わった。

当然ながら、この演奏にたいする反響は、局のお偉方が心配したようなものではなかった。「予想通りでしたが、大変な抗議がありましたよ。といっても、それは局による遠回しな謝罪文に対してですけど」とキャヴェットは後年に語っている。「歌に対する抗議は、なかったはずです」(5)

*

普通なら全国ネットのテレビ番組は、彼が表明した「定義」を議論するような場所にはならなかったはずである——話題の主がビートルズの元メンバーともなればなおさらだ。「ジョン・レノンのような歌手が、歌詞にあのことばを使うなどとは、思いもしませんでした」。その定義がマーティン・ルーサー・キング牧師の哲学に影響を受けていることを、ロン・デラムスは誇らしげに認める。イデオロギーに関係なく、自分の声明が多くの人の関心を惹きつけたことも、彼は自覚していた。「何か気取ったふりをしようとか、そういうつもりはなかったのです。あの声明は、アフリカ系アメリカ人の社会やそれ以外の人びとに対して、重要なことを主張したい、そういう思いから書きました。われわれは結束しなければならない。そのときわれわれはお互いを、そして自分たちにとって何が利益なのかを、理解しておく必要があります。この社会で生きる多くの人は抑圧されているのです。でも、みんなが結束できるなら、その抑圧を払いのけることができるのです」

デラムスは一九三五年にオークランドで生まれた。大学奨学金が受けられなかったために、高校卒業後は一九五〇年代初頭のアメリカ軍再編まもない海兵隊に入隊。GIビル（復員兵援護法）の適用を受け、あらゆるアルバイトに従事してカリフォルニア大学バークレー校を卒業する。精神科のソーシャルワーカーと政治活動家の二足のわらじを履き、一九六七年にはバークレーの市議会議員に選出される。任期を終えると、一九七〇年には下院議員となり、以降およそ三十年にわたって議席を守った。一九七二年に共同設立者として立ち上げた黒人議員連盟は上下院の十三の議員で構成されている。女性議員の比率も小さく、第九十二期連邦議会では十五名にとどまっていた。

デラムスの声明が伝えたかったこと——そしてレノンが歌で主張したかったこと——は、一九七二年のアメリカが、白人の世界である、ということだ。

女性解放運動は、女性とは何かの再定義のみならず、男性とは何かの再定義をも社会に迫った。公民権運動に必要な指導者は、もはや黒人だけではなかったのだ。「キング牧師が死んだのは、ただ黒人の解放のためだけではありません。彼は、平等な社会のために殉じたのです。公民権運動に刺激されることで、一九六〇年代のすべての運動が興ったのですよ」とデラムスは言う。ことばを再定義しようとした彼の試みの背後にあったのは、そのことばに対する人びとの理解を変えたかったという、彼の思いだ。『黒んぼ《ニガー》』ということばには、黒人を侮蔑するために使用された歴史的経緯があります。わたしは黒人の誰かがこの言葉を再定義し、違う意味をもたせるべきだと考えていました」

しかし、その意識共有はあくまで最初の一歩である。ラテン系他の少数民族、ゲイ、環境問題、消費者保護、そして個人の権利を求める運動は、公民権運動がきっかけになっている。「この国の人びとが立ち上がり、『もういい、もう十分だ。われわれは公正な社会構築のために歩まねばならない。黒人が結集し、アメリカを、そして世界をわれわれが変えることができるんだ』と声を上げたんです』。デラムスは続ける。「もし『黒んぼ《ニガー》』という言葉がいやなら、それを『抑圧された人びと』に置き換えてみるといいでしょう。主旨は同じなのです」

哲学的な重みを持たせることで衝撃値を増加させ、人びとの注目を集める。成功すれば多くの聴衆の耳に届けることはできるかもしれない。とはいえ、失敗した先例も腐るほどある、リスクをともなうやり方だ。「そこはジョンとヨーコのこと、どれほど信頼されているか、どれほどの名声があるか、彼らが一番良く知っていますよ。どうすれば注目が集まるか、方法もいろいろ熟知しているでしょう。ひとりひとりの貢献は小さいものでも、それが積み重なれば大きな変化につながっていく、そういうものです。だからこそ、彼らは賞賛と尊敬に値するのです」

*

J・エドガー・フーヴァーが最後に執念を燃やしたことのひとつが、FBI長官として生きた人生を締めくくるにいかにもふさわしく、ジョン・レノンを国外退去させることだった。政治的な関心を示したセレブに対して、以前もフーヴァーは薄気味悪いほどに同様の反応を見せたことがある。一九二〇年代前半、チャーリー・チャップリンが反乱分子と目される人物と結んでいるとして、副長官時代のフーヴァーが彼を調査し、「隠れボリシェヴィキ」であるとみなした。マッカーシー時代には、この英国生まれの俳優は共産主義者のリストに載せられ、一九五二年、『ライムライト』のプレミア上映のためにロンドンに滞在中に、移民帰化局によって再入国ビザが無効にされたのである。その後、アカデミー名誉賞が与えられた一九七二年まで、チャップリンはアメリカを追放状態となっていた。

今回、ジョン・レノンの在留資格をめぐるこの問題について、メディアは黙っていなかった。『ニューヨーク・タイムズ』は「チャップリンへの謝罪につながる大失策の再来か」と書き立て、(6) いたるところで、これまでにないほどの支援運動がレノンのために行なわれた。五月にはメトロポリタン美術館長のトーマス・ホーヴィングが『ニューヨーク・タイムズ』へのインタビューで、もしレノンが「絵画作品であれば、美術館に展示され人気を博したに違いない」と述べている。エピスコパル教会のポール・ムーア主教は、ジョン・レノンとオノ・ヨーコ夫妻を「快く迎え入れたく、そして彼らがニューヨークにいることをとても喜ばしく思う」との声明を出した。(7)

五月に開かれた移民帰化局の審問では、ディック・キャヴェットを含むジョン・レノン側の証言があった。キャベットは著書『トークショー』でこのときの様子に加え、実際にジョンの置かれていた状況がかなり厳しいものだったことを語っている。(8) 大統領執務室での会話の録音音声が流されたときの様子について、「大衆文化については最低限の知識しかなく、レノンの絶大な人気など知らないニクソンに、腰巾着のH・R・ハルデマンが『この男は選挙に影響を与えるかもしれませんよ』と入れ知恵をしているのが聞こえた」と記している。(9)

番組でベトナムについて議論して以降、自分自身が政府から嫌疑をかけられていることが判明し、政府が標的にしている人物を支援することの潜在的リスクについても考えたという。レノンの出演後ほどなくして、歳入庁がキャヴェットの番組に監査に入り、スタッフ全員を聴き取り調査した。ほかにもニクソンが「歳入庁を攻撃手段として違法に利用し、ときには人身を脅かすこともあった」事例について、キャヴェットは言及している。

レノン自身、そしてエレファンツ・メモリーのメンバーも含めた彼の知人に対する継続的な監視、盗聴、捜査員による尾行は、もはや当たり前のものになっていた。「誰かがおれのアパートの前にずっと立ってるんだ」とヴァン・サイオックは言う。「何かが起こっていることは気が付いていた。でも、それを心配して曲が作れないとかバンドの活動が疎かになる、なんてことは誰も望んでいなかったよ。みんなジョンをハッピーにさせたかったんだ」。ジェリー・ルービンをはじめとする急進的活動家たちとも共演したことがある彼らだけに、警察からの聴き取りも過去には経験があった。それでも、ジョン・レノンへの監視の強烈さは、彼らにとってもかなり神経に障るものだった。「おれたち全員の書類が作られているかもしれない、という話をしたこともある。で、実際その通りだった。フーヴァーとニクソンは、よっぽど彼を追い出したかったんだよ。のめり込む質のニクソンのことだ。ジョンが民主党に肩入れすると考えたとき、やつの頭のなかは、どうなっていたんだろうな」とイッポリートは言う。

五月十七日、移民帰化局による審問終了時に、レノンは判事のアイラ・フィールドスティールに直言した。「連邦裁判所ではないこの場で、慈悲の嘆願が可能なのかどうかもわかりませんが、もし可能ならここにお願いします」(10)

ひとりの女性に夫と子どものどちらかを取る選択を強いてよいのか、そして素晴らしいアーティストを国外追放すべきなのか、と国中から疑問の声があがった。新聞各紙は、政府はこれほどまでに無慈悲だったのかと、ジョンがある個人の敵意の対象になっている理由について、それぞれの見解を社説にした。『ワシントン・デイリー・

ニューズ』は、移民帰化局にはジョンを追放することより「他にすべき仕事があるはずだ」として、「もうビートルズのメンバーにはかまわないでくれ」と要求した。「市民から仕事を奪い、犯罪を犯し、生活保護を受けるたくさんの不法移民がいるではないか。本当に追い回すべきなのは誰なのか、考えた方がいい(11)」

五月下旬、「ジョンとヨーコの国民委員会」のために、ニューヨーク州芸術評議会のケン・デューイが企画した、ワシントンのナショナル・プレスクラブ主催による記者会見が開かれた。ここでデューイは、ニクソン政権による権力の行使に抗議する声明を出す。「数々の証拠が示すように、もしジョンとヨーコのふたりが被っている困難が、反戦やそれに関連する問題についての彼らの歯に衣着せぬ、誠実な、非暴力の訴えによるものならば、政府が権力を濫用しているという深刻な問題を提起せざるをえない(12)」

その後、政府の真意がさまざまに忖度された。『ローリング・ストーン』は「選択的」告発が行なわれている、と一般的真実を述べていた。同じくビートルズのメンバーだったジョージ・ハリスンもマリファナ所持で逮捕されたことがあり、平和を訴え、他国の文化や宗教を奉じているが、アメリカで自由に仕事をしているではないか。一九七〇年には、カナダ出身のニール・ヤングがパートナーのクロスビー、スティルス、ナッシュとともに、ケント州立大学での事件をテーマにした曲「オハイオ」で、大統領を名指しで批判した。しかしニクソン政権がヤングの渡航を制限するなどの措置をとった証拠は残っていない。おそらくこれは、個人的な問題なのだ。バイブルベルト〔合衆国の中西部から南東部にかけての、キリスト教原理主義が多く保守的だとされる地域〕ではジョン・レノンは必ずしも人気者であるわけではなく、『ローリング・ストーン』の見立てでは、政府は「多くの老人から電話や手紙で寄せられる」保守的な力のプレッシャーに単に屈してしまった、ということになる(13)。

法曹界からは、審問の手続きやその倫理に問題があり、審議が有効かどうかは精査が必要だとの意見が出た。グレース・リヒテンシュタインは『ニューヨーク・タイムズ』の法律コラムに、「わたしは子どもと夫のどちらかを選択するよう、迫られています。わたしがそんな選択を他の誰かに強いられることが許されるとは思いません」というヨーコの発言に、傍聴席からすすり泣く音がしたと伝えている。ほかの意見と同じくリヒテンシュタインも、政府がなぜレノンの国外追放にこれほどこだわるのかがわからないという。「ジョンとヨーコでなかったとしても、この一件がアメリカの移民法を脅かす事件として注目を集めることになるのは避けられなかっただろう(14)」

ジョン・レノンを国外退去処分する試みは、いまや法的また官僚的な精査手続きのなかに組み込まれ、実現させるには恐ろしいほどに長時間がかかる見込みとなった。審問は結論が出ないまま終了し、フィールドスティール判事は代理人のレオン・ワイルズに、七月一日までに追加の申し立てを行なうように告げた。裁判事情にくわしい人間の予想は、万一フィールドスティールが七月の国外退去処分を支持したとしても、ワイルズは不服申し立てを行なって次の審問の機会を設けるだろう、というものだった。『ニューヨーク・タイムズ』は、「不服申立てが続けば、この案件が結着するまでには数カ月、あるいは数年はかかる可能性がある。その結果、皮肉なことだが、レノン夫妻はアメリカ国境の内側にとどまり続けることを余儀なくされるだろう」との見方を示した。

＊

捜査官がジョン・レノンを注視したいのであれば、新聞に目を通すだけでも無数の情報にありつけたし、ニクソン再選に反対する「急進派」とされる人物たちとの関係についても調べがついたことだろう。レノン自身は、大統領を引きずり下ろすためのライヴへの出演を阻もうとしている政府の真意には気づいていないようで、それよりも平和や反戦を主張していることが理由であると確信していた。だからといって、レノンが黙ることはなかった。審問で慈悲を訴えた二日後には、同時に十数カ所で行なわれてた徹夜集会のうち、ダフィー・スクエアに足を運んだ。ＦＢＩは、この集会が「インドシナからアメリカ軍が完全撤退することを要求する平和活動グループ」によって組織されたと報告している。(15) 開催された集会の数も増え、いまやヒッピーのみならず、発言力のある人物の参加も目立ってきた。全米平和行動連合というグループには、ジョセフ・パップ、アーサー・ミラー、ウィリアム・スタイロンなどの著名人、あるいは「地元政治家や組合の指導者」の名前も見られ、新聞の全面広告で集会の様子が伝えられた。

レノンはすぐそこにいた。権謀術数をふるう試みは続いたが、早急に彼を国外退去させる戦略は、結局のところ失敗した。ＦＢＩもニューヨーク市警も、ジョンがマリファナを所持している証拠はおろか、家宅捜索を行なう口実すら察知することはできなかった。同月のＦＢＩ報告書には、「市警はレノン夫妻のマリファナ所持での検挙は不可能だと考えている。市警の捜査は継続」とある。これとは別に、元夫が娘のキョーコを拉致しているというヨーコの申し立ては事実ではないことを証明し、偽証容疑にかけようとする試みもあった。捜査員がトニー・コックスとキョーコの足取りをつかむために動いたが、これもまもなく打ち切られた。

FBI長官代理を務めた男は、前任者よりも注意深かった。五月二十四日、捜査の違法性について——少なくとも閲覧される可能性のある文書で——名言することは避けつつ、トニー・コックスとキョーコの追跡であれ、マリファナ所持でジョンを検挙する試みであれ、移民帰化局がらみのこの案件には慎重に関与するよう捜査官たちに警告した。「審問の成り行きを考慮すると、FBIによる現行の調査は、最優先で行なうべきか否かの観点からすると相応しくない可能性があり、これがFBIの評判を著しく損なう結果をもたらすこともありうる」。おそらくこのときが、政府がパラノイアに屈服してしまうことになる転換点となったのだ。

一九七二年の夏、ホワイトハウスとアメリカの政治を支配したのは「疑惑」だった。レノンは八月の民主党大会には出席しないと明言し、テレビでも放送された。にもかかわらず、彼の動向に戦々恐々とする関係者がいたのだ。六月五日、FBI長官代理のL・パトリック・グレイはマイアミ支局に宛てて「大会開催中にレノンがマイアミで大掛かりなコンサートを予定していて、それは大会開催会場の目の前で開かれるだろう」と伝えている。

実際のところ、ジョン・レノンに関する問題は、ニクソンの忠臣たちの目の前に提示されるべき無数の優先的懸案事項のうちのひとつにすぎない。FBI捜査官、元CIA職員、弁護士など、ほかのヒッピーの急進派が主導する破壊的な行動を決して許容しないと考える情報提供者からは、多くの情報が寄せられていた。ゴードン・リディ〔ウォーターゲート事件にも関与した保守派の芸能人〕も含まれていたという情報提供者グループによる提言のなかには、抗議運動のリーダーたちを拉致してメキシコの砂漠に長期間放置すべし、という過激な意見もあった。また、ジェブ・マグルーダーやジョン・アーリックマンらの内通者が語るには、ジェリー・ルービンとアビー・ホフマンの逮捕収監が提案されたが、戦略的に問題があるとして司法長官のジョン・ミッチェルが退けたという。

そのうち、ジョン・レノンの国外退去についてのメディアや大衆、そして政府の関心も徐々に限定的なものになる。そもそもホワイトハウスにはほかにも優先課題は山ほどある。ヒッピーを捕えるよりも効果的な方法として、ゴードン・リディとエヴェレット・ハワード・ハントは、ウォーターゲート・ホテルの民主党全国委員会本部に侵入者を送り込むことに決めたのだった。

＊

エレファンツ・メモリーのメンバーたちが経験したのは、ジョン・レノンのキャリアにはめずらしい現象だった。彼らのアルバムの売上と評論家による評価がともに芳しくなかったのだ。『サムタイム・イン・ニューヨーク・シティ』は、批評家、そしてニクソン政権によって酷評の対象となった。

六月十二日に発表されたこの二枚組アルバムのアートワークだけでも、政府内のライバルたちを苛立たせるには十分なものだった。新聞の一面を模したレイアウトに、裸で踊るニクソンと毛沢東の合成写真がフィーチャーされているのだ。歌のタイトルはそれぞれの記事の見出しとして配置されるが、なかでも「ウーマン・イズ・ザ・ニガー・オブ・ザ・ワールド」が中心にあしらわれている。駄洒落、ジョーク、悪ふざけが詰めあわされた文字列の片隅に挿入されたフィル・スペクターの小さな写真には、「TO KNOW HIM IS TO LOVE HIM〔スペクターが作曲・プロデュースしたテディベアーズの一九五八年のヒット曲のタイトルで、初期のビートルズがHIMをHERに変えてカヴァーしている〕とキャプションが附され、その下には『ニューヨーク・タイムズ』のモットー「All The News That's Fit To Print」のパロディ、「ONO NEWS THAT'S FIT TO PRINT〔すべての「オノ」のニュースは印刷するにふさわしい〕」が記されている。

二枚組の一枚目には、「ジョン・シンクレア」、「アッティカ・ステート」、「ラック・オブ・ジ・アイリッシュ」、「アンジェラ」、「ニューヨーク・シティ」など、ジョンとバンドがスタジオ録音した十曲が収録されている。二枚目は「フリー・ライヴ・ジャムLP／ジョンとヨーコと何千ものスターたち（価格は無料）」と題され、一九七一年六月にフランク・ザッパのザ・マザーズ・オブ・インヴェンションと共演した際のフィルモア・イースト、および一九六九年のロンドン・ライシアム・シアターでのプラスティック・オノ・バンドのライヴが収録されている。ここに含まれるのは、ジョンの「コールド・ターキー」や、「ドント・ウォーリー・キョーコ」と題されたヨーコによる長尺の曲だ。

誰かによって商業的成功が阻止されたのか。それともヨーコが前面に出すぎて、レノンのファンが不満に感じたのか。あるいは、マリファナ、男によって投獄される女性黒人活動家、英国のアイルランド政策など、テーマが特殊過ぎたのか。それとも「ジョンとヨーコとプラスティック・オノ・バンドとエレファンツ・メモリーと目に見えない絆たち」のように、スペクターの「ウォール・オブ・サウンド」を揶揄したのではないかと言われるほど、クレジットされるジョン・レノン以外の名前が多すぎたのか。『プラスティック・オノ・バンド』や『イマジン』など、それ以前のレノンのソロ作品とは違って、彼の単独作の比率が少なく、収録時間の半分はヨーコの作品だ。スタジオ収録の十曲中、ジョン・レノン作は「ニューヨーク・シティ」、「ジョン・シンクレア」の二曲のみ。「シスターズ・オー・シスターズ」、「ウイアー・オール・ウォーター」、「ボーン・イン・ア・プリズン」の三曲はヨーコのソロ作品とされ、残りはジョンとヨーコの共作である。

アルバムにくらべてシングルの売上の規模はまだ小さい頃だったが、ひとたびヒット曲が出ればアルバムの成功にもつながることは確かだ。だが、レノンは「ウーマン・イズ・ザ・ニガー・オブ・ザ・ワールド」を最初にシングルカットするよう主張し、それがさらにアルバムの商業的成功にとっては足枷になった。

では、違う曲が最初にシングル化されていれば、結果は違ったのだろうか。ゲイリー・ヴァン・サイオックによると、批評家の手厳しい意見と、放送ネットワークが「ウーマン・イズ・ザ・ニガー・オブ・ザ・ワールド」の放送を自粛する動きに出たことで、レノンは二重の失望感を味わっていたという。サイオックはこのアルバムについて「あの時点では、まだ前向きに考えられることもいろいろあった」が、ファーストシングルがかなり大きな障壁になってしまった、という。「おれ自身は心のなかで、『なああんた、おれにはわかんないよ』と囁いていたよ。でも、ジョンの心はもう完全に決まっていた。最終的には、どの局も流さなかったね。要はそういうことさ。ジョンはひどく落ち込んでいた。こんなことは初めてだったろうからね」

レノンにしても、作品の政治的な傾向にある程度の逆風があることは織り込み済みだった。ヨーコのヴォーカルを酷評するメディアもあるだろう、ということも。しかし音楽的にも歌詞の面でも、『サムタイム』はこれまでのジョンのキャリアのなかで最も手厳しい評価を受けた。『ローリング・ストーン』のスティーヴン・ホールデンは、「ミュージシャンとしての致命傷を与えかねないアルバム」のひとつだと評している。「芸術的自殺行為の初期症状に直面したと、そう表現するしかない。それとも悪い冗談を散りばめれば、良いものが引き立つ、とでも言いたいのか」[16]。ホールデンはその具体例を列挙する。まず良い特徴。ジョンの声は「かつてないほどソリッドで、ヨーコの「ウイアー・オール・ウォーター」についても「ヨーデルをわめき散らす」とはしながらも聴くに値する、とめずらしく評価する。エレファンツ・メモリーの技量についても「ドライヴ感のある扇情的な五〇年代風ロックンロールサウンドは、この作品で最もインパクトのある要素である。緊張感のあるファンキーな援護射撃はジョンの声によく合っていて、エレファンツ・メモリーの非は問われないだろう」とする。

しかしホールデンにとっての最大の問題は、「説教臭い政治主張」に聞こえる歌詞の内容であり、そこでは身近な問題を適切に説明できていないのだ、という。ジョン自身はかつて、抗議し、方法を示すことが自分の役割であり、人はそれを求めている、という考えを表明していた。だがホールデンは、「一連の曲は底が浅く独創性にも欠け、彼らが注目を集めたい人びとや問題群について語ることばは、できのわるい童謡のことばにも及ばない」と切って捨てた。

もちろんこうした酷評ばかりだというわけではない。作品を称える声もあり、とくにニューヨーカーたちにそれは多かった。『ニューズデイ』のロバート・クリストゴーは、音楽の質は別にして、この作品はアメリカでの居住を希望するレノンの企ての一部だと考えた。[17]

ジョン・レノンの新作は、元ビートルズのメンバーがアメリカに住むに値することを、決定的に証明するものだ。それを顕著に示すとわたしが考えるフレーズが、「アッティカ・ステート」にある。「さあ、ここに集って運動に参加しよう」がそれだ。彼を国から追い出したい政府は、こうした歌詞の上っ面を見て、やつは反乱分子だという。しかしアメリカ人のなかでも、本物のニューヨーカー以外にこれと同じような図々しさを堂々と見せられる人間はいないはずだ。

クリストゴーは、レノンの試みには価値が見いだせると考える。ここにこだましているのは、レニー・デイヴィスやその他多くの革命家がいま心に抱いている、革命の黄金時代への感傷なのだ。「運動に関わったわたしの友人たちにとって、このフレーズは、もう運動はないのだ、と読み替えられるものだろう」とクリストゴーは言う。「世界を変えないといけない。ただし、いまはジョージ・マクカヴァンに任せるしかないのだ」

批評家連中にはジョンを賞賛したいと考える者もいた。ともに生きた世代がこれほどまでに愛する、あの跳ねっ返りの声を応援したい。しかし、われらの救世主の声が工場でレコード盤にプレスされることをもはや望むべくもないのだ、という悲観論が育ちはじめていた。クリストゴーは続ける。「音楽産業が、いまのそれよりもずっとおかしなものにならない限りは、アメリカの政治が4チャンネルステレオサウンドよろしく劇的に変化することはないだろう。ブギーに青春し反乱の時代を生きた世代は、何も成し遂げられなかった。クールな若者たちだった世代は、労働組合などの利益団体のメンバーに、たちまち鞍替えするのだ」

リスクを背負ったのは確かにジョン・レノンである。ただ、クリストゴーは、所期の高邁な目的を達成しきれていないとする。「直接的に過ぎ」、それはすなわち「より危ういものであることを意味する。歌は往々にあまりに端的に立ち向かってしまい、それが自らの芸術的価値を過小評価しているように、聴衆に感じさせてしまう。今回のジョンは、あまりに拙速だったのだ」。アートによる扇動《アジテーション》的な政治プロパガンダを意味する合成語を用いつつ、クリストゴーは本質を突く。「アジトプロップ〔agitprop〕にもいろいろある。意味のあるものもあるが、支持を得られないアジトプロップはほとんど意味がない。ジョン・レノンの強みは、つねに新たな真実を大衆に伝えられる才にあったはずだ。今作でそれが機能していないのは、彼が自分のカリスマを生かさずに、賭けに打って出たからなのだ」。あげく、クリストゴーは、アルバムの評価とは別のことに紙面を費やす。ワシントン・スクエアで人気の吟遊詩人に一時的にでも関心を示したジョンを批判し、グリニッジ・ヴィレッジという場所が彼の創作活動に与えた影響を問題視するのだ。「デヴィッド・ピールを賞賛するのは褒められたことではない。制作に協力するなんてもってのほかだ。最悪なのは、分別のない彼の左翼的なクリシェを真似たことである」

エレファンツ・メモリーのメンバーは、この作品への反応——もしくは反発——が、ジョンに重くのしかかっていたという。「元ビートルズのメンバーでありながら、まだまだ証明すべきことがある。そういう状況にジョンは自分を置いていたんだ」というのはアダム・イッポリートだ。「成功は必要だったが、それは金の問題ではなかったと思う。もっと多くの人に、これが基本的な考え方だと受け止められる、そういう成功のことさ」

『サムタイム・イン・ニューヨーク・シティ』のビルボード・チャートでの最高位は四十八位、シングル「ウーマン・イズ・ザ・ニガー・オブ・ザ・ワールド」は五十八位どまりだった。平均的なアーティストなら、まずますの成功といったところだろう。しかしこれにはジョン・レノンも、ひどく落胆する。イッポリートは、作品の評価とチャートの売上げがジョンとヨーコに大きな打撃を与え、アートと政治を同時に追求する試みに終止符を打たせた、という。「そういう状況が出尽くして、ふたりは一週間、いやそれ以上だったかな、雲隠れしてしまった。おれたちもニューレフトの指導者たちも、彼らが次にどういう動きにでるのか、まる見当がつかなかったよ」

第6章

"We'll Get it Right Next Time"

次は上手くやるよ

「彼は、追われていたんだよ。尾行されたり、盗聴されたりというのは、それは気味が悪いことだろう」

ポール・クラスナー

ニューヨークを離れはしたが、国外退去のためではない。ジョンとヨーコは延期していた一九七二年夏休みをとるため、サンフランシスコに赴いた。いまでは愛すべきロウアーマンハッタンに似た場所を、彼らは見つけたのである。ニューヨークにいるときと同じように、仕事のためでも自分が有名人であることを意識せずに動き回れる場所だと信じて。ニューヨークがグリニッジ・ヴィレッジなら、西海岸ではサンフランシスコのアパートがふさわしい。「一日中ふたりで散歩したんだ。でも、ぼくたちを苛立たせる人はいなかったよ(1)」

独立系雑誌の主宰者だったポール・クラスナーと再会したのは七月下旬、彼らが昼食を取っていたときのことだ。ヨーコは数年前にクラスナーと引き合わされていたし、一九七一年の九月にシラキュースのエバーソン美術館で開催されたヨーコの個展では、ジョンともひとときを過ごしていた。そのときジョンは、クラスナーが自分と同類であると直感していた。一見ふざけているようだがその実、優しさと知性に裏付けられた遊び心に満ちている。六〇年代前半、中絶手術を行なっている医師にインタビューし、水面下での紹介サービスをはじめるなど、クラスナーは地元メディアを通じた社会活動にも関わっていた。演劇にも熱を入れ、レニー・ブルースの自伝『やつらをしゃべり倒せ！ *How to Talk Dirty and Influence People*』の編集を手がけたあとには、スタンダップ・コメディにも挑戦した。グルーチョ・マルクスとLSDをキメるわ、メリー・プランクスターの一員としてケン・キージーと浮かれ騒ぐわ、雑誌『リアリスト』を立ち上げるわ、ジェリー・ルービンやレニー・デイヴィスらと競って反大統領運動に従事するわと、時代の先端をゆく、はたまた悪名高き友人には事欠かなかった。青年国際党の設立者の一人で、「イッピー」という言葉の名付け親としても名を連ねている。

六月の民主党全国委員会本部への不法侵入事件が明るみに出ると、夏までには反大統領運動の機運が高まっていた。事件発覚のきっかけを作ったボブ・ウッドワードとカール・バーンスタインに全国のジャーナリストたちが歩調を合わせて調査を続けるうちに、このスキャンダルの根深さを証明するように、不法侵入者に資金提供するための政府の秘密口座の噂や司法長官のジョン・ミッチェルの関与など、新たな情報が次々と繰り出された。そして司法長官の妻マーサが、一躍ワイドショーの華となる。彼女こそは策略家《トリッキー》ディックというニクソンのあだ名を有名にした張本人であり、またベトナム戦争に反対する人間を「ロシアの革命家」と言い放ったのだ。

巷間の話題となったこの事件発覚後のマーサによる発言も含め、『リアリスト』の記者メイ・ブラッセルは、政府にまつわる数ある噂の謎を突き止めるべく、「なぜマーサ・ミッチェルは誘拐されたのか」という記事を書いた。当時ジョンとマーサのミッチェル夫妻はウォーターゲート・ホテルに居住していたが、侵入事件のあとマーサは、何も話してはいけないと強制されたと主張していた。この事件をたどってみると、標的となる特定の人物についてのかなり乱暴な憶測もあったようだ。

ブラッセルの記事には、ニクソンとその周辺の人物にまつわる数々の疑惑が羅列されていて、往々にして意外なそれらの新事実は、運動に関わっていた、例えばイッピーのメンバーたちの身に危険が迫っているのではないか、という懸念を生むものであった。政府に対する怒りを隠さないジョン・レノンだったが、クラスナーは、必要とあらば法律を我田引水に解釈することも厭わない現政権に対して、レノンは注意は必要だと考えた。クラスナーは彼を印刷所に連れてゆき、いつでも印刷できる状態でプレス機の前に置かれたクラスナーの原稿を見せた。語るべき記事がここにある。しかし、独立系の出版社にはありがちなことだが、それを印刷するための元手がない。クラスナーはそのことをジョンに伝えた。ふたりは昼食を取った後に銀行へ向かうと、レノンはクラスナーが必要だという印刷費用の五〇〇〇ドルを引き出したという。『リアリスト』のような活動を支援するために現金を渡すと噂のあったレノンに、クラスナーはブラッセルの記事のゲラ刷りを見せていたようだ。

自分と同じ人間、つまり政府の監視下に置かれている人間に対する同情を、おそらくジョンは示したのだ。確かにFBIにはクラスナーに関するファイルが存在し、その中には一九六八年の『ライフ』誌に紹介されたクラスナーと『リアリスト』のプロフィール記事に対する反論の書簡が含まれていた。手紙の主が言うには、クラスナーは『ライフ』で紹介されているような愛すべき人物ではないという。『社会的反逆者』という形容は可愛らしすぎる。やつはどこまでもイカれてる。本当に狂ったやつだ。『リアリスト』の記事が知的だとかいう人間もいるが、トイレの壁の落書きにもずっとましなものがある」(2)。この書簡には、「ブルックリン大学、ハワード・ラスムーセン」との署名があるが、後年『ロサンゼルス・タイムズ』の調べで、この「ラスムーセン」はFBIの捜査官だったことが判明する。手紙で使われたお見事な表現に対する態度表明も込めて、クラスナーは自伝に『どこまでもイカれた狂人による告白』という題名をつけた。

より問題なのは、対抗文化《カウンターカルチュア》の機運に対する誇大妄想からか、左翼というだけで政府を脅かす可能性があるとして言論を圧殺された左翼人たちもいたことだ。クラスナーは、ニクソン対ジョン・レノンの対決の構図における最大のポイントは、無比の地位を築いたと言っていいほどの文化人に対して行使された、甚だしい大統領権限の濫用にある、と見ていた。レノンはクラスナーに、自分の挑戦的な態度は行き過ぎだったかもしれず、一線を越えてしまったかもしれない、と打ち明けたという。敵を黙らせるために「必要とあらば手段は選ばない」のがニクソン政権であったという陰謀論者の考えが正しいのなら、レノンの予想は当たらなかったことになる。しかし、レノンは意味もなく不安に駆られたわけではない。恐怖するのには充分な理由があったのだ。

「若くして亡くなったミュージシャンのことについて話したんだ」とクラスナーは言う。ジャニス・ジョプリン、ジム・モリスン、ジミ・ヘンドリックスと、まさにロックの中心で活躍していたミュージシャンたちに次々と悲劇が起こっていた頃のことだ。「CIAか何かに消されたんじゃないかという噂もあるけど、と言うと、レノンは『いやそれは違うよ、彼らは自滅したのさ』と言った」。しかしジョンが別れ際に残した言葉に、クラスナーは戦慄した。「彼は言ったよ。『もしぼくとヨーコに何かが起こったら、それは事故じゃないから』とね」。しばらくのあいだ、クラスナーの恐怖は消えなかったという。

＊

「はるばるニューヨークからようこそ」とジェラルド・リヴェラは挨拶し、「どうしてここにやってきたんだい」と、どこかで聞いたような質問をした。「く・る・ま」とレノンは無表情に答える。しばらく無言でいると、ふたりともこらえきれずに笑い出す。なんともベタなレノンの切り返しの裏にあるのは、八年前に初めてアメリカにやって来たとき、「アメリカはどうですか〔How did you find America?〕」と質問したレポーターに、レノンが「グリーンランドで左折したんだ」と答えた思い出だ。一九七二年八月五日、この日、ジョンとヨーコは、ニューヨークで友人になったリヴェラとの時間を楽しんだ。まるでコンサートのために現地を訪れたアーティストのように。[3] ふたりは、WABC局「アイウィットネス・ニューズ」のレポーターをしていたリヴェラが移民帰化局の審問やヨーコの娘のことについてたびたびレノンに取材しに来るようになって以来のつきあいだった。

　リヴェラの目的はレノンの取材だが、それでもレノンにしてみれば、一緒にいて居心地のいい相手と見て回るサンフランシスコの街はいいものだった。レノンの話ははずんだ。在留資格についても、ヨーコの娘のことについても何も解決していない。『サムタイム・イン・ニューヨーク・シティ』に失敗の烙印が押されたばかりで、ミュージシャンとしての自信と方向性も不確かだ。政治のためではなく、音楽のためにコンサートがやりたいと思っても、ビザの問題が決着するまで何もできない。カリフォルニアで何か特別な予定があったわけではないのだが、何をしないか、だけは決めていた。「政治には関わりたくない。政治から逃れるためにここに来たんだ」。それでも、リヴェラに帯同するカメラマンと一緒にいるあいだは、政治に関する発言も求められる。ケーブルカーに乗り込み、ジョン・レノンと同じ空間を共にした乗客たちは大興奮だ。桟橋を歩き、交通量の多い通りを車で掻き分けて到着したのは、丘の中腹にある展望台で、ゴールデン・ゲート・ブリッジの眺めが素晴らしかった。とても気持ちのいい日だ。空は青く、レノンのベレー帽から伸びる髪のあいだを海風がすり抜けて、デニム・ジャケットの裾がはためく。

西海岸にきて数日が経った。週末には海沿いにあるクラスナーのキャビンで過ごしたが、その後、都《ミヤコ》ホテルに宿をとった。少人数のスタッフを連れてやって来たリヴェラが、なんの下準備もなしにカメラを回して撮影したが、このホテルでのふたりの姿は、のちにテレビで放送された。会話の合間に、レノンは携えたギターを爪弾きながら、ときおり思いつくままに歌う。「愛は盲目ってみんなが言う／たぶんそうだけど、ぼくは見えなくていいんだ」と、いまの自分にはおあつらえ向きだとばかりに、ジェリー・リー・ルイスの「フールズ・ライク・ミー」の冒頭を披露すると、次には「ダウン・イン・ザ・カリビアン」のトロピカルなリズム、そして軽快なリフからの「ペギー・スー」。バディー・ホリーだ。誰から影響を受けたか、とくにお気に入りは、といったジェラルドからの質問に対して、レノンの口からはいろんな音楽やミュージシャンの名前が聞こえてくる。ただこのときは、彼が音楽への愛に目覚めた頃の音楽についての言及が多かった。「いろいろ聴きすぎて曲のタイトルが思い出せなかったりね」とレノンは言う。「ただ、歌そのものは覚えてる。もちろん、たとえばブルーグラスにはあまり詳しくない、とかはあるよ。それでも好きなものを突き詰めたい気持ちは強いんだ。いまは最初にバンドを組んだ頃の曲がやりたい気分だね」

何か違うことに関心が向いたとしても、結局は音楽へと帰ってくる。政治に強い興味を示したとしても、それはすでにある分野で名声を築き上げた多才な人間の見せる別の一面でしかない。詩神に導かれたレノンが次にどこに向かっていくのか、リヴェラは興味津々だった。「次は何をやってくれるのかな。ビートルズにいたというだけでも相当のもののはずだけど、何かやるべきことは残っているのかい」。レノンはこう答える。「考えを出し合って、新しいことを始めたいんだ。映画になるのか何になるのか、まだわからないけど。いつも直感で動いて、あとは風まかせ。ヨットみたいにね。追い風が吹けばそれに乗る、というところさ」

しかしそのヨットは、未だ結論の出ない審問という錨につながれて停泊中だった。すでにレノンは退去処分でも仕方がないと諦めかけていて、そうなったとき、ヨーコがどうなるかが心配だった。法的には親権が認められてはいたが、雲隠れしたトニー・コックスが退去まで粘るかもしれない。試練が彼らの自信を削ぎはじめていた。「こんなことが自分の身に起こるなんて、いまでも信じたくない。国家がぼくたちをどう処遇するか、わからないんだよ。判事はこの大陸で子どもを育てないといけないと言った。それは喜んでる。だからぼくたちはここにいたいんだよ」

じゃあ、もしアメリカに留まれるなら反戦運動には関わり続けるのかな、とリベラは質問を続ける。「活動するってどういうことだろうと思うんだ。請われれば、どういう目的のものなのかをよく考えて、その運動を支持するかどうかを決めてきた。あらゆる可能性を考慮してね。やはり何をするかが大事だから。そうだよね」

リヴェラにはこの数カ月ほど温めていたモティーフがあった。事件記者であり、ときには情熱的に、ときには独断で突き進む活動家でもあるリベラの経歴は意外なものだ。一九六九年にブルックリン・ロースクールを卒業し、ニューヨーク市警の刑事となるが、その後、プエルトリコの活動家グループ、ヤングローズの顧問弁護士となる。そしてテレビ局からお声がかかり、ABC系列局のレポーターとなった。一九七一年の終わり頃、ある病院での不正疑惑の調査を開始するが、その手法がなんとも泥臭い。この事件についての『アトランティック』誌による回顧録によると、リヴェラは「ウィローブルック精神病院の調査にあたっては盗んだ鍵を使った」というのだ。そうやって「患者への虐待やネグレクトが常態化していることをリヴェラがテレビでレポートしたことが、関連する州法を改正させる原動力となり、アメリカ全土における知的障害者への治療についての新しい基準作りへと繋がったのである(4)」

ウィローブルックについてのこのレポートが一九七二年一月に放送されるとたちまち業界内で変化が起こり、知的障害者の処遇の方法に関する数多くの長期的な改善策が講じられた。ピーボディ賞を受賞したこの暴露報道により、リヴェラは一躍全国で知られるレポーターの仲間入りをした。しかしまだ足りない。チャリティコンサートによってこの流れをさらに大きなものにしてはどうか。活動のための資金、そして世間の注目が必要なのだ。ニューヨークに住む一人ひとりがウィローブルックの犠牲者たちのことを知ることが先決だというのがリヴェラの考えだったが、論争を呼びそうな運動ではなく、その土地の慈善団体にたいする支援ならば、いまのジョン・レノンの考えにぴったり合っているではないか。そしてここで、レノンがいまいちばんやりたいことをやる。つまり、ステージで、ある目的のためにロックンロールを歌うのだ。『真実のレノン *Lennon Revealed*』によると、ジョンはウィローブルックのレポートをテレビで見てこの活動への支援を切望したが、それには支援コンサートにちょっと顔を出すだけでは十分ではないと考えていた(3)。「名前だけ貸せばいい、というタイプじゃなかったんだ」とジェラルドは言う。「ジョンもヨーコも、自分たちがニューヨークという町の養子だという意識があったんだ。だから、何かお返しをしたいと思っていた。何かを必要としている誰かがいないかと、いつも探していたんだよ」

＊

共和党全国大会がマイアミで開かれた八月二十一日、体こそなかったものの、ジョンの心はそこにあった。

民主党、共和党ともに大会の直前に予定が変更され、双方がマイアミで集会を開いた。サンディエゴで予定していた共和党がマイアミに場所を移した理由については、ヒッピーたちが原因だ、いや、ＩＴＴ〔国際電信電話会社〕の寄付が決め手だったなど、複数の主張があった。その一カ月前、民主党サイドでは、妊娠中絶や同性愛者の権利に寛大な政治姿勢が進歩的すぎると評判のジョージ・マクガヴァンが大統領候補指名を受け、生贄の子羊の様相を呈していた。マイアミビーチ周辺には多くの活動家が姿を見せていたが、一カ月後にはさらに注目のショーが控えているのだ。

八月の大会にはニクソン政権への賛否双方の立場から、その顔ぶれが予想された多くの有名人が集まってきたが、支持不支持の世代間の境目は、イデオロギーと同じくらいはっきりしたものだった。シャーリー・マクレーン、ウォーレン・ベイティ、そして北ベトナムから帰国したばかりのジェーン・フォンダらの反大統領派に対し、ジミー・スチュアート、フランク・シナトラ、サミー・デイヴィス・ジュニアらの大統領支持派たち。デモの参加者数によってはこの世の終わりがやってくる、というような大げさな予想はもちろん当たらなかったが、混乱は見られた。両陣営支持者たちの衝突で広く報じられたもののひとつが、車いすの帰還兵ロン・コーヴィックをはじめとする傷痍軍人に「つばを吐いた」大統領支持者たちについてのものである（コーヴィックの自伝『七月四日に生まれて *Born on the Fourth of July*』は、帰還兵仲間のオリヴァー・ストーンによって一九八九年に映画化された）。このとき、マイアミ警察は暴動を収めるために催涙ガスを撒布し、二百人以上のデモ参加者が逮捕された。この対応については慎重を期したという点が強調されたが、暴動の規模について警察は、比較的小規模のものだったと認識していたとのことだ（このときには『ローリング・ストーン』のハンター・S・トンプソンやレポーターのアンドレア・ミッチェルも催涙ガスを浴びている）。

ジェリー・ルービンとアビー・ホフマンも姿を見せたのはホワイトハウスとFBI誌の予想通りで、その行動は監視されていた。現場では『ポピュラー・メカニックス』誌のレポーターを装ってインタビューなども行なっていたが、このとき、誰よりも暴動を扇動しそうだと思われた彼らに対して「お前を逮捕する」という言葉が投げかけられることはなかった。他にも〝ハノイ・ジェーン〟・フォンダを注視するなど、在マイアミの捜査官や警官からの情報を通じて、FBIは影響力のある急進派の動向を確実に把握していた。参加予定者リストにはジョン・レノンの名前もあり、これを機会にさらに国外退去の口実が彼の身辺にないかが模索された。ニューヨークではすでに薬物所持で逮捕する試みが失敗に終わっていた。つまり、レノンはニューヨークでドラッグとは無縁の生活を送っていたか、あるいはニューヨーク市警がFBIの捜査に協力的ではなかったかのどちらか、もしくはその両方だったということだ。

党大会周辺に際しての連絡文書には、調査を行なう南部の関係者向けにジョン・レノンの身体的特徴を説明したものが含まれていて、そこには、薬物を押収できれば敗色濃厚な国外退去の主張に力が加わるだろうとの注意書きが記されていた。「ニューヨークでの調査は不調に終わった。移民帰化局は当局に対して、薬物所持での逮捕があれば直ちに処分が下される可能性が高いことを強く主張している」(6)。マイアミ警察には、「ジョン・ウィンストン・レノン」と表記された写真入りの文書が届くが、そこに示されていたのは、白人のイギリス人、身長約六フィート、体重百六十ポンド、茶系の金髪、イギリスでは薬物所持での逮捕歴あり、といった通り一遍の情報だった。「人物を特定するため」に写真を入手する必要ありとされていた以前の文書からは一歩前進で、今回のものは写真付き、ということになる。丸眼鏡をかけた長髪の男の口元から伸びる丸い吹き出しには「法王もマリファナをやる」の文字がある。しかし、それはジョンの写真ではなく、デヴィッド・ピールのものだった。吹き出しの文字は、ピールがふざけてつけた自身のアルバムのタイトルで、写真はこのアルバムのプロモーションに使われたものだ。確かにプロデューサーだったジョンとヨーコの名前が並んでいるという意味では、そのチラシの写真をジョンと誤解しても仕方ないと言えるかもしれない。しかし、ピールとレノンのルックスの違いは明白だ。他のビートルズのメンバーにすら、まったく似ていないのだから。

ジョン・レノンがフロリダに現れなかったことで、FBIによるレノンの身辺調査はほぼ終了した。八月三十日、ウェザーマン〔極左テロ組織〕の調査を同時に遂行していた覆面捜査官からの連絡で、ジョンの不在が確認される。「被疑者は計画を変更し、マイアミには来なかったものと考えられる」。移民帰化局の弁護士ヴィンセント・スキアーノも同様にジョンがマイアミにはいない旨の報告をしており、さらに「ニューレフトによる活動」に加わっている新たな証拠もないとした。そのニューレフトの運動内部でも内紛が起こっているとする。「被疑者はジェリー・ルービン、スチュアート・アルバート、レニー・デイヴィスら活動家たちへの支援を終了している。反戦運動やニューレフトの活動に参加することへの興味を失ったことがその理由である」。そしてジョン・レノンに関する案件は捜査休止状態となった。ニューヨーク支部は本部に、ジョン・レノンの国外退去に関する件で何か新しい動きがあれば、こちらから連絡を取るとのメッセージを送った。

党大会終了後、一部の活動家リーダーたちのあいだを燃え尽き症候群が見舞う。つねに監視下に置かれ心身ともに摩耗していたジェイ・クレイヴンは、移転したものの徐々に力を失いつつあった「平和と正義のための国民連合」の事務所に戻った。活動家たちを常時緊張状態に陥れた威嚇戦術は、マイアミでもワシントンでも効果を発揮し、かつて体制側が脅威と感じていたはずの彼らの存在感は著しく損なわれている状況だった。共和党大会の周辺で、自分を尾行する人物のプレッシャーを肌に感じつつクレイヴンが理解したのは、彼らがどれほど抗議を続けようともニクソンの計略は止まないだろう、ということだった。「いったい何人いたんだろうと思うよ。おれたちのオフィスの隣に彼らはいたんだ。おれたちが気づくように、わざとね」とクレイヴンは言う。「威嚇し、徐々に活動の幅を狭めていく。政権がとった戦略は効果があったということだよ」

「国民連合」に未来はあるのか。イッピーは死に体なのか。いずれにしろレニー・デイヴィスにもはっきりしたのは、ジョン・レノンはもういない、ということだ。グリーンカードの問題によって、ジョン・レノンは活動から完全に身を引いた、と彼らは考えた。実際のところは単にルービンと距離を置きたかっただけで活動を続ける意志はあったのだが。機運が盛り上がった時期には政治目的のツアーを行なうというアイデアにも意味はあったが、彼らの活動を弔う葬送行進曲の準備が始まるかとさえ思えるいま、当時の叫び声も記憶の中に虚しく響く。「ジョンがおれたちの活動に参加すると聞いたとき、彼が当時持ちえていた社会への絶大な影響力について、おれはまず考えたんだと思う」とデイヴィスは言う。「力を失いかけ、方向を見失っていた何かに命を吹き込むことをできたのがジョンなんだ」。そしていま再び行き先の定まらない状況となって、ジョン・レノンなしにニューレフトたちがどこまでやれるのかが、デイヴィスには分からなかった。「世の中を変えるために立ち上がった若者たちが起こした奇跡、だったんだ。でも、それもマイアミで終わりさ。ホワイトハウス前でもデモは予定しているけど、実質は終わったも同然だよ」

＊

ジョン・レノンがワン・トゥ・ワン運動を支援するコンサートに望んだとき、これもいつものコンサートのうちの一つでしかない、という気持ちはまるでなかった。八月三十日のショーは、これからさらに続くコンサートを可能にする突破口だったのだ。コンサート前の心境について、レノンは『ローリング・ストーン』誌にこう語っている。「純粋に音楽を楽しめる。そういう気持ちだったのさ。〔……〕お金のためにツアーに出るんじゃない。音楽のためさ。理由はいろいろとある。それがチャリティーだっていうこともある。そして、その理由のためにパフォーマンスをするんだ」

ニューヨークに戻った八月後半、ジョンとヨーコはエレファンツ・メモリーとともにこのコンサートのリハーサルに費やした。集中力と体力をひたすら注いだのだ。しかし、バタフライ・スタジオと彼ら自身で命名した西一〇番通りに借りたスペースではすぐに近所から苦情が出たため、フィルモア・イーストに場所を移してリハーサルを継続した。写真家のボブ・グルーエンの回想によれば、リハーサルのスケジュールが過密になっていくにつれてパフォーマンスの出来に不安を感じていたレノンが、徐々に自身を取り戻していく様子が見て取られた。「ロックンロール・スピリットで空間が満ちあふれていたね」[7]。メンバーたちが音楽を共有しているという一体感が、かえってくつろいだ雰囲気を与えていたという。

リハーサル後には、以前レノンが通っていたアップタウンの住宅街にあるレストランで一緒に夕食をとり、メンバーたちの絆がないがしろにされる様子は片時もなかった。ある日、彼らはチャイナタウンの高級店を借り切った。グルーエンが証言するのは、その日、いつもの長い夜がレノンにとってさらに長い夜になったことだ。さあ帰ろうということになり、いつものように勘定を支払おうとしたとき、レノンは現金を持ち合わせていないことに気がつく。他の誰も持ち合わせがない。仕方がないので、ジョンとヨーコの付き人のごちらかが目を覚まして金を取りに帰るまでさらにもう何杯か飲もう、ということになったのだった。

最終的にバンドが準備した曲の中から十数曲を厳選し、何度も何度もいろんなアレンジを試した。本番前に声を潰してしまわないよう、歌については力を抜きつつ。アダム・イッポリートによれば、少なくともバンドのメンバーたちの演奏について、レノンの信頼感は強かったという。ビートルズ解散後の二枚のソロアルバム以降、頻繁にジョンと共演してきたサポートメンバーのジム・ケルトナーによるパーカッションとエレファンツ・メモリーの元メンバー、ジョン・ワードのベースが加わり、音像の土台はいつにも増してとてつもなく強固なものになった。「少なくとも、ジョンは機嫌が良かったよ」とイッポリートは言う。「バンド全員のノリも、とても良かった。さあ、準備はできた、ってね」。

いっぽうエレファンツ・メモリーにとっては、メンタル面での新たな準備が必要だった。これまでバンドが経験してきた環境を完全に卒業することになるからだ。確かにマクシズ・カンザス・シティの観客は彼らを熱狂的に迎え入れてくれていた。しかしいまは、ロックの生きた伝説のパフォーマンスを熱望するアリーナに詰めかけた、ぎっしりの観客の前で演奏しなければならないのだ。バンドの機材が会場となるマディソン・スクエア・ガーデンに耐えうるものかどうか、ジョンとアップルの社員が念入りに確認していたことをメンバーたちは思い出す。テックス・ガブリエルが言うには、反体制メディアやニューレフトの活動に資金を提供していたのと同じように、音楽にも間髪入れず金を投入した、ということだ。「ジョンとヨーコは黒い袋を持ち歩いていたよ。その中には数千ドルの現金があって。まるで銀行強盗でもしたばかりみたいにね。会社の人間にその袋からいくらか取り出して、マーシャルのアンプや必要な機材を何でも買ってくるよう言ってたんだ」。メンバーによると、レノンがバンドに提供した金額は十万ドルを超えるのではないかということだ。

「いまではそんなに巨額には感じないかもね」と言うのはヴァン・サイオックだ。「しかし当時、音楽機材に一気に十万ドル、っていうのは相当のものだった」。また彼は機材の品質にも感銘を受けたという。チャリティコンサートだけに使用するとすれば、その目的を遥かに超えていた。しかしこの瞬間は、エレファンツ・メモリーというバンドにとっても、ソロ・アーティストとして初ツアーを行なうジョン・レノンにとっても、待ちに待ったものだったのだ。「それは思ったさ。『すごいぜ、ライヴができる！』ってね。飛んで喜ぶ勢いさ」とサイオックは続ける。「マディソン・スクエア・ガーデンのような規模で演奏したことなどもちろんないよ。せいぜい三千人ぐらいだ。でも今回は、誰もこれ以上は望めないほど大掛かりなコンサート、というわけさ」

　単なるコンサートではない。『ビルボード』誌は当初「ウィローブルックの子どもたちを救うコンサート」と呼び、その後ニューヨーク市長ジョン・リンゼイがニューヨーク「ワン・トゥ・ワン・デイ」コンサートと名付けた。ジョンとヨーコはコンサートの演奏でだけ関わったわけではない。コンサート前に開催された、ウィローブルックのボランティアと患者たち、一万五千人が参加したセントラル・パークのシープ・メドウで開催されたピクニックにも、ふたりは足を運んだのだ。そこでは誰もが等しくゲームや音楽、熱気球乗りに興じ、誰かがセレブだといって偉そうにふるまうこともなかった。その中のひとりは、来たるべきステージでは否応なくスポットライトを浴びることになるのだが。

＊

「リハーサルへようこそ」。マディソン・スクエア・ガーデンに詰めかけた昼の部の一万五千人強の観客たちに、レノンはこう声をかけた[8]。

　コンサートは夜の部と合わせて二回行なわれたが、余計な装飾のないステージは、かろうじてミュージシャンとアンプが乗っかる大きさしかない。強いスポットライトが彼の丸いサングラスを青色に輝かせる。グリニッジ・ヴィレッジ風のオリーブグリーンのアーミーシャツには、二等兵の記章と「ラインハルト」の文字。上辺は自信に満ちた素振りだったが、エレファンツのメンバーたちには、実はジョンがかなり緊張している様子が見て取れたという。自分が試されていること、世の期待が大きいことを、彼は知っていた。他のメンバーも同じことを経験してはいたが、このところ賛否が分かれる評価が自分の音楽にも下されている。エレファンツ・メモリーというバンドの面々も含めて、誰もが彼に希望を託しているのだ。ゲイリー・ヴァン・サイオックは、「おれたちは、ビートルズの曲をたくさん演奏したいと言ったんだ」と、演奏曲を決めるミーティングで主張したという。「でもジョンは『カム・トゥゲザー』だけでいく、と決めた。リハーサルでは十曲は練習したんだけど。まあ、『カム・トゥゲザー』の出来が良かったのは確かだから、とても楽しみにはなったけどね」。エレファンツ・メモリーは、シャ・ナ・ナ、ロバータ・フラック、メラニー、スティーヴィー・ワンダーらとともに、コンサートのオープニング・アクトを務めた。もちろんノーギャラだ。

しかしもちろん、この日のスポットライトは、自分の音楽を覚えていてくれる人びとがいると願う男の方へ向けられる。「過去を振り返るのは一度だけ。この一度だけだ」と、「カム・トゥゲザー」に入る前にジョンは強調した。どうやらジョンは、観客に話しかけるときには何かと自分のことを悪く言うらしい。「そうだ。航空母艦のことも歌ってる。みんなのほうがぼくよりよく知っている曲かもしれない」。もちろん、「ふるびた航空母艦がやってきた」というフレーズからはじまる言葉遊びに満ちた曲だ。アルバム『アビイロード』のトーンには、断片的なイメージの寄せあつめのようなこの曲の雰囲気がいまひとつそぐわないのは、ファンもよく知っていることだ。「団結する／いっしょにイク《カム・トゥゲザー》」のは「きみのところ」じゃなくて「ぼくのところ」で、膝の「下」か「真下」に髪が伸びてたり足を着地させたり、いちいちなんだこれはとニヤッとしたりぽかんとしたりといったことばあそびが連続しながら曲は終了する。「だいたい間違わずに歌えたかな」。そしてピアノの前に腰を下ろすと首を左右に振り、こう言う。「こんな馬鹿げた歌詞は、もう書かないようにするよ。自分でも何言ってるか分からないね。齢とったのかな」

レノンをがっかりさせまいと、メンバーたちは自分たちのパートをしっかりと支えている。一時間を超えるこのときのパフォーマンスのほうが、テレビで何曲か演奏するよりもずっと大きなプレッシャーだった、とアダム・イッポリートは言う。「ジョンはかなり過敏になっていたんだ。ミスのひとつやふたつでも気に入らないみたいだった。ほとんどの人は気づかなかったけどね」。『サムタイム・イン・ニューヨーク』からのレパートリーを演奏することは、エレファンツ・メモリーのメンバーにしてみれば、偉大なミュージシャンの経歴の一部に自分たちの音楽が居場所を与えられていることを誇示できる、またとない機会だ。それに彼らは、ポールやジョージやリンゴの代役ではない。このアルバムからは、「ウーマン・イズ・ザ・ニガー・オブ・ザ・ワールド」、「シスターズ・オー・シスターズ」、「ボーン・イン・ア・プリズン」、「ウィアー・オール・ウォーター」、そしてマディソン・スクエア・ガーデンの観客を確実に喜ばせる「ニューヨーク・シティ」の五曲がピックアップされた。

最初の二枚のソロアルバムからの曲も出来は上々だ。「セットリストのなかでも

『イマジン』はとくに秀逸だったね」とヴァン・サイオックは言う。ほかにも「インスタント・カーマ！」や「コールド・ターキー」、そして「平和を我等に」では、入り口で観客たちに渡されたタンバリンの音がアリーナに鳴り響く。地味なところでは「ウェル・ウェル・ウェル」も演奏されたが、この曲紹介では「ぼくがローリング・ストーンズを離れるときに作ったアルバムの曲」とレノンはふざけてみせた。

緊張をよそに、彼は楽しんでいた。この日いちばんの笑みがこぼれたのは、荒々しいヤジを飛ばすプレスリーの「ハウンド・ドッグ」だった。レノンとガブリエルは、ギターを弾きながら飛び跳ねた。スタン・ブロンシュタインは、ステージに引っ張りあげた女の子と一緒に、巨体を震わせながらツイストを踊る。ビートルズの逸話で有名なのは、キャヴァーン・クラブ時代によく演奏していた曲で景気づけするというものだが、その習慣はエレファンツ・メモリーと一緒になってからも健在のようだ。「リハーサルのときに、こういう曲をウォーミングアップでよく演奏したよ」とヴァン・サイオックは言う。「別に意識したわけじゃなくて、そうするとジョンもすごくノリがよくなったのさ。チャック・ベリーとか。五〇年代の曲は、本当によくやったよ。リラックスしないといけないときにはいつもね」

この「ワン・トゥ・ワン」のステージ上には、ジョンが純粋に音楽を楽しむ姿が、アーティストとしての彼の原点が、あった。コンサートのタイトルは人道主義的な理念を示すものだったが、ジョンはそれを、現在の自分とその本質的な部分とを結びつけ、自分のためのコンサートであるという、もうひとつの意味を持たせた。他のミュージシャンにはなかなか真似ができないことではないか。ありのままの魂をさらけ出して観客との一体感を生み出すジョンのスタイルは健在だった。そもそも「マザー」のような曲を書くシンガー・ソングライターは稀だ。歌詞の世界観をそのまま演奏に反映させるパフォーマンスができるというのは、さらにありそうにない。寂しげなスポットライト、シンプルなピアノアレンジ、そして傷を負ったかのような、唯一無二の歌声。ジョン・レノンが抱える深い心の傷の痛みが、すべての観客に伝播する。

母さん　あなたはぼくを生んだ
でもぼくは　あなたと暮らせなかった
父さん　あなたはぼくから離れていった
でもぼくは　あなたから離れられなかった
だから　これだけ　言わせて
さようなら

「そこにいたのは、生身のジョン・レノンだったよ」とガブリエルが述懐する。ぞっとする、そう言ってもいいほどだ。アリーナにいる観客が受け止めたのと同じ感覚を、ガブリエルは十フィートしか離れていないところで感じていた。「まさに剥き出しだ。本物だった。本物以外の何ものでもない。見せかけや気取りは一切なかったんだ」

上手くいかないところもあったとレノンは馬鹿正直に言うが、昼の部、夜の部、ともに荒っぽくはあっても音の切れ味は良好だった。音に対する批判的な意見はともかく、これでもかというほどに、音楽を演奏したい、本当はこんなものじゃない、という強烈な印象を観客に与えたのは確かである。ショーの終りが近づくと、「次は、上手くやるよ」と、観客にはわからないほどの小さなミスがあったことを認め、小さくうなずいた。

次は来なかった。その後二年ほどのあいだに数曲演奏する機会は何度かあったが、アメリカであれ国外であれ、ジョン・レノンがフルコンサートで演奏したり、ロックフェスでヘッドライナーを務めたりすることは二度となかった。来るべきツアーのウォーミングアップのはずだった一九七二年のマディソン・スクエア・ガーデンでのショーだったが、そのツアーは実現せず、歌われるべき歌は、永遠に沈黙することになる。

＊

ある意味、ワン・トゥ・ワン・コンサートは文句なしの大成功だった。ジェラルド・リヴェラは〔ウィローブルックに関する〕問題の所在を明らかにし、これ以上ないほどの効果的な方法によって社会に認知させた。これがさまざまに良い結果をもたらしたことは言うまでもなく、以降長きにわたって患者やその家族を支援する力につながったのである。

この当時、アレン・クラインとジョージ・ハリスンのバングラデシュ・コンサートで取り沙汰されていたように、チャリティコンサートの寄付金が目的のために正しく使われず詐取されていたことはレノンも意識していて、寄付金が当事者のもとにきちんと届けられるように願う、とコンサート中にコメントしていた。彼の願いは叶い、寄付金はニューヨークの三つの慈善団体に配分され、ウィローブルックや同様の患者を抱える施設の建設に役立てられたのである。ABCはコンサートの放映権を三十万ドルで買い取り、アルバム制作の交渉もはじまった。コンサート映像とアルバムの売上による収益は百五十万ドル以上にのぼった。レノン自身が患者とボランティアのために、六万ドル相当のチケットを寄付したことはFBIの報告書にも記録されたが、寄付の受益者に関して疑問が残る、という憶測が追記されている。

音楽については、ファンと批評家の評価はまたもや賛否がわかれた。ジョン・レノン自身の果たした役割はもちろん申し分ない。しかし、またもやジョンはヨーコを出演させることに執心したと憤慨する反応もあった。耳障りな声を上げる彼女に当たるスポットライトがいささか多すぎて、結果的に彼女を嘲笑の的にしてしまったというのだ。「みんなバンドの演奏を気に入っていたよ」とゲイリー・ヴァン・サイオックは言う。「まあヨーコの出番が少し多すぎたかもね。気に入らない人もいたかもしれない」

しかし批評家のすべてがアンチ・ヨーコの意見に肩入れするわけではない。『ソウル・サウンド』への寄稿文で、トビー・マミズはヨーコを好意的に評価している。[9]「ヨーコの音楽が好きじゃない人は多いようだ。が、わたしは彼女がロックに新しい方向性を与えると考える。彼女がどんな道を切り開き、どんな発見をするのかを見届けるべきなのだ。物事はかくあるべしといつも決めてかかり、現実を見ない人間というものはいるものだ。でも、それは間違っている。誰かが、われわれがどこに向かうのかを見つけないといけない。それを見つけようとしている人間のひとりが、ヨーコなのだ」。マミズは懐疑論者に「思いだせ」と言う。このコンサートはジョン・レノン初のソロ・プロジェクトであること、そしてエレファンツ・メモリーという「とてつもなく素晴らしいハードロック・バンド」がビートルズ解散後のジョンにとって最初のパートナーとなり、レコーディングとリハーサルを重ねてきたことを。「これから行なわれるだろうコンサート・ツアーの計画を、彼らは練っているところなのだ」

「彼のパフォーマンスを見ると、われわれがよく知っている彼の音楽はこういうものだったと、改めて認識することができる。まぎれもなくすばらしいシンガー・ソングライターで、強く、知的で、表現力がある。それが、ジョン・レノンなのだ」とする『ローリング・ストーン』の評価は、実は複雑だ。「彼は快適な時間を過ごしたようだ。あの不愉快な『ウーマン・イズ・ザ・ニガー・オブ・ザ・ワールド』にさえジョンはなんとか生命を吹き込むことができた。ただ、いくら政治的に正しくとも、それが歌詞のまずさの埋め合わせにはならない」

〔レノン没後の〕一九八六年にライヴ映像が発売されたが、これを機に『ローリング・ストーン』のデヴィッド・フリックはこのコンサートを振り返って、そのクオリティはまるで磨かれる前の宝石のようで、「魂を込めたジョンの力強い歌」と「驚くべき幅広いレパートリー」はすばらしいとしている。[10]「ニューヨークの左翼バンド」とされるエレファンツ・メモリーについても、その堅実な演奏ぶりが評価された。このマディソン・スクエア・ガーデンでのコンサートは、その大義名分同様、その希少価値とともに思い出されることだろう。「ジョン・レノンの最高傑作だ」とフリックは宣言する。「ユーモア、痛み、怒り、そして世界を変えることのできるロックの力への、揺るぎない信念。ジョンのすべてが、ここにあるのだ」

*

エレファンツ・メモリーとジョン・レノンの共演は、終わりを迎えようとしていた。

九月六日、筋ジストロフィー患者のためのチャリティー番組であるジェリー・ルイスのレイバー・デイ・テレソンにジョン・レノンは出演する。ルイスの元相方ディーン・マーティンやフランク・シナトラのほか、ラスベガスのスターが番組のお歴々であることを考えると、おそらくマイク・ダグラス・ショー以上にジョンはこの番組の雰囲気には似つかわしくない存在だった。いつものようにサングラスをかけ、梳かさない髪はあちこちを向いている。最初に「イマジン」を歌い、その後、レゲエ風にアレンジした「平和を我等に」が続いた。ジョンは「いますぐ送金をお願いします」と、視聴者からの電話募金を歌の合間に呼びかけている。

チャリティコンサートに続いてすぐにレノンがテレビ番組に出演した理由については、政府のご機嫌を取るためだという意見がもっぱらであった。しかし、それには疑問がある、とゲイリー・ヴァン・サイオックは言う。主張は一貫していて、計画的に事を運ぶのがレノンという人間だ。世間の厳しい意見が、もう一度ツアーをやりたいというレノンの熱意をくじくことはない。その証拠に、彼は国外退去処分の根拠は自分の平和活動にあると信じていたが、相変わらずその活動は続けていた。バンドのメンバーもレノンも、ツアーをしたくて仕方がないという思いを徐々に募らせていた。マイク・ダグラス・ショー、レコーディング、そしてマディソン・スクエア・ガーデンと、彼らが共演をはじめてから一年。彼らが待ち望んいたものは、ついに実現することがなかった。「当時のおれたちは時速一〇〇〇マイルで驀進していた。永遠にそれが続くと思っていたんだ。だから、なんとか我慢もできた。誰もジョンの在留資格の問題が何年もかかるなんて、思っていなかったからね」とサイオックは言う。在留許可が下りない状態は、息詰まる試練となった。国外退去問題は宙ぶらりんの状態で、レオン・ワイルズによる手続きも、度重なる期限の延長と休廷に合わせて先延ばしにされる。退去処分になる可能性はなくなってきたが、チャップリンのように再入国できない可能性があることを考えると、アメリカから出られない。観光ビザのままではビジネスの上でも制約がありすぎる。レコーディングやライヴはできるが、金が取れないのだ。

優先順位が下げられてしまうと、問題を解決するためのスピードは遅くなる。ジョンは法的な関心の埒外に置かれたも同然だった。裁判の休会と期限の延長によってニュース性が低くなるにつれ、メディアも取り上げなくなる。代理人のワイルズは、先行きの見通しが立たないと感じていた。「撤回してしまうと、軟弱だとの誇りをうける可能性を政府は恐れていたのです。だからそのままになってしまい、ジョン・レノンをどのように扱っていいかわからなかったんです。一度は追い出したいと考えたものの、そういう関心すらなくなっていた、というのが本当のところなんでしょうね」

第7章

いいバンドはいやでも有名になるものさ

"You Can't Keep a Good Band Down"

「この国の大統領がペテン師かどうかを国民は知るべきだ。もちろんわたしはペテン師ではないが」

リチャード・M・ニクソン

ジョン・レノンは、移民局との戦いのなかで絶えず監視されることへのプレッシャーを感じていた。しかし、心配の種はほかにもあった。二年後にレノンが『ローリング・ストーン』に語ったところでは、法的な問題への対応も、仕事が思うようにできないことも、そしてキョーコの居所を突き止めることも、いずれも一筋縄ではいかないことばかりだったのだ。(1)「どれも精神的にも体力的にもこたえるんだ」とジョンは言う。「自分の体を裁判に出席するために移動させないといけないだろ。それも含めて、たとえるなら不断の歯痛っていうのかな。ぼくが仕事をしてないように見えた時期があったかもしれないが、当時はいつも盗聴されてるんじゃないか、後をつけられてるんじゃないかって、とにかく疑心暗鬼になっていたんだ。でも、ぼくの会話が盗聴されているって証明することもできないしね」

この監視下に置かれた生活も、ツアーの計画をたてることができない要因になっていた。マディソン・スクエア・ガーデンでのコンサートの賛否は「次はうまくやる」といったジョンの意欲をさらに掻き立てた。とくにこの年の秋は、絶え間ない「歯痛」がジョンの落ち着きをなくし、苛立ちを募らせることになった。十月上旬、ジョンは『NME』に、自分の音楽性が自己中心的すぎるという意見があるがそれはもはや古臭い考えだ、と語った。「それは、ぼくが彼らが望むような音楽をやっていない、というだけの話だろう。彼らの思考は、昔のぼくがまだそこにいる、という状態で止まってしまってるんだ。何をしているかを考えるんじゃなくて、何をすべきかばかり主張する。まるでどんな服を着るべきか、とか、髪の長さはこれくらいであるべきか、みたいなことを言ってるようなものさ(2)」

アップルから発売するバンドのセルフタイトル・アルバム『エレファンツ・メモリー』のプロデュースなど、果たすべきいくつかの契約があった。十月にアップルが主催したアルバムの発表を祝うプレスパーティーでも、レノンは努めて注目を浴びないようにふるまった。生後六カ月の子象《エレファント》ミニョンがスペシャルゲストとして招かれて会場を歩き回り、「この機会を狙ってやって来たロウワー・イーストサイドのグルーピーみたいに目立っていた」と『ローリング・ストーン』はこのときの様子について書いた(3)。ただ、やはりレノンのアルバムへの関わりは際立たざるをえない。バンドは「われわれがずっと待っていた労働者階級の英雄《ワーキングクラス・ヒーロー》」と紹介された。レコーディングではコーラスとリズムギターの音を入れた程度だったが、もちろん無視することなどできないとはいえ、それが必ずしもバンドのためになることでもなかった。アップル社が企画して、中西部とカリフォルニアへのツアーとイベントが行なわれたが、これにジョンが参加することはできなかった。プロデューサーもアップルも、さほど知られていないバンドのために十分な時間と広報への労力を割くことができなかったと、ベーシストのゲイリー・ヴァン・サイオックは語る。それはジョン・レノンの責任ではなかった。「アップルに所属することになって、最初の一カ月はとても興奮した。でも内部の事情が見えてくるにつれて分かったのは、販促を担当する部署がないことだった。ビートルズの作品が出れば、それは自動的に売れる。でも、エレファンツ・メモリーには広報が必要だった。つまりおれたちは、おれたちの作品を宣伝する部署のない会社に所属したんだ。いい会社なんだけど、ただ作品は売れないということさ」

アルバム『エレファンツ・メモリー』はバンドのメンバーによって作り上げられた。レノンの猛烈なバッキング・コーラスとリズムギターがいくつかの曲で聞こえてくるのに加えて、ヴァン・サイオックの曲「ワイルド・リッジ」ではピアノアレンジも手がけていて、それだけは例外だ。このときの記憶にはサイオックも破顔する。「ジョンはおれの『ワイルド・リッジ』を気に入ってくれたよ。そしてピアノの音を入れようということになった。ジョン、ジム・ケルトナー、そしておれだけで作った曲だ。その夜だけは、ジョンが他のメンバーを家に帰らせたんだ」

アルバム・カバーの写真は薄気味悪いものだ。ヒッピー時代とは対照的に、陰鬱なモノクロの光景が広がっている。ガブリエルによる「ワイルド・リッジ」と「ライフ」を除いて、中心メンバーのスタン・ブロンシュタインとリック・フランクが主に曲を書き、歌詞にはメンバーたちの自伝的要素を盛り込むのがお決まりになっていた。フランクの「ローカル・プラスティック・オノ・バンド」は、バンドの半ば挑戦的な姿勢を提示し、ギターが特徴的な「チャックン・ボー Chuck 'n' Bo」は、バンドがチャック・ベリー、ボ・ディドリーらとの共演後に、レジェンドたらに敬意を表して書かれた作品だ。

楽曲の質とは関係なく、このアルバムの発表の前にバンドの評判はすでに知れわたっていた。一九七二年末頃までに、政治色の濃いバンドの多くはその切れ味を失っていて、例えば「リベレーション・スペシャル」や「パワー・ブギー」に顕著なように、アップルによる「労働者階級の英雄」というイメージ戦略がマーケットでの彼らの立ち位置を難しいものにしていた。しかし、バンドの才能を買う意見もある。『メロディー・メーカー』は「たわごとは聞かずに、音楽を聞け」とアドバイスする。「ウェイン・ガブリエルは流麗なギター・サウンド、スタン・ブロンシュタインはワイルドなサックスを注ぎ込む。『チャックン・ボー』でロケットのように突き抜けるガブリエルの音を、ただ聞けばいいのだ[4]」

　意見が一致するのは、ジョン・レノンがバンドに置いていた信頼が正しいことが証明された、ということだ。ニューヨークのライターたちは、お気に入りのアルバムだと思いたかったが、革命を訴えるロックの有効性については疑問だった。『ヴィレッジ・ヴォイス』のリチャード・ヌサーは、彼らの音がすでに時代が求めるものではなくなっているのではないかと考えていた。「雷鳴のごとき怒りの表現は、四年分遅すぎるか、もしくは早すぎた[5]」。ジョン・レノンがバンドを発見したことについては批評家も総じて好意的だが、アルバムについてはそうはいかなかった。『キャシュボックス』は、「彼らのライヴ・パフォーマンスがもたらした興奮が、スタジオ作品の売り上げにごれほど転換されるが試される試金石となるだろう」として、このアルバムのポテンシャルに疑問符をつけた[6]。

　そして、その「転換」はやはり不十分だった。一時肉迫はしたものの、結局ビルボードのトップ200には及ばず、シングルヒットもなかった。果たして、エレファンツ・メモリーはジョン・レノンによって発掘された。そしてそれは革命のバンドであった。しかしこれらは互いを相殺するような要素でしかなかったのか。ガブリエルは言う。イッピーとジョン・レノンという、ふたつの要素が突如として同じパッケージにくるまれて国民の目前に現れたのだ、と。「ときどき思うんだ。おれたちが政治と無関係なバンドなら、ジェリー・ルービンが関わることもなかったかもしれない。でも、おれたちが普通のバンドだったら、ジョンがおれたちに関心を持つこともなかっただろう。つまり政治的な色がついていたことからこそ、一連の出来事と深く関係しているんだよ」

おそらくヒッピーの時代における大衆向けの音楽のシェアは、とうの昔に飽和状態に至っていたのだ。皮肉な言い回しをするなら、精神性の媒体としてのロックは、すでに終焉を迎えていたのだ。「ロックンロールは『完売』した」とは『ローリング・ストーン』のニック・トーシュの言だが、トーシュはこのアルバムを聴くと、かつてのロックンロールを思い出すほうが誰もが幸せになれると思った、と言う(7)。音楽で政治を動かすことができると考えるのは「まったくもってばかげた」ことなのだ。「エレファンツ・メモリーはただの苛立たしいバンドであり、アルバムもただの古臭くてつまらない音楽」であるとトーシュは結論づけた。「カウンターカルチャー時代のアーティストもそれを取り巻くメディアもいい感じに歳をとり、巨大産業の経済システムに組み込まれたことで、革命は可能だなどと純粋に主張するコンセプトそのものがばかげたものに見えてしまうようになったのだ」。「運動のための音楽」がすでに過去のものなら、ジョンによるエレファンツ・メモリーの祝福は、「ジェリー・ルービンのような色物革命家や、札付きの愚か者デヴィッド・ピールたちと組んだとき」に切り札を出されて負けたことになる、とトーシュは言う。「エレファンツ・メモリーは、偉大な革命共同体の閉店大売り出しで売りだされたバンド、というのが一般的な認識だろう」

エレファンツ・メモリーがどういうバンドであれ、ステージでレノンと共演するにふさわしいミュージシャンはいる、と多くのファンは思っていた。マディソン・スクエア・ガーデンでのコンサートが終わってからレノンにも理解できたのは、結局はある特定の考え方を持つ人間から反発を食らうためにヨーコやエレファンツ・メモリーと共演したようなものだった、ということだ。「その事実を受け入れないといけない。ぼくが何をしようと、ビートルズでやったこと、そして他のメンバーたちのやってることは、いつも比較されているんだ」とレノンは言った。「ぼくがバレエを踊れば、ポールがボーリングをしたことと比較される。けど、ぼくはなにか大きなことを学んだんだ。音楽でチャートの上位を独占させる以上のことを。もし、ぼくの価値がチャートの上位にぼくの曲があるかどうかで決まるなら、ぼくは音楽を諦めるべきなんだろうね」

一九七二年の十一月になると、ジョン・レノンの政治活動への関与は一年前のそれとは形が変わっていた。平和を訴える姿勢に変わりはないし、政治的な歌をうたうチャンスを勝ち取る姿勢も不変だ。いつか、何年後かには、そのときの状況と上手く絡みあって、互いに音楽とことばとを探求しつつ、ジョンとエレファンツ・メモリーの関係も進展しているかもしれないが、しかしまだ法的な問題が山積している。ジョンには当時、切り離して考えることのできない二つのやりたいことがあったという。(8)「一番やりたくなかったのはライヴだった。在留資格の問題による直接的な帰結だ。

七一年と七二年にステージに立ち、やりたい音楽を垂れ流して、結局はそれもやめた」。政治との関わりについては、音楽ジャーナリストを自称し、それが仕事であるかのようにに革命に刺激された曲を書くことと、彼のアーティストとしての展望とが矛盾を来たしはじめていたという。「アートがより重要だと考えるようになっていたんだ。ときごきそのことを自分自身に思い出させていたんだけどね」。イッピーやエレファンツらと活動をしていた時期は、発表した作品の数で言うなら確かに生産的だった。しかし、自分自身で作品を評価する手続きが欠けていたのではないか、という。「どこかで、頭の片隅で考えていたんだよ。おまえはどうしたいんだ、何を探しているんだ、とね。ぼくは、アーティスト以外の何ものでもない。競馬馬じゃないんだよ」

＊

一九七二年十一月七日、選挙の日の夜は、誰に聞いてもレノンにとって最高の夜とは言えないものだった。ニクソンが圧倒的な得票で再選を果たし、〔職権濫用的な〕ニクソニアン・ルールがさらにこの先の四年間も適用となる。これまでの生活と何も変わらないのではないか、と彼が考えたとしても無理はない。あらゆる計画の前途が、先の見えないものになってしまった。

この年の秋、ジョンとヨーコ、そしてエレファンツ・メモリーは、アップルと契約していた三作品の最後となるヨーコの野心的な二枚組アルバム、『無限の大宇宙』のレコーディングのためにスタジオに入っていた。選挙の日ということもあり、その日は早くからレコーディングをはじめていたものの、早々にセッションは終わった。誰にも音楽に集中できなかった。ほかのものにも同じことが言えたが、レコーディングについても、その意味が突然、見失われてしまったのだ。一般投票で六十パーセント以上を獲得したというニクソン陣営の宣言が早々に行なわれ、勝負は決まった。歴史上最も大差がついた大統領選のひとつとなり、マサチューセッツとワシントンDCを除くすべての州で共和党が勝利する。ある世代は敗北感を味わい、そしてジョンは新たな懸念を感じていた。権力者の命令を実行する人間がいるとして、はたして彼らはジョンの退去処分の手続きを進めていくのだろうか？

愛想を尽かしたレノンがレコーディングの中断を宣言したときのことを、サイオックは思い出す。グリニッジ・ヴィレッジでは、ジェリー・ルービンのアパートが憂さ晴らしにふさわしい場所として提供されていた。「みんな凹んでしまってね。スタジオを出る前からかなり飲んでいたよ。普段はあまり飲まないはずのジョンもね。パーティーが散々なものになることは、目に見えていた」

このときの様子はジョン・ウィーナーも『カム・トゥゲザー――ジョン・レノンとその時代』で詳しく語っているし、エレファンツのメンバーもよく覚えている。ジョンが部屋のドアをノックすると「怒りに狂った」ルービンが出てきて、ジョンに悪態をつき、わめき散らしたという[9]。中に入ると部屋は革命家を自称する者たちで一杯になっていた。このときジョンが感じたのは、活動の指導者としてのルービンは、すでに過去の人になってしまったということだった。

そして酒の入っていたジョンが、階級闘争について、そして失われた大義について大声で演説をぶった。他の人間もそうだったが、ジョンはすでにルービンの政治をめぐるお説にはうんざりしていた。それにまたいつもの思いが沸々と湧き出てきて苛立っていたのだ――結局自分は利用されていたのだ、と。こんなやつらのために。

ジョンは言い放った。希望は消えた。お前たちには何もできない。ニクソンや、ニクソンに使われているやつらから自分たちを守ることすらできない。やれるやつはいますぐ名乗り出ろ。命をかけて責任をまっとうする意志があるやつはいるのか。それともあれか、道を示してくれる救世主が現れるのを、お前たちはただ待ってるっていうのか。

あなたなんだ、とそこにいる人びとは言った。あなたが救世主なんだ、と。スタン・ブロンシュタインも、運動に命を吹き込めるかどうかはあなた次第なのだ、と諭した。「なあ、ジョン。みんなあんたの言うことを聴いているじゃないか」

一縷の望みだった。ビートルマニアの声がこだまする。そういえば彼らは初めから音楽以上のものをビートルズに求めていたではないか。かつて、病気や障害を抱えた子どもの親たちが自分たちの子どもを楽屋に連れて来て、ビートルズのメンバーたちの力に希望を託すべく、この子たちに触れてくれと頼んだことがよくあった。ひょっとしたら、その力が希望を希望以上のものにしてくれるかもしれないと信じて。

そのビートルズのリーダーであるジョン・レノンは、彼の世代のすべての人にとっての答えを持っているはずだ。そう願ってはなぜいけないのか。口々に声があがった。服は何を着ればいい？　髪の長さは？　どんなクスリならやっていい？　どんな宗教なら信じていい？　ニューヨークではただ一人の人になりたかった。しかし、やはり無理なのだ。彼は、ジョン・レノン。エンターテイメントの世界で活躍した、歴史上もっとも影響力のある人間だ。活動家たちは誰もがおしなべて一過性のものではない支援を求めていた。ジョン・レノンがより良い未来に向かって進む人びとを導くリーダーになってくれたらと、誰もが願っていたのだ。ただ、レノンにしてみれば、これまで彼の時間を、金を、名声を、ルービンや他のイッピーたち、そしてジョン・シンクレアに分け与えてきた。しかしその見返りが、電話が盗聴され、国外追放の瀬戸際に立たされ、生活が四六時中監視のもとに置かれることだった。レノンは叫んだ。これまでとは違う方法を模索しないといけない、と。しかし、「ぼくの言うことを誰も聞いてなかったよ」と彼は顔をしかめた。

レノンにとって、良い酒ではなかった。このときの状況は、思い出すのも虫酸が走る、とサイオックは言う。「ジョンが不満をぶちまけて、誰にも手に負えない状態だった。正直、逃げ出したかったよ」。真夜中過ぎには人もまばらになってきた。女といちゃついていたジョンがベッドルームに入っていく。その場にいた者はみな、部屋の中から聞こえてくる物音に気づいていた。ヨーコにすら。ブロンシュタインがその音をかき消そうとラジオの音量を上げた。ガブリエルはヨーコの隣に行くと、涙を浮かべたヨーコの目をサングラスでそっと隠し、その醜いパーティーが終わるまで他愛もない話で時間をつないだ。

さらに四年、ニクソンがこの国の大統領であり続ける。レノンはアメリカにいられるのか。ヨーコとの、あるいはエレファンツのメンバーたちとの関係はどうなるのか。そしてレノンの音楽は、レノンのメンタルは大丈夫なのか。もはや誰にもわからなかった。

*

『サムタイム・イン・ニューヨーク・シティ』はジョンとヨーコの共作といえるものだったが、『無限の大宇宙』はヨーコのソロアルバムである。ジョンはプロデューサーに徹し、音の面ではバックコーラスとリズムギターで支えるのみだった。選挙によって中断されたレコーディングだが、その後も数日間は、レノンがひたすらヨーコに謝罪する時間に費やされた。ニューヨークのレコード・プラント・スタジオで大半の曲が録音されることになっていたが、レコーディングは進まず、エレファンツ・メモリーはカリフォルニアでいくつかのステージに立つために感謝祭にはいなくなり、ジョンとヨーコはアルバム制作に必要なセッションのために西海岸に向かうが、道すがら、キョーコを探しにテキサスに立ち寄るための時間を費やした。

エレファンツのメンバーたちは、フェミニストのヨーコが書くことばを乗せるために、ブルースを基調とする自分たちの音を作る作業を楽しんでいたようだ。ゲイリー・ヴァン・サイオックは、ヨーコが「一緒に仕事をしたなかでも最も興味深いアーティストのひとり」であると言う。それまでの実験的なアプローチを修正し、よりポップなアプローチで臨もうという意見もヨーコの発案で、ジョンの意見ではなかったとのことだ。「おれたちのバンドの音に合わせるために、曲の構造はかなり変えたんだ。楽しい仕事だったね。最終的に理解できたのは、ヨーコは自分がどんなものを創りたいかについてのビジョンをしっかりと持っていた、ということだったよ」。

ジョン・レノンは、『無限の大宇宙』のサポートに他のミュージシャンを選ぶこともできたが、彼はエレファンツ・メモリーがふさわしいバンドだと信じていた。「ヨーコ・オノのフェミニストソング」というフェミニスト音楽批評を書いたカリオペ・カーツは、このバンドにはヨーコとジョンのふたりの期待に応えられる力があると考えていた。(10)「ジョンは、ぼくたちを信頼してくれていた。その頃までにはいろいろと経験も積んでいたしね。ヨーコも同じだった」

エレファンツのメンバーたちは、ロサンゼルスではセンチュリー・プラザ・ホテルに滞在した。陽光輝くカリフォルニアでは楽しい時間を過ごしたようで、感謝祭に家族といられない寂しさを、五十人以上を招くパーティーを繰り広げることで紛らわせていた。サイオックは「ローリング・ストーンズ以上に支払いのツケを溜めている唯一のバンド」と、自分たちのことを誇らしげに語った。

アルバムの数曲にはジョンの声やギターの音が入っている。しかし、彼らの関係がもう終わりに近づいていて、この先同じステージに立つこともないことは、みんなに分かっていた。ジョンは、ひとりの友人としてサポートするために、彼らと一緒にいたのだ。ロサンゼルス・コロシアムでのショーのラインアップは、ビージーズ、シェール、スライ・アンド・ザ・ファミリー・ストーンといった錚々たる面子にエレファンツ・メモリーも加わる。エレファンツのまわりにちらつくジョン・レノンの名前のせいか、観客も盛り上がりを抑えられない。サイオックは振り返る。「結局、ジョンとヨーコが音声でおれたちを紹介してくれたんだ。観客は熱狂していたよ。最初から、というか、音を鳴らす前からすでにノッていた、というところかな。とにかく、最高だったよ」。ジョン・レノンも来たがっていた、たぶん一緒にプレイしたいと思っていたはずだ、と言うのはサイオックだ。しかし、エレファンツ・メモリーがカリフォルニアに滞在していた五週間というもの、ジョンとヨーコはテキサスとニューヨークのあいだを奔走し、キョーコを探していたのだ。ロサンゼルスに滞在できる期間は限られていて、結局エレファンツとの共演はかなわなかった。

ジョンとエレファンツ・メモリーは袂を分かった。結果は必然、とは言えなくとも、おそらくは互いにそうする必要があったのだ。彼らが行くところにはつねにジョン・

レノンという名前がつきまとう。他のバンドは決して経験しないことにも彼らは傾注しなければならなかった。彼らのアルバムについては、批評家の評価も決して低いわけではなかったが、メディアの注目はめぐりめぐってジョン・レノンのところにたどり着いてしまう。とくに若い三人のメンバーは、音楽で飯を食うことにまったくもってやぶさかではなかったが、ブロンシュタインとフランクにとっては、有名になることは魂を売りわたすことでもあり、ジョン・レノンへのリスペクトも、スターのご機嫌をとることは許せないという感情とのせめぎ合いだった。だからといって友情を蔑ろにしたいわけでもない。つまり、彼らの個人的な感情と、彼らの関係が終わってしまったこととは、なんの関係もない、ということだ。

同時に、バンドの政治的アイデンティティも消えていく。フランクは、ジェリー・ルービンとの関係が彼らの将来に及ぼす影響が大きすぎると考えた。すでにジョン・レノンとイッピーたちとの関係は、相当に冷え込んでいたのではあるが[11]「もはや社会運動は存在しないんだ」とフランクはうそぶく。「そのためにおれたちは煙たがられた。政治に関わるような真似はしたくないし、いまはまったく関係もないけどね」。見てみるがいい、いがみあってばかりじゃないか。ブラックパンサーじゃあれヤングローズであれ、誰かのために何かすると、別の誰かが悪口をたたくんだ、とフランクは不満を漏らした。「フェミニストはおれたちを『マッチョな性差別主義のろくでなし』と呼ぶ。ああそうかい、てなものさ。でも、そういうものなんだよ。社会運動っていうのは」

フランクとブロンシュタインは『ローリング・ストーン』誌に、「プラスティック・オノ・バンド以上に」活躍したいと語った。しかし将来の展望は見えないままだ。ガブリエル、サイポリ、イッポリートら若手にとっては、いまがまさに絶好のチャンスだ。『キャヴァリア』誌のレニー・ケイ〔のちのパティ・スミス・グループのギタリスト〕は、中心メンバーのブロンシュタインとフランクがこの機会をなぜ利用しないのかと不思議がる。「エレファンツ・メモリーは奇妙なバンドである。プライドが高いのか頭が硬いのか、ジョン・レノンのスター性に喜んであやかって何の問題もないはずなのに、彼らは自分たちが誰のものでもなく、自分たちのものだというスタイルを、断固として保ち続けてきた」[12]

一九七二年も暮れようとする頃、『無限の大宇宙』のレコーディングは終了した。アップルと契約した三作品の最後となる本作も、バンドが成功するきっかけにはならなかったようだ。一九七三年一月に発表されると、ビルボード・チャートでは百九十三位に留まり、続いて予想通りの手厳しい評価がちらほら届いた。バンドへの評価は上々だが、しかし問題はやはりヨーコの声、というのはいつものことだが、フェミニズムのみならずコマーシャルなテーマへの色気が見える歌詞の内容についても、異論があがった。関心を払う批評家がほとんどおらず、いたとしても好意的な評価はほとんどない。いつの時代か、ヨーコの音楽が評価されるときがくるだろうと、ジョンももはや諦めの気分だった。果たして、B‐52sのようなポストパンク・アーティストたちが、後年、彼らのユニークなサウンドの源流にヨーコの作品も含まれていることを公言することになるのだが。『ローリング・ストーン』のニック・トーシュが強調するのは、自由と愛を語るときにスピリチュアルな雰囲気を用いる方法論そのものが、すでに時代錯誤のものとして受け止められる時代に入っている、との見解だ[13]。「この表現の目的は何なのか」とトーシュは戸惑う。「一九六八年にはすでに、この類のものは消えてしまったのではなかったか」

『無限の大宇宙』を以って、ジョン・レノンとエレファンツ・メモリーの共演には幕が降ろされた。いまだジョンの在留許可の問題が未解決のままで、ツアーの詳細について考えることすらできない。もう、ジョンとの時間は終わりだとサイオックは悟った。「完全な休止状態に至った」とヴァン・サイオックは言う。数十万ドル分の機材は送られてきたが、これからの収入の目処が立たない。「数週間というものはジョンの給料を稼いでる、という感じだったかな。包括契約にはニール・セダカとの仕事のリハーサルも含まれていたんだ。アップルも、これからも毎週おれたちに報酬を支払い続けるのはばからしいと思ったんだろう。手綱を切って、自由放免の身分ということさ」

ニューヨークに戻ったエレファンツ・メモリーだが、ある春先の朝のこと、全メンバーの家に宅配業者がやってきて、いかにもといった仰々しさの、蝋で封印された書類が届けられた。「これが分かれ目」であることが滔々と説明された、五枚にわたる手紙だった。ジョン・レノンからのものだ。この手紙の快活さ、優雅さ、ユーモアを、サイオックは懐かしく思い出す。君たちとの共演が終わってしまうのは本当に残念だが、これからも頑張り続けてほしい、いつか世界を席巻することは分かっている、とバンドを励ますジョンの言葉があった。「良いバンドはいやでも有名になるものさ」。そして、在留許可の問題と会社の都合でしばらくレノンはロサンゼルスにいる、とのことだった。「包括契約のまま君たちを会社にとどめておくことが難しいんだ。それに、ツアーの予定も決められない。ぼくと仕事をした時間が楽しいものだったことを願うよ。これからの仕事に、ぼくとの経験が役立てばうれしい。また、そのうちにね。

ジョン、ヨーコ」

＊

一九七三年三月、ジョン・レノンに対して六十日以内に国外退去とする旨の命令が再び下された。[14]処分の根拠となる動機の有無がもはや定かでないにもかかわらず、法的に彼を追い詰める手続きは前に進められようとしていた。FBIはすでに捜査を終了していた。前年十二月の最終報告では、イッピーたちに「振られて」関係を断ったことが記されている。「被疑者が革命運動を行なっていないこと、またおそらくニューヨークの活動家たちが彼を拒絶した可能性があることから、ニューヨーク支局として標記の件についての捜査を終了することとする」

しかし国外退去の手続きについては、自動的にことが進められるシステムに組み込まれてしまっていた。お役所仕事の非効率性も手伝い、この手続きを開始した政府が存続するよりも長くかかるかもしれないのだ。この件については関係する政府職員が総出で、それぞれの役職の立場でなんの情報をいつ知ったのか説明するのを聞きながら、移民局ニューヨーク地区局長のソル・マークスは、あの愛すべき文化人をアメリカから追い出そうとする試みに自分が関与していることの居心地悪さを感じていた。本当は政府もそれを望んでいないかもしれないが、政府には彼を国外退去させることができる、と三月二十四日の記者会見で語った。マークスは、一九六八年にレノンがマリファナ所持によって逮捕されたことがこの処分の理由であることを強調するが、いっぽうでこれは長い手続き処理の一段階にすぎず、この命令が必ずしもジョン・レノンの即時退去の必要性を意味しているわけでもない、と発言した。「このさき何年間かは適正な手続きを踏むことで、アメリカに留まることが可能かもしれない」
この命令には付帯条件があった。もしジョン・レノンが自発的に国を離れるのであれば、一九七一年に来たときと同一のビザでの「再入国は許可されるかもしれない」が、それはマリファナの件での有罪判決に対する免除措置が実行された場合である。つまり、正しい措置を行なっている移民帰化局とニクソン政権を信用してしばらくは国を離れなさい、という事実上の命令が下されたのである。この件はメディアが大きく取り上げ、レノンのこのことばも多くの人びとのもとに届くことになった。「四回目の結婚記念日をつい先日お祝いしたばかりなんだ。違うベッドで寝る用意は全然できていなくてね」

レノンも自身の主催による記者会見をニューヨーク市弁護士協会で開いた。スティムソン・ルームに集まったニューヨークの弁護士陣の前に現れた彼の胸につけられたバッジには、「狂ってなんかないよ《ノット・インセイン》」の文字が見える。レノンは言葉を選んで切り出した。「アメリカで大急ぎで稼いでは自分の国に戻る。そういう考えはぼくにはないんだ」。そして、アメリカを愛する、とくにユーヨークを愛する気持ち、自由というアイデアを大切にする気持ちを教えてくれたのは、妻のヨーコなのだと続ける。ヨーコと代理人のレオン・ワイルズが同席していたこの日の会見でジョン・レノンが宣言したのは、ある国家の誕生だった。名前は「ヌートピア」。ジョンとヨーコがその国家の初代大使を務めるという。国家樹立を宣言する「ヌートピア宣言」には、国外退去をめぐるこれ以降の審問からの免除をジョンに正式に認める文言が含まれていた。

われわれはここに、理念的な国家であるヌートピアが建国されたことを発表する。

この国の市民権は、ヌートピアを認知したと宣言することによって取得できる。
ヌートピアには土地や国境やパスポートはなく、ただ国民が存在するのみである。
ヌートピアには、宇宙の法則を除いて法律はない。
ヌートピアのすべての国民は、国家の大使である。
国連にたいしては、ヌートピアのふたりの現大使の外交特権と国家の承認を要求する。

この日はエイプリルフールだった。宣言文書には、「ホワイト通り一番」というヌートピア大使館の住所が記されていた（思いつきで決められたのかもしれないが、一八〇〇年代の建造物がならぶトライベッカに実在する住所で、四十年後のいまでもヨーコ宛に平和を支持する手紙が届けられる場所である）。ジョンはヌートピア国旗である白のハンカチを揺らし、明らかにジョークながら、しかしすべてがジョークとも言えないような、このちょっとした劇場ドラマは幕を下ろす。
白旗を振り、降伏のポーズを示したかに見えるが、レノンは諦めていなかった。その後、〔再退去命令から〕六十日が経過したが、彼はまだアメリカの土を踏んでいた。以前と違ったのは、彼の周りにエレファンツ・メモリーのメンバーや活動家たちの姿がなかったことだ。一九七三年四月には、ジョンとヨーコはセントラル・パーク西七二番通りのダコタ・アパートの住人となった。『ローズマリーの赤ちゃん』をはじめとして、数々の映画の背景にも登場するこの建物の住人リストに含まれるのは、ロバータ・フラック、ローレン・バコール、レナード・バーンスタインなど数々の著名人だ。さあ、環境が変わり、新しい生活がはじまる。あとは、監視される生活が過去のものになることを望むだけだ。

＊

怒涛のような混乱は前の年のものとして、引越し後のジョンとヨーコは比較的目立たない生活を送ることができた。

三月のはじめ、ジョンが取材陣とともに外出する光景が見られた。民主党上院議員サム・アーヴィンの厚意により、ウォーターゲート事件裁判の証言をかぶりつきで傍聴する機会を得られたのである。アーヴィンはウォーターゲート裁判でニクソンと政権関係者を追及したキーパーソンでもあり、しばしばワシントンを訪れていた[15]。

六月下旬、ジョンはこのときのことについて、「歴史的なウォーターゲート公聴会を訪れる機会を与えていただき大変感謝しています」とアーヴィンに礼状を書いている。「テレビなどでも動向は追っていましたが、やはり『本物』に勝るものはありません。挨拶もできずその場を立ち去り、申しわけありませんでした――急いで逃げ出す（！）必要がありましたので。お目にかかりたかったのですが、ほかに重要案件がご山積のあなたさまにお時間を取らせてしまうのは忍びなかったものですから。ぜひまたの機会にお目に書かれることを願っております」

七月、雑誌『ミズ〔Ms.〕』の創刊一周年を祝うパーティーにジョンとヨーコは出席する。しかし、ハドソン川とイーストリバー沿いにマンハッタン島を周遊する船上で行なわれたこのパーティーに招かれたゲストたちは、ふたりが出席していることにほとんど気づかなかったようだ。

公の場に数回は姿を見せたレノンだが、夏のほとんどの時間は次回作『マインド・ゲームス』のレコーディングのために費やされていた。レコーディングは七月と八月にかけてレコード・プラント・スタジオで行なわれた。ヌートピアの記者会見以降はインタビューも散発的なものにとどまり、アルバムのプロモーションがはじまる秋になってようやくは公の場での発言が増えた。

このアルバムで、レノンは再びソロ名義のアーティストに戻ることになった。フィル・スペクターをプロデューサーに迎える案もあったが、結局はセルフプロデュースとなり、ギターにはデヴィッド・スピノザ、ドラムには旧友のジム・ケルトナーを起用。プラスティック・オノ・バンドもエレファンツ・メモリーも現れず、ヨーコの名前もクレジットされなかった。去年十一月の一件以降の、ジョンとヨーコの関係が臨界点に達した時期でもあった。ジェフリー・ジュリアーノの『ジョン・レノン――アメリカでの日々 *Lemon in America*』には、レノンがこのアルバムについて「躁病的に政治へと身を投じた自分が、再びミュージシャンに戻るための暫定的な作品だ」と説明したことが記されている[16]。『マインド・ゲームス』では政治的なテーマは極力避けられ、音楽ジャーナリストにふさわしいテーマを扱った曲はほとんどないが、「ブリング・オン・ザ・ルーシー」はジョン・レノンによる最後のプロテスト・ソングだとされ、歌詞には自らの政治への関与を終わらせようとする意志が明白である。

ぼくらは囚われた　両腕を挙げて
失望はしなくていい　誰もが疑心暗鬼なんだ
怖いときでも　愛があればがんばれるよ
だから　祈りを捧げるように　叫ぶんだ

ここまでのレノンの経験や発言を最大限に斟酌すれば、この歌詞には字義以上の含蓄があると解釈する批評家やファンがいるのも当たり前だ。しかしレノンは、「インテュイション」という曲でそのような解釈をしばしば否定する。この歌では、アーティストと活動家、双方の自分の役割を説明しただけだ。「ぼくの意図は良いものだ、そう直感したから、流れに身を任せたんだ」

ただ、『マインド・ゲームス』は、社会運動や革命、そして活動から得られた教訓などについてのジョンの考えが表現された最後の作品だとも言える。このアルバムのタイトルソングの初期タイトルは、歌詞中の最後のフレーズ「愛しあおう、戦争はやめて」だった。しかしこのフレーズがすでに使い古されたフレーズであることも、ジョンには分かっていた。この頃までに経験したさまざまな苦悩から逃れ、明るいメッセージとともに聞こえてくるのは、ビートルズ解散後のジョンの、最高の歌声のひとつである。「呪文だと言う人もいるよ」とジョンは誇らしげだ。「まるで聖杯でもさがしているみたい、ってね」。反逆の怒りを超えた、前向きで楽天的なエネルギーがそこにある。「答えは、そう『イエス』だ」。そして歌詞が紡ぎだすのは、一貫したビジョンである。「この地上で平和のマントラを唱えよう／いまこそ未来を信じるときだ／平和と愛を高らかに讃えながら」

十一月にこの曲が発売されると、批評家とファンには好意的に受け止められた。しかしアルバムについては概して『サムタイム・イン・ニューヨーク』と同様の反応が見られ、例えば『ローリング・ストーン』誌は「このアルバムには最悪の曲も混ざっている」と書き立てた。しかし売上は上々で、アルバムはトップテンに、タイトルシングルも二十位以内に食い込むなど、ジョンに久々のヒット作をもたらした。批評家も、今回ばかりは演奏に参加していないヨーコを標的にすることはできなかった。ただヨーコの影響は、日本語で謝罪を意味する収録曲「アイスマセン」に見られる。もちろんこの曲には、選挙の夜にジェリー・ルービン宅で起こった悲劇に対するジョンの謝罪の気持ちが表れている。

この謝罪も傷ついたふたりの生活を癒すものではなかったが、『マインド・ゲームス』が店頭に並ぶ頃にはジョン・レノンは西海岸に戻り、活動のための気力もなく疲れた体を癒やした――ツアーの準備さえできないまま。すでに十月となり、ジョンとヨーコは期限を定めない別居に同意していた。結局、ふたりが再会するまでには一年以上の時間が必要となるのだが。

＊

アルバム制作も一段落ついてカリフォルニアに戻ったレノンだが、在留資格の問題の先行きは決して明るいものではなく、陽気な太陽がジョンの気分を晴れやかにするものでもない。ただ、のちにジョンが「失われた週末」と呼ぶこの時期、事態は動きはじめていた。

一九七三年十一月、リチャード・ニクソン大統領は、政権を取り巻く数々の問題や疑惑に対してなんらかの対応をする必要に迫られていた。そんななかニクソンは、AP通信の記者との会見で、ウォーターゲート事件についての質問に答えている。このとき彼の口から、アメリカ政治史上もっとも繰り返し引用される発言が飛び出す――ニクソンは公職にある自分がこれまで私的に利益を得たことは一度もないと言う。国民に嘘をつくことも、正義を妨げることも絶対にやっていない。そして「この種の調査は歓迎します。なぜなら、自分たちの大統領がペテン師かどうかを国民は知らなければならないためです。もちろん、わたしはペテン師ではありません」と言ったのだった。ユーモアが理解できる人間にとって、これはご腹を抱えたことはないだろう。「ペテン師ではない」というフレーズは結局、その後数カ月にわたって繰り広げられる国民的コメディショーのオチとして、最大限の効果を発揮することになるのだ。

レノンにとって、ニクソンがあらゆる否定的感情の対象でしかないことは明白だ。しかしこのときレノンは、政治的な歌を作る興味を――社会運動のためのことばを紡ぐことに対する興味を失ってしまっていた。語るに値する運動は、もはや存在しない。なのに、彼の行く手には数々の問題が山積している。音楽も、政治も、ビジネスも、どれも重要だ。しかし何よりも重要なことがある。ヨーコだ。この数年、家にいようと外出しようと、四六時中時間をともにしてきた妻と、いま別れて暮らしているのである。

後年レノンは、ニューヨークを逃げ出して別居に至った経緯について、「ある友人が言うには、ぼくは外でコーヒーを飲んで新聞を読んでくると言って外に出たまま、帰ってこなかったらしい」と説明している。(18)「誰が関係を壊したか、じゃない。ただ、壊れてしまったのさ」。このとき彼と一緒にいたのは、それまでも彼の支えとなっていた〔ヨーコの秘書の〕メイ・パンという女性だった。そもそもパンをレノンの元に遣ったのはヨーコなので、西海岸で彼が自由気ままにやっているあいだの夜のお相手の代役というわけだが、約一年に及んだ別居期間中、レノンが他の女に手を出さないかを監視するお目付け役でもあった。一流のロックンローラーだけが楽しむことのできる独身さよならパーティーがいささか長引いた、とでも説明すればいいのか。この時期のことについてはレノン自身もたびたび語っている。ほんの一例をあげれば、ロサンゼルスのバー「オン・ザ・ロックス」では、ハリー・ニルソン〔当時人気絶頂だった合衆国出身のソングライター〕やキース・ムーン〔ザ・フーのドラマー〕ら酒豪で名高いアーティストたちに加わり、仕事の話もそこそこに夜ごと盛大などんちゃん騒ぎが行なわれたのだった。

そして十月、係争中の裁判の経過を横目にレノンが制作に臨んだのが、自身の原点となる音楽を祝福するアルバム『ロックンロール』だ。マイク・ダグラス・ショーでのチャック・ベリーとの共演からほどなくして、ジョンの「カム・トゥゲザー」がチャック・ベリーの「ユー・キャント・キャッチ・ミー」に似ている、「おんぼろの航空母艦が来た」というフレーズまで同じだとして、訴訟が起こされた。裁判は一九七三年まで続き、最終的にはチャック・ベリー側が出版権を持つ「ユー・キャント・キャッチ・ミー」などをジョンが次のアルバムでカバーする、ということで結着していた。確かに動機は残念ではあるが、つねに最先端を行く名曲を求められてきたジョンにとって、古き良きロックンロールをただ楽しむことができる機会が絶好のタイミングで訪れた、と言える。「芸術的な深淵を求めるのに、疲れていたんだ」

と、ジョンはこのときの心情を思い返している。[19]「楽しんでもいいはずだ。そう思ったよ。自分の心の奥底を歌いたいとは思わないときだってある。そういうときはロックンロールを歌うんだ。なにせ、ぼくの出発点だからね」。このアルバムに収録されたジュークボックス時代の名曲は、次の通りだ。まずはバディ・ホリーの「ペギー・スー」。リトル・リチャードの「スリッピン・アンド・スライディン」を歌うジョンは、まぎれもないロックンロールの正統派シンガーだ。他にも「ビー・バップ・ア・ルーラ」、「エイント・ザット・ア・シェイム」、「スウィート・リトル・シックスティーン」や、ベン・E・キングの名曲にジョンの個性が上書きされることで、このアルバムで最も有名になった「スタンド・バイ・ミー」が続く。

そもそも、『ロックンロール』というアルバムが実際にリリースされるに至った経緯が語り草だ。ジョンはプロデュースをフィル・スペクターに任せたのだが、当時このプロデューサーの奇行は度を超えていた。ある日などは外科医のいでたちでレコーディングに現れたかと思うと、ジョンの至近距離でいきなり拳銃をぶっ放し、防音タイルの天井に穴を開けた。これにはジョンもさすがに肝を冷やし、「あんた、ぼくを殺すならいくらでも殺せ。でも耳だけは勘弁だ。ぼくには死んでも必要なものなんだぜ!」と叫んだという。[20]なかなかレコーディングが進まないうえ、一九七三年の終わり頃までに収録が済んでいた音源とともにスペクターが失踪する。そのまま翌一九七四年三月にスペクターが自動車事故で御用になるまで、彼の所在はつかめずにいたのである。その後、レノンはニューヨークでアルバムの完成に向けてレコーディングを再開するが、チャック・ベリー側の出版権者が音源の使用を主張してレコードを発売し、訴訟となるなどの問題が続発した。ようやくこのアルバムが陽の目を見たのは、一九七五年のことだった。

レノンのわが家ともいうべきロックンロール。演奏したいときに演奏することが、当たり前のものだったはずなのに、愛すべきわが家を形にすることに長い時間と多大な労力が費やされてしまった。南カリフォルニアのスタジオを出れば、レノンには酒浸りの日常が待っていた。「オン・ザ・ロックス」での楽しい酒盛りにはじまり、ミュージシャンや映画スターが集うパーティーで酔いつぶれ、プールサイドに寝そべる。そして気ままなはしご酒。ただただ本能に従うだけの毎日だった。

しかし意外にもこの頃はレノンの仕事が捗った時期でもあり、その仕事のひとつにはニルソンの『プッシーキャット』のプロデュースも含まれている。この頃、リンゴも一時ハリウッドでの生活をジョンと楽しみ、そこに数日、ポール・マッカートニーの名前が加わったものだから、ひょっとして、と誰もが噂しはじめたのは無理もないことだなのだろう。

ポールがロサンゼルスに滞在したのは数日間だけだったが、おそらくはヨーコ抜きでジョンに会えるチャンスを見込んでのことだった。――一九七四年三月、『プッシーキャット』の制作のためにバーバンクのレコード・プラント・スタジオで指揮を取っていたジョンのもとを、ポールとリンダが不意に訪れたのだ。ジョンのプロデュース作業はたちまちその意味を失い、一瞬あたりは静まり返った。ニルソン、スティーヴィー・ワンダー、そして熟練のスタジオミュージシャンたちが同じ空間にいながら、元ビートルズのふたりだけを取り囲む何か特別な雰囲気が漂っているようにみえた。クリストファー・サンドフォードの『マッカートニー』によれば、スタジオの空気が一瞬凍りついたという。そこにジョンが、イギリスのラジオ番組で若かりしビートルズが演じたクリスマス劇からのセリフ「やあやあ、そこにおわすは勇敢なポール・マッカートニー殿」を投入し、場が和んだという。[21]「かく言うおぬしこそジャスパー・レノン殿」と、ポールも同じラジオ劇のセリフで切り返す。暖かな、しかしふたりを注視する観客の視線によって抑制された雰囲気のなか、彼らは握手を交わしている。[22]

ビートルズを結成し、叫ぶファンに追い回され、栄光を経験し、悲しみを乗り越え、妻を娶り、そしていまや終わりなき訴訟に悩まされる、そうしたすべてもろもろの出来事が起こる以前、ティーンエイジャーだった頃のふたりがいつもそうしていたように、彼らはいくつかのオールディーズを即興で演奏する。ポールはドラム。ジョンはギター。明白なのは、彼らが袂を分かった理由は音楽ではない、ということだ。この怒涛のジャムセッションではB・B・キングの「ルシール」とサム・クックの「キューピッド」に加え、「ブルージー・ジャム」と呼ばれる曲や、「スタンド・バイ・ミー」も二度プレイされている。数年後に、コカインのやり取りを暗示する『ア・トゥート・アンド・スノア・イン・1974』という海賊盤《ブートレグ》として陽の目を見たこの即興のセッションだが、もちろんふたりはこの様子が人びとの耳に届くものとは考えておらず、スタジオに展開されたのは、お互いへの暗黙の期待だけを頼りに繰り出される、あやふやな音の記憶の再現だった。楽しい時間ではあった。しかし、未来につながる何かが生まれる場所ではなかった。

メイ・パンは、パティオに座るジョンとポールの写真を数枚撮影した。カリフォルニアの明るい日差しをさえぎるために、手を目の上にかざすふたりの写真だ。人の目を気にする様子もなく、くつろいだ時間を過ごしているように見える。ジョンは本当の友人を必要としているのかもしれない——このときの直感についてポールが明かしたのは、ずいぶん後になってからのことだった。

*

パーティーの日々は、ジョン・レノン自身が自分を制御不可能なものにしてしまっていた。ヨーコと別れて暮らす自由が楽しいものであると気づいたのは確かだ。ただ、いよいよレノンの行き過ぎた行動が目立つようになり、ついには奈落の底に引きずり込まれてしまった。「もう、狂気しかない場所になっていたよ」とのちに彼は語っている。「そして気がついたのは、ほかでもない、ぼくにその責任がある、ということだった。ヨッパライの狂人集団がどんなおかしなことをやるんだろう、というのを周りも面白がって期待していたんだな」(23)

やがて「失われた週末」期も終焉し、ジョン・レノンはニューヨークへと帰ってくる。しかし、ヨーコとの復縁はまだしばらく先だ。一九七四年夏、この六年間に作っていた曲を集大成した『心の壁、愛の橋』のレコーディングを開始する。このアルバムについてまずジョンが決めたのは、銃を振り回すフィル・スペクターには依頼せず、ニューヨークのレコード・プラント・スタジオでセルフプロデュースすることだった。このアルバムに通底するテーマは、ヨーコとの別居とカリフォルニアでの自堕落な生活だ。ヨーコが、そしておそらくは他のビートルズのメンバーが自分の側にいないことの寂しさを感じていた。のちに英BBCの音楽番組『オールド・グレイ・ホイッスル・テスト』に出演した際に語っていたのは、周囲からのプレッシャーではなく、周囲が何でも受け入れてしまうことの弊害だった。ニルソンやキース・ムーン、そして周囲の誰もレノンのふるまいを注意しなかったという。ヨーコや元妻、もしくは元ビートルズのメンバーが側にいた頃は、「わかったジョン、いいから黙れ、と、誰かが言ってくれていた」ことに、彼らがいなくなってから気がついた。「でも当時は、『黙れ』と言ってくれる人間が回りにいない。どんどん前に進んでいってしまったんだ」

この時期が長い二日酔いとも呼べるような状態であったことは、収録曲「愛の不毛」で語られる、あるろくでもない夜の回想からもわかる。その日はトルバドゥールというロサンゼルスのクラブで飲んでいたのだが、夜中の三時にストリートに飛び出して乱痴気騒ぎをはじめた。しかしそのろくでのなさは自己憐憫に由来する。この曲の歌詞でレノは、本当の友人や本当の心の安寧はどこに行けば見つかるのだろう、と聴衆に問いかけている。「誰にも愛されていないし／心は傷だらけだ」とジョン・レノンは歌う。めちゃくちゃな行動は若さの再現ではない。ただ、自分が歳をとったことを痛感するだけだ。「誰にも愛されていないし／齢を重ねたいま、髪は白い……／でも、ぼくはきみにすべてをさらけ出してきたんだよ／何も隠してなんかないんだ」。これは堕ちたアイドルによる独り語りなのだ。「地中六フィートに埋められてしまえば、みんなが愛してくれるようになるさ」

＊

待ちくたびれたレノンは攻勢に出た。カリフォルニアでの放蕩しているあいだも、在留資格問題の進展は芳しくなかった。一九七四年初頭、政府のジョン・レノンに対する国外退去の手続きが「非優先的」に進められるものであることは確認された。これによって、多くの山積する手続き上の問題に適切に対応するための時間が用意できたことになる。代理人のワイルズは、「非優先的処理のために必要となる文書を要求した」とし、「これはわが国の法令規則の埒外で考慮される、あくまでも人道的な観点から行なわれる手続きである」と説明する。

ワイルズが関わってきた案件の中には、薬物使用や殺人、レイプなど複数の有罪判決を受け、即時強制退去処分の条件が十分に揃いながらも、困窮や家庭事情などによるやむを得ない理由によって国内に滞在せざるを得ない必要があるものも多く、ワイルズはその許可を求めるための手続きにたびたび関わってきた。この不服申し立てを行なうことを政府側の検察官に説得できたとき、ワイルズは、やれる、と手応えを感じたという。「その検察官は言ったんです。あなたのクライアントの目的には反するでしょうがそうすべきだ、と。外国人を退去させる政府の能力には制限がある。つまり、問題の深刻さが退去の基準なのであって、ただ迷惑だという人物を退去させることはできません。ぐずぐずと手付かずのままだった理由も、実は誰もどうしていいかわからない、というのが本音でした。その検察官は、手続きを進めるべきだと考えたわけです」

そしてこの手続きを進めるために、ワイルズは長期にわたる厳しい闘いを迫られた。ジョンの退去処分の裏に隠された真の動機を語る資料や連絡文書などを手に入れる必要があったのだ。「戦略的な対抗手段」として有効だと当局が認識していたことを示す、ジョンの退去処分のアイデアが発案された時期にストロム・サーモンドによって書かれたカバーレターなどは、そうした資料の一例だ。そして調べを進めるうちにワイルズが確認できたのが、共和党大会の妨害計画とジョン・レノンの行動を関連付けようと試みる上院国家安全委員会の報告書である。

一九七四年十月、ワイルズは法廷に異議申し立てを行ない、手続きを再開させる。そして、法を破ろうとしていたのはこのロックシンガーではなく、政府であるという主張をはじめたのである。ウォーターゲート事件の調査が歴史的に先例のない大統領辞任という事態にまで発展し、なるほど、政権がジョン・レノンに固執していた事実があってもなんら不思議ではないという見方が大勢になったのだ。そしてこの法廷を担当したフィールドスティール判事に提出されたジョン・レノンの署名による宣誓供述書により、反撃の口火が切られる。政権の計略に関する真相が次々と暴露されるにつれ、なぜジョンが告発されたかの合理的説明がつきはじめた。つまりはこの告発は、単なる個人のエゴの産物だったということだ。

「差別的手段をもって選択的な告発が行なわれた」との文言で宣誓供述書ははじまる。「わたしは政府が実施していた違法な調査活動の対象であった。結果として、わたしの利益に資する訴えや申請は、わたしの在留資格とは本来関係のない理由にもとづいて、誤った認識の元に判断されてきたのである[24]」

*

まもなく大観衆の喝采に向かって自分が深々と礼をすることになろうとは、レノンはこのとき想像もしていなかったかもしれない。

元ビートルズの同僚たちの曲が成功と呼ぶには及ばない状況は悩ましい限りだが、そんななか、シングルチャートで一位を獲得したエルトン・ジョンとのデュエット曲「真夜中を突っ走れ」の大ヒットも手伝い、『心の壁、愛の橋』はアルバム・チャートの頂点を飾った。

七月に「真夜中を突っ走れ」を収録したとき、エルトン・ジョンはこのシングルが一位を獲得することを賭けた。ジョン・レノンはそれはないと考えたが、結果、賭けはエルトン・ジョンの勝利に終わった。負けを「埋め合わせる」べく、一九七四年十月二十八日に行なわれたエルトン・ジョンのコンサートのサプライズゲストとして、レノンは再びマディソン・スクエア・ガーデンのステージに登ったのである。「真夜中を突っ走れ」はもちろんのこと、エルトン・ジョンがビートルズへの敬意を示すためにカバーした「ルーシー・イン・ザ・スカイ・イン・ザ・ダイアモンド」と「アイ・ソー・ハー・スタンディング・ゼア」の二曲も披露された〔後者は実質的にマッカートニーの曲だが〕。演奏が終わって舞台を降りると、レノンは舞台袖にたたずむヨーコの姿を見つけた。この年、ジョンとヨーコふたりの友人となったエルトン・ジョンの、粋なはからいだった。ふたりが再会したことに気がついたのは、どれほどヨーコが悪く言われてもふたりが強い絆で結ばれていることを知る友人だけだ。ロサンゼルスでポールと兄弟のように腹を割って話をしたときも、話題のほとんどは、ビートルズのことでもロックンロールのことでもなく、ヨーコのことだった。ジョンとヨーコは、できれば関係を取り戻したいと思っていたのだ。

ヨーコと再会した夜について、レノンは『ローリング・ストーン』誌に語っている。「最高の夜だった。本当に最高だった。バックステージでヨーコと再会したんだ。ぼくは彼女がいることは知らなかった。ずっと気になって、気になりすぎて、どうしていいか分からなかった。そして、映画みたいに彼女に再会したのさ。何も起こりようがないと思っていた、まさにそのときにね。こんなに素晴らしい夜ってあるかい?[25]」。そしてふたりは元通りのふたりになった。

彼らの名声や財産という煩わしい心配事は仕方のないこととして、残る心配事はひとつだ。それは、法の正義の行方が問われる問題だった。

＊

「失われた週末」に繰り返した愚行がジョンの評判を落としたのは確かだが、いっぽうで当時のジョンに好意的な眼差しを向ける意見もあった。一九七四年四月、ジョンとハリー・ニルソンは、セントラル・パークで行なわれた十セントの行進《マーチ・オブ・ダイムズ》のチャリティ・コンサートに、演奏はしなかったものの観客に挨拶するために時間を見つけて立ち寄った。『心の壁、愛の橋』の制作に取り掛かる前の五月には、フィラデルフィアに二日間滞在し、ＦＭ局ＷＦＩＬによるチャリティ番組「ヘルピングハンズ」に出演、募金を呼びかけた。そして秋には、移民帰化局が最初にジョン・レノンに退去命令を下して以来およそ三年を、修正第一条に基づいて、自らが主導権を握るべく、ジョン・レノンその人がふたりの元司法長官を訴える手段に出たのである。

『ローリング・ストーン』も「元ビートルズメンバーに正義を」と題された記事で報じているが、代理人のレオン・ワイルズが移民帰化局ならびに元司法長官のジョン・ミッチェルとリチャード・クラインディーンスを提訴した。提訴の理由は、被告がジョンを「選択的な告発」の対象としたこと、また告発を行なう際に用いた情報を、被告が不当な身辺調査と盗聴行為によって入手したことである。裁判では連邦地方裁判所判事リチャード・オウエンがワイルズに申し立て事実の証明を求め、ワイルズはそれを証明する、という単純明快な手続きが取られた。

とくに政府機関を相手取る訴訟の場合、時間がかかるのが普通である。数カ月がただ過ぎ去るこの期間、ジョンは音楽よりもヨーコとの関係を重視した生活を送っていた。裁判が進展するうちに、また新たな事実も明らかになってくる。ウォーターゲート事件の裁判と同じく、ジョンの裁判でも移民帰化局やFBI文書が暴露されるにつれ、内部事情を知る関係者の証言がジョンの正当性を証明することになったのだ。

一九七五年六月、政府がジョンの退去処分の画策を試みたこと、そして移民帰化局がメディアに誤解を与える情報を流したことを証明する資料をワイルズが入手したと、UPI通信が報じた。移民帰化局ニューヨーク支局長のソル・マークスは、すでに独自にジョン・レノンを提訴する決定を下したことを発表していた。しかし一九七五年にはそのマークスが、「ジョン・レノンに猶予を与えず国外退去させる方針であるむね政権から直接指示を受け、自分はそれを実行する役割を負っているのだ認識していた」と告白した。(26) 当時ワイルズは移民帰化局への訴えについては勝算は極めて低いと考えていた。七月十七日には、再び六十日以内に国外退去するよう命令が下されており、いまだ情報源からさまざまな証言が行なわれていたことを考えると、結着はまだまだ先のことだと思える状況だったのだ。

ワイルズとレノン一家がはじめて会ったのは、四年前のことだった。ワイルズはいまやジョンとヨーコにとって最も親しい友人のひとりになっていた。だからこそ、十月に、最新の、そして最後となる報告を伝えるためにジョンに電話をかけたときのワイルズの喜びは、単に職業的な責務をまっとうできたという喜び以上のものだったはずだ。「この件については、たぶん勝ち目はないだろうとわたしは言った。きみも覚えているよね」。ワイルズはレノンに訊ねた。「でも、思ってもみないことが、法律の世界でも起こることを目の当たりにする時代に生きているのかもしれないんだ。そう、ついにわれわれが勝訴したんだよ！」

一九七五年十月七日、連邦控訴裁場所が下した判断は、ジョン・レノンの国外退去命令を撤回する、というものだった。この件に関するニクソン政権介入の事実が、全面的に認められたのだ。

ワイルズがレノンに電話をかけたとき、彼は病院に急いでいた。ジョンとヨーコの子どもがもうすぐ生まれようとしていたのだ。自由を訴え続け、長きにわたった闘いにようやく勝利した直後の一九七五年十月九日、ジョンとヨーコは自分たちの息子、ショーン・オノ・レノンをこの世に迎え入れた。くしくもジョン・レノン三十五歳の誕生日のことだった。

一九七六年七月、ジョン・レノンに対する永住権がようやく認められた。ミッチェル、ニクソン、サーモンド、その他もろもろの面々に対してどう思っているか、と記者に聞かれたジョンは、こう答えている。「そうだね、時間が経てば傷も癒えるだろうと思うよ」

この十数年で名声と富と賞賛をほしいままにし、しかしいっぽうでセックス、ドラッグ、ロックンロールの壮大な落とし穴にはまったジョン・レノンが、ようやく、ただの、ひとりの幸せな男になった瞬間だった。

A Post-trip Post-script: "We All Shine On..."

ぼくらみんな輝くのさ——ある旅のあとに

「いろいろなことをやろうと思ってあくせくしているときに、人生ってのは、ふと、やってくる」

ジョン・レノン「ビューティフル・ボーイ」

つい最近、「ワン・トゥ・ワン」コンサートで「マザー」を歌うジョン・レノンの映像を観た。マディソン・スクエア・ガーデンでのあのライヴから四十年が経った。これまで映像として記録され、ビデオ作品化され、現在ではデジタル化されている。それでも、観客が数えきれないほど見た映像だ。アリーナには数万人の観客。それでいながら、観客がジョンとの気持ちのつながりを感じているように見えるのは事実だ。ジョンは道を知っていた。真実の言葉を綴って歌にし、それを「ぼくの友人たち」に語りかける。少なくとも、語りかけられる観衆にはそう思えてしまうのだ。

「きみのジョンに対する思いと同じ思いを、ほかの多くの人が持っているんじゃないかな」とわたしに語ったのは、テックス・ガブリエルである。実際に「マザー」を演奏していたとき、ガブリエルは自分の仕事に集中していて——そしておそらくは若かったために——その瞬間を十分に楽しむことができなかったらしい。その楽しさは、後からこみ上げてきたという。

仲間のミュージシャンたちは、ジョン・レノンのことを基本的にはいい人として、慎ましやかな人として認識していた。彼は聖者ではない。彼自身も、そんなふうには思ってはいなかった。ときおりカッとなった。とくにレコーディング中には。カッとなったあとにはかならず謝った。エレファンツのメンバーや、ボブ・グルーエン、あるいは他の関係者も、ジョンの闇の部分について、いろいろと知り尽くしていたはずだ。でも、彼らがそのことについて話さなかったのは、単にジョンの闇の部分を知りたい人間とは違い、ジョンの本当の姿を知っていたからだろう。ともあれ、多かれ少なかれ、ジョンの悪いところもいろいろ聞いた。

一九八〇年の十二月のあの夜、自分がどこにいたかを覚えていない者はいなかった。あの悲劇をどのように思い出すべきなのか。いまだに誰にもわからない。それは大統領の暗殺や、同時多発テロと同じだ。ビートルズを原体験するには、わたしは若すぎた世代だ。しかしわたしの世代もその後の世代も、他の同時代の素晴らしいバンドとともに、彼らを発見した。まったくいないわけではなかったが、彼らより良いバンドを探すのは大変だった。いつになってもビートルズの音楽は新鮮で、オリジナリティに溢れ、ミステリーに満ちていた。いまでもそうだ。

ジョンが殺された夜、わたしはデトロイトの郊外にいた。二十歳になってまもない、親元を離れて半年が経った頃のことだ。寝室の壁にはジョンの写真があった。『ホワイトアルバム』に同梱されていた四枚のポートレートのうちの一枚だ。『サージェント・ペパーズ』の頃から、アルバムのジャケットはポップアート作品のような造りになっていた。CDジャケットや、なきに等しいダウンロードファイル向けのアルバムアートに比べて面積の広いLPジャケットには、奇妙で美しい絵や写真が印刷されていた。ポスターやその他の楽しいおまけを入れるのに十分な厚紙のスリーブには、十分に大きくて読みやすい歌詞の文字も印刷されていた（博物館級のLPジャケットの栄誉は、チーチ・アンド・チョンの『ビッグ・バンブー』に与えられるだろう。なにせジョン・シンクレアも真っ青の、特大級〔マリファナ用〕の巻き紙風歌詞カードが同梱されていたのだから）。

その夜、理解しないといけなかったのは、もうジョン・レノンはこの世にいないということだった。年月を経てさまざまに作られてきた神話が現在のレノンのイメージを作っているが、かつてのレノンのイメージは、現在と同じではない。ビートルズのなかでは「変わったやつ」で、ひとりの女に狂って自分を見失い、子どもを思うがあまり、ロックンロールの殿堂から自ら遠ざかった男、というものだ。当時、そうした彼の姿は、カッコいいものとは思われていなかった。

その後、カッコよさの基準もいろいろと変化してきた。いっぽう、ジョンの考え方には、いつの時代からみても普遍の一貫性がある。ジョンは非暴力による建設的な社会活動に一貫して関わった。その活動のベースになっていた、愛は憎しみより、そして平和は戦争より良いものだ、という考え方にも一貫性があった。たぶん変わったのは世の中だ。一九七二年当時の、多くの人びとの方が間違っていたのだ。正しい理解ができるまでに時間がかかることも、ときにはあるのだろう。

＊

ウェイン・ガブリエルは気付いたと言った。ジョン・レノンと過ごした日々がいかに貴重だったかを理解するには、自分が若すぎたことに。エレファンツ・メモリーがジョン・レノンの最後のサポートバンドになると、当時誰が想像できただろうか。

ジョン・レノンが、彼らの扉を開けた。チャック・ベリーは一九七二年の『バイオ』で、ガブリエルのリードギターをフィーチャーしている。「そのアルバムでギターソロを弾いているのは、おれだけなんだ」とガブリエルは言う。

ガブリエルが最後にジョン・レノンと会ったのは、一九八〇年の秋のことだ。ダコタアパートの近くで、たまたまお互い約束があって急いでいたときにだが。「若い頃、おれは成功するためにニューヨークに行った。ジョン・レノンと出会い、夢がかなった、と思った。さあ、どんなことが起こるのか、と。でも、思うような人生にはならなかったよ」。たぶん、そういうものなんだろう、とわたしは言った。「ああ、まったくだよ」とガブリエルはため息を付いた。

＊

取材記者から見れば、わたしのガブリエルへの取材は物足りないものかもしれない。会話の様子はあまりに楽しげに映るだろう。関係なさそうな話題に脱線することもしばしばだ。しかし、そうした話題がむしろより重要だと思う。家族、友人、ニューヨークとデトロイトで生活したことのある人間に共通の記憶。そして、ジョン・レノンが「ワン・トゥ・ワン」コンサートの最後で言っていたのと同じ気持ちと言葉で、ガブリエルへの取材を終えた。「お安いご用さ。次は、もっと上手くやるよ」

そしてまた同じだった。「次」はもうやってこない。二〇一〇年初旬、ウェイン・〝テックス〟・ガブリエルは、クロイツフェルト・ヤコブ病と診断された。その変性疾患により、同じ年の五月、ガブリエルは帰らぬ人となった。愛する妻のマリサ・ラトーレ、子どもたちのアテイアとサヴィオンを残して。

＊

ジョン・シンクレアは、主張が受け入れられるまで妥協しない人だった。「おれは決して、魂を売り渡さなかった」と彼は言う。「おれにそれを促した人間もいない」。最近では、デトロイトやアムステルダム、あるいはニューオリンズのジャズクラブに行けば、元気なシンクレアにお目にかかれるだろう。あの懐かしいヒッピー時代について質問するには、彼は適任者だ。ただ、そうした時代を懐かしむように思い出すのにはいささか時代遅れだ、ということはシンクレアも感じている。世の中は当時と比べて著しく変わった。

「喪失感はあるさ」とシンクレアは言う。「ビートルズのようなバンドは二度と現れない。だから、ジョン・レノンやヨーコ・オノは本当に重要な人物だった。彼らが彼らであるというだけで、多くの人間が注目した。タイムズ・スクエアの広告も、『ベッド・イン』もね。そうやって人びとに何かを感じさせた。だからこそ、彼らには力があったんだ」

シンクレアが言うには、クライスラー・アリーナでレノンが無気力な若者について言及したことは、彼の発言の中でも最も予言的で、いまでも真実を語るものだという。「ジョンは、若者たちに行動を呼びかけたんだよ。『平和を我等に』のような曲を書く若者がいまはいない。長い時間をかけて、何かを積み上げていこうというアイデアがない。次のサイクルでは何かが起こるだろうと、ただ待っているみたいに思えるんだ」

しかし、「ウォール街を占拠せよ」や「アラブの春」のような、インターネットを発端とする社会運動が再び活発になろうとしている、とも言う。「いまはそれが必要なんだ。彼らがやり遂げられる可能性は十分にあるよ。現在のやり方でね。いくらカッコいい製品があっても、iPad をいくつも持っていたとしても、ただ消費するだけではだめなんだ」

＊

ジョン・レノンが自己保身のために活動を「放棄」したのかどうかが、何人かの人物にとっては重要な問題だった。レニー・デイヴィスも当時はそう考えていたという。もちろん、いまは違う。いつの時代でも本当の活動家というのは、自分のやり方で抗議をするものだ。「中途半端に活動に関与する人もいるが、ジョンがすごかったのは、自らが積極的に活動にかかわろうという意志を持ち、実際に行動したことなんだ」とデイヴィスは言う。「方法とか目的に至る道程とかは、それぞれだ。でも、そうした違いより、問題を深く考えて強い関わりを持てるかどうかのほうが、より重要なんだ。ジョンにはそういう姿勢が見られた。彼は本物だったよ。彼は、おれたちがやろうとすることが正しいと考えてくれていた」

時は人をさまざまに変化させる。目的に変わりはないが、そこに至る新しい道を模索する人間もいる。デイヴィスが発見したのは、瞑想という方法だ。ジョン・レノンやビートルズも、彼らの世代にその道を開いた当事者だ。「自分たちが変わらないといけない、そう人びとは言っていた。ただ、その意見に賛同する人びとが多いことには驚愕したよ」とデイヴィスは言う。一九七三年、十六歳の導師ジ・マハラージを指導者とする「神聖なる光のミッション」という教団がヒューストン・アストロドームで行なった瞑想集会に参加したデイヴィスは、この教団の信者となった。世界の平和は心の平和からはじまる、と教団は信者に諭した。

「ジョンも同じことを言っていたよ。なあレニー、世界を変えたいなら、自分から変わらないといけないな、ってね」。デイヴィスは当時のことを何度も振り返り、四十年前に彼らが置かれていた状況について考えていたという。「あの当時のことを何度も考えているうちに、ジョンのやり方は正しかったんじゃないのかと思うようになり始めたんだ。あのときまさに、世の中を変えるためには、おれたち自身が変わらないといけなかった。まさにあのとき、それが必要だったんだ。

＊

ゲイリー・ヴァン・サイオックは、ジョン・レノンとツアーに出るチャンスはまたやってくるはずだと考えていた。ジョンとの会話に、その可能性を感じたのだ。エレファンツ・メモリー解散後、サイオックはニール・セダカやポール・サイモン、チャック・ベリーなどのスタジオミュージシャンとして活動を続けていた。二〇一二年には、アダム・イッポリートとともに、バーズ・オブ・パラドックスというバンドに参加する。ポール・マッカートニーのウィングスに所属したこともあるスティーヴ・ホリーやローレンス・ジューバーもメンバーだった。「こういうのを本当の近親婚とでも言うのかな」とサイオックは笑い声をあげる。

一九八〇年にサイオックが最後にジョンと電話で話をしたときには、当時取り組んでいたアルバムのことについていろいろと話してくれたという。「ジョンとぼくの関係は良好だったよ。互いに気を使うこともない間柄だった。ぼくの音楽を気に入ってもくれていたし、それは嬉しいことだったね」

『ダブル・ファンタジー』完成間近の頃で、発売に合わせてツアーに出る計画を立てていること、ベーシストが足りないかもしれない、ということをジョンから聞いたという。「でも、まだ決まった話ではない。ひょっとしたらぼくに頼むかも、という感じだった。結局、その後連絡はないままだった」。そしてやがて十二月八日がやってくる。サイオックはある友人と、アッパー・ウェストサイドのジャズクラブにいたという。「ダコタハウスの目と鼻の先さ。午後十一時にショーが終わって、五分も経たないうちに通りに出たんだ。すると二台のパトカーがヘッドライトをつけたまま停車していた。ぼくは友人と顔を見合わせて、「まさか、ジョンに何かあったんじゃないのか」と言ったんだ。なぜそんなことを口走ったのかは自分でもわからない。でも、そのとき、そう信じたかったんだと思う。彼がぼくを選んでくれたんだ、って」。

セントラル・パーク西七十二番通りの交差点に群がる何千もの人びとが知らないジョンを、サイオックは知っていた。しかしそのときその場にいた誰もが、彼に何が起こったかを知っていた。「とにかくすごい数の人だった。数時間のうちに、何千人もの人が集まってきたんだ」

＊

活動家仲間やヒッピーからさえも「体臭やその他衛生上の問題」でアウトの宣告をされたジェリー・ルービンは、一九七〇年代のいわゆる自己中心主義《ミー・デケイド》の十年に人気があった、ESTトレーニング法、瞑想、鍼灸治療、生体エネルギー療法、ホリスティックセラピーなどの流行に倣ったのである。七〇年代後半、ドラッグのやり取りもあったというディスコ「スタジオ54」でのパーティー企画が当たったルービンは、一九八〇年台には競争資本主義の世界へと飛び出し、ウォール街でジョン・ミュア・アンド・コーという証券会社に勤務、一九九〇年代初頭までには、南カリフォルニアの太陽を優雅に浴びながら、粉末ドリンクを売る会社を作った。しかしこの会社は一九九二年、ねずみ講の嫌疑で集団訴訟を起こされる。

一九九四年十一月、ルービンはハリウッドで横断歩道のない道路を横切っているときに自動車に轢かれた。「シカゴ・セブン」の仲間トム・ヘイデンは、ルービンが「偉大なる人生を生きた」人間だと『ロサンゼルス・タイムズ』に語った。「建設的な目標のためには権威をものともしない意志は、もはや消えてしまった。彼は最後まで、権威に楯突いていた」

＊

古臭いヒッピーたちがことごとく消え去ってしまった、というのは、本当ではない。社会運動での経験は、運動が下火になってからも異なる分野に生かされている。『レッド・モール』を主宰していたタリク・アリは、その情熱を映画製作や小説執筆といった分野に応用し、活動家の肩書を撤回することは生涯なかった。アリが強調するのは、ジョン・レノンが革命に真正面から取り組んでいたこと、そして、そうしたレノンの態度にブレがなかったことを証明する例には事欠かないことである。

ルービンやイッピーたちから離れていったジョンについて、「一部の人間と距離を置いたのは確かだ」とアリは言う。「しかし、彼の政治的な主張は不変だったとわたしは確信している。もし生きていたら、彼がイラク戦争に反対していたのは間違いないだろう。ミック・ジャガーですらイラク戦争についての曲を書いているんだ」

一九六〇年代から七〇年代初期の激動の時代について論じていると、いまだに「数多くの疑問が浮かび上がってくるし、なかでもジョン・レノンに関する疑問は尽きない」とアリは言う。ウォール街のデモで「パワー・トゥ・ザ・ピープル」が歌われているのを見ると、時代が一九七二年から動いていないのではないかと思えるほどだ。そんなふうにジョンのいくつかの歌は、いまでもことあるごとに不意に現れてくる。「変わらずに、そこにあり続けているものもある、ということだろう」とアリは言う。「そして、いまわたしたちが生きている世界で、その変わらず存在し続けているものの重要性は、さらに増しているのだ」

＊

アダム・イッポリートはジョン・レノンと再び出会うことがなかった。ヨーコとは、一度は楽しく、もう一度はそうでもない再会を経験した。イッポリートは、ジョフリー・バレエ団のパフォーマンスショーやクール・アンド・ザ・ギャングの「セレブレーション」のレコーディングのため、一九七〇年代の末に再度カリフォルニアに出向いた。一九八六年にはキャピトル・レコードとヨーコ・オノ・レノンが、「ワン・トゥ・ワン」コンサートを『ジョン・レノン・ライヴ・イン・ニューヨーク・シティ』というビデオ作品として発売し、このなかのいくつかのシーンが、一九八八年の映像ドキュメンタリー『イマジン　ジョン・レノン』でも使用された。

イッポリートにとっては、この映像に納得の行かない部分がある。マディソン・スクエア・ガーデンで彼が演奏したシーンの音声が、ときおりヨーコがピアノの前に座っている映像に重ねられているのだ。これに対して、このビデオ作品がバンドによる演奏の映像を、当事者の許可なく誤用し、ヨーコが「演奏しているふり」をしているように見せかけているとして、イッポリートを主たる原告としたエレファンツ・メモリーのメンバー全員が訴えを起こした。少なくともこのビデオのなかで使われている二曲分については、使用されている音声とイメージの使用に同意できない部分があるという。

『ニューヨーク・ロー・ジャーナル』はこの件について、ヨーコ・オノ・レノンが演奏している映像に、イッポリートが演奏した音声が重ねられており、映像は「虚偽である」との見解を示している。ただ、この件については虚偽事実を立証する根拠がないのが本当のところだ。ビデオ作品としては、演奏者とその演奏者が演奏する楽器がリストされているだけで、ヨーコについても、「ヨーコ・オノ、キーボード」という表記があるのみだ。個別の曲について、演奏の担当者がクレジットされているわけではない。

また、映像作品としての本作は、テクノロジーと著作権をめぐる論争の渦中に放り込まれることになる。ニューヨーク連邦地裁判事ハロルド・ベーア・ジュニアは、エレファンツのメンバーの主張は正しいと言う。一九七二年のコンサートを映像作品化する際、彼らの名前が使用されることに同意はしていたが、それは彼らの音や映像を自由に利用して良いという意味ではない。ともあれ、VHSビデオの売り上げは伸びなかった。しかし、非営利テレビ局では何度も放送された。コンサート映像にしても、ジョン・レノンが主人公の『イマジン』のドキュメンタリー番組にしても、エレファンツ・メモリーというバンドのイメージや彼らの演奏の位置づけは、せいぜい「視覚的な補足説明」というところなのだろう。

時が経ち、訴訟の記憶も消え去った。イッポリートと彼の妻は、ニューヨークでのイベントの楽屋でヨーコと再会したという。この訴訟からも、あるいはロックと革命というジェットコースターに激しく揺さぶられる生活を共に送っていた頃からも、数十年も経ってからのことだ。いい時間だった、とイッポリートは語る。そのとき自分たちにとって大事なことを話しながら、互いの記憶を埋めていく。自然と穏やかで愛すべき物事の記憶に、つかのまの争いごとの記憶なんかは、すぐに吹き消されてしまうのだ、と。

その後イッポリートは、結果としてジョンとの共作より「売れた」レコードに参加、より大きなホールでも演奏することになったが、ジョンと共に過ごした頃に比べると、ごく月並みの日々の連続だったという。「もっとたくさんの観客の前で演奏したこともあった。でも、ジョンとのライヴが、ぼくの人生のなかで最も大きなライヴだったのは確かなんだ」。

＊

法王もマリファナを吸うとうそぶき、ジョン・レノンと知り合うことで、短いながらもひときわ目立った形で反体制のレジェンドとなったのが、デヴィッド・ピールだ。二〇一二年四月、ニューヨークのズコッティ・パークでのオキュパイ運動にピールがギターを抱えて姿を現したことは――さほど重要ではないが知っておいてもいい――ポップカルチャーの歴史の一幕だ。六十八歳になったピールは、と『ニューヨーク・

タイムズ』は記す。「いまでもギターを抱え、単純なスリーコードで、浮かれた、場違いな、マリファナ云々の歌を叫んでいる」

オキュパイ運動に参加していた若者たちには限りなく馴染みのない名前だ。しかし、グリニッジ・ヴィレッジのベテラン活動家が「あの、マリファナの歌のやつだろう?」と聞き耳を立てていたという。『ニューヨーク・タイムズ』の記事は、仄悲しい郷愁を誘う。ピールはこの場にふさわしく「ウォール街に立ち向かえ」という即興歌を用意していたという。

たしかに彼は、FBIの書類にジョンに間違われて写真が使われてしまったほど栄光を過去に持つ。しかし、彼が頼れるのは、その過去の栄光だけだったのだ。いまでも彼はジョンと同じサングラスをかけ、当時と同じアパートに住み、「そこそこの印税とライヴの収益、そして現在までに発表した作品の売上で生き延びている」と『ニューヨーク・タイムズ』は伝えている。そしてこの記事には、ピールは「歌もうたえなければ楽器もろくに弾けないが」と欠点をあげつつ「美しい曲を書く」と評したジョン・レノンの言葉も引用されていた。

＊

スタン・ブロンシュタインとリック・フランクが、マンハッタンのストリップクラブでの仕事で出会ったことがきっかけでエレファンツ・メモリーを結成して以来、十人以上の演奏家がバンドに加入し、脱退していった。活動期間中、「エレファンツ・メモリー」というバンドの単独名だけがクレジットされたアルバムは数枚しかない。彼らの最後の作品『アワ・アイランド・ミュージック』にはスタン・ブロンシュタイン・アンド・ジ・エレファンツ・メモリー・バンドというバンド名がクレジットされている。「アイランド」とはマンハッタンのことで、ジョン・レノンと彼らが袂を分かってからも彼らの帰る場所だった場所だ。ブロンシュタインは自身のソロ作『リヴィング・オン・ジ・アヴェニュー』を一九七六年にレコーディングし、その後もサックスとクラリネットのスタジオミュージシャンとして活動を続けた。フランクは二〇〇三年に亡くなっている。

二〇一一年、ブロンシュタインは肺と脳にがんを患う。ミュージシャンのための基金団体「スウィート・リリーフ」がブロンシュタインへの支援を呼びかけると、即座にヨーコが立ち上がり、励ましのコメントを出した。「情熱的で、無二の才能を持つミュージシャンです。寛大な心でメンバーを引っ張り、楽しみと喜びの心を忘れない。彼の頼もしい存在が、ジョンとわたしの音楽に影響を与えたのも事実です。わたしたちは彼を愛し、尊敬していました」。二〇一二年八月、ブロンシュタインはブリーカー・ストリートの人気ライヴハウスの「ケニーズ・キャスタウェイズ」にあった「ニューヨーク・ブルースの殿堂」入りを果たした。そして一九六七年以来、四十五年に及ぶ「ケニーズ」の歴史に幕が降ろされた。

＊

マイク・ダグラスは、著書『アイル・ビー・バック』のなかで、ブラックパンサーのメンバーやジェリー・ルービンが、全米の主婦層が主な視聴者である彼の番組に登場したときの、業界のパニックぶりについて語っている。「騒ぎが起こって、残念だったというよりも、それでよかったという気持ちが強かった。意見が対立し、激しい議論が行なわれたにもかかわらず、椅子が宙を飛び交うような乱闘騒ぎにもならず、放送が憚られるような猥雑な言葉を発するような人もまったくいなかった。感情的にはなったが、だれも喧嘩をする気はなかったのだ。最高だったのは、ジョンはやはり良いやつだ、ということを、テレビを見ている人に改めてわかってもらえたことだ」

ジョン・レノンは、ダグラスの番組にまた出演すると約束していた。一九八〇年にレコーディングの予定だという噂を耳にしたダグラスは、ジョンにまた一週間の出演依頼をした。『ダブル・ファンタジー』の完成が予定よりも遅れたため、レノンはダグラスに出演時期を遅らせるよう依頼し、ダグラスも受け入れた。レノンは十二月初旬に番組に出演することになっていたのだ。「スタッフの一人がひどくこわばった表情で、ジョンが射殺されたことをわたしに伝えた。あの瞬間はいまでもはっきりと覚えている。彼が出演する予定の、まさに当日だったのだ。思考が停止した瞬間だった。ただはっきりしていたのは、世界でもっともクリエティヴに活動していた、傑出した才能を持つミュージシャンのひとりをわれわれが失った、ということだった」

＊

自身「両方の世代に足を突っ込んでいる」という元平和部隊司令官ジョゼフ・ブラッチフォードは、かつての上司に対する複雑な感慨を抱えている。ニクソンの側近たちとあまりに近い関係にあり、事情を知悉しているのだ。抗議活動は非愛国的であるだけでなく、危険なものとみなされていた。マーティン・ルーサー・キングが、いずれデトロイト暴動やワッツ暴動と同じような騒ぎの原因になると彼らはみなしていた。ブラッチフォードは言う。「ピースマークは、ベトナム戦争にたいするメッセージでした。反戦運動のシンボルであり、不和を生じさせる元凶だと考えられていたのです」

アメリカがさまざまな紛争に実際に関わっているいま、四十年前のように、いやそれ以上の声が上がってもいいはずなのに、それがないことにブラッチフォードは驚きを感じている。おそらくは、イラクやアフガニスタンでの戦争では徴兵招集が行なわれていないことが、一九六〇年代のように激しい運動が起こらなかった理由である、と。ただ、もちろん抗議の声が上がっているのは確かだと、彼は平和のために立ち上がっている人びとに注目している。「サンフランシスコに行ったとき、反戦のために多くの人が集まっているのを見ました。ほとんどが白髪交じりでしたが。何人かはバークレー暴動で見かけた人だったと思います」。当時もいまも、戦時下に「平和」を叫ぶことは、切なる願いにも反逆にも、どちらにも解釈されうる。ジョン・レノンは、「平和」を単なるスローガン以上のものだと考えていたはずだと、ブラッチフォードは言う。「ジョンにとってはとても大きな問題だったはずですよ。いまだに彼の音楽のすばらしさには感銘を受け続けています。ラディカルな運動との結びつきがあったことは記憶になくて。ただ、ジョンもヨーコも平和を願う気持ちにかけては、あくまで理想を追求する人たちでした。反体制という言葉を彼が口にしたことはなかったのではないですか。それよりも重要なのは、いまわれわれの社会に現実に起こっていることとは真逆の平和であり、善意というものだったはずなのです」

＊

レオン・ワイルズは、決してジョン・レノンとの日々を忘れないという。彼らが裁判で共に戦った時期は、ワイルズにとって個人的にも、そして職業的にも、二度と訪れないような充実したものだった。ワイルズは現在、移民法の専門家としてベンジャミン・カルドーゾ・スクール・オブ・ローで教鞭をとり、移民政策に関する証言を連邦議会で行なっている。ジョンとヨーコを真の親友だと呼ぶことのできる、ニューヨークでもひと握りの人間のひとりであるワイルズが強調するのは、ジョンの法廷での闘いそのものが、ジョンがアーティストとして成し遂げたのと同じくらい絶大な影響をアメリカの法曹界にも与えたことだ。『ロー・レビュー』にワイルズが寄稿した論文は五本だが、そのうち三本は移民法の非優先区分に関するもので、「移民法に関する数多くの重要な成果がありますが、この分野の議論がま一番活発なのです」とワイルズは言う。

後からの意味づけになりますが、とワイルズが理解したのは、FBIによるジョン・レノンへの往々にして不適切だった「調査」が示していたのは、実際のところ優先度の低い問題だった、ということだ。考えてみれば、FBIの捜査官がジョン・レノンの写真すら特定できないというのは極めてありそうにないというのがワイルズの意見だ。「単に優秀な人材を割り当てなかったんでしょうね。政治活動を目的とするアーティストを調べるためにFBIの頭脳を結集させるほどでもない、ということでしょうか。おそらくは二流の捜査官が調査にあたったのです」。しかし、事が進行していた当時は、とても笑いごとでは済まなかったことだ。ニクソン政権は、活動家も移民も同様に国の敵だとみなしていた、とワイルズは言う。「ニクソンは不法移民を追い詰めようとし、そのためにマフィアがやるような手法を使っていました。大統領がやれば、それは合法となるべきだとでも考えていたのかもしれませんが、それが違法であることを知っていたのは、他ならぬニクソンのはずです」

　レノンがいまでも生きていてくれたら、とやりきれない自身の気持ちをワイルズは吐露する。レノンならば二十一世紀のいまこそ、移民に対する彼の考えを強く主張してくれたことだろうに、と。「移民の票を集めるために甘いことを言っては、いざというときに踵を返す。彼ならそういう政治に対してまっとうな怒りを感じ、正しい主張をしてくれたことでしょう。メディアは移民問題には飽きあきしている。ジョンは社会の不公正に対して不満を抱いている普通の人びとの心に訴える、彼なりの方法を知っている人でした。見事でした。移民法そのもの、そしてその行使における不公正さに対して、恭しく声を上げてくれるはずの彼が、いまここにいないことが残念でなりません。彼には天賦の才があったのです」

＊

　たばこ会社のフィリップ・モリスが一九六八年に発売した銘柄のヴァージニア・スリムは、仕事を持つ若い女性を購買層に想定し、それを吸っているあいだは、彼女たちが「開放されている」というイメージを与える戦略をとっていた。キャッチフレーズは、「君はようやくここにたどりついたんだね《You've come a long way, baby》」。一九七一年までは印刷広告やテレビコマーシャルなどでこのフレーズが使われたが、現在の倫理観に照らせば、女性解放論者《フェミニスト》の関心を惹くためにこのような性差別的なマーケティング戦略が考えられたこと自体に、驚く若者も多いかもしれない。

　このコマーシャル戦略での偏見の問題はさておき、女性解放運動は確かに長い道のりをたどってきた、とグロリア・スタイネムは言う。ひたすら長い道のりだった、と。

「歴史的にみれば、婦人参政権論者や奴隷制度廃止論者の運動により、すべての人種の女性と黒人男性が法的に人格を認められてきた経緯があるわ。それ以前は女性や黒人男性を、文字通りモノとして所有することが許されていた、ということなの」。スタイネムが思い出すのは、ジョン・レノンがある理由から音楽と距離をおいていた時のことだ。家庭内で男性が「主夫」の役割を引き受けて、家事をしたり子育てしたりすることが当たり前になる何年も前に、レノンは何が重要なのかについて、自分自身の考えを持っていた、とスタイネムは言う。自らのアートを評価するときに、自身の男性性よりも妻ヨーコの価値観を往々にして重視した。それは尊敬すべきことである。このあたりの事情については、彼が「隠遁」していた時代のエッセイを集めた『空に書く——ジョン・レノン自伝&作品集 *Skywriting by Word of Mouth*』に詳しい。

メディアがジョンのことを、もう仕事には戻らない世捨て人になったと言いはじめたとき、多くの女性たちがずっと感じていた疑問を、ジョンは投げかけた。「もし子育てが仕事ではないならば、子育てとは何なのか」と。素晴らしい音楽をこともなげに書きあげるように、また人種差別に当然のごとく反対したように、性差別の問題に毅然とした態度を取るのも、ジョンには当たり前のことだった。「彼とヨーコの関係は対等のものだったわ」とスタイネムは言う。「彼が家にいて、息子を育てたことは、世の中の親に大きな衝撃を与えたのよ。彼の歌と同じくらいのね」

＊

それは、都市伝説などではない。自身の偏執狂ぶりを示す以外の何ものでもない「敵のリスト」をリチャード・ニクソンが作っていたのは事実だ。「お気に入りのビートルズ」としてではなく、敵として、ジョン・レノンの名前がこのリストには含まれていたのだ。ロン・デラムスにとって、このリストに誰の名前が載っているかを考えるのはお安い御用だ。黒人議員連盟の十三人の名前も当然そこに含まれていたのだ。「わたしは議員バッジのように、絶えずそれを身に着けていました」とデラムスは記している。肝心なのは、「途方もない権力を有する、国家の安全を担保するはずの組織が、当然認められるはずの、組織し、集会し、意見を表明する権利を行使しようとする人びとに対して、過剰に反応していたということなのです」

デラムスは一九九八年まで国会議員職を続けたあと、カリフォルニアのオークランド市長を二〇〇七年から二〇一一年まで務めた。そしていま感じているのは、確かに進歩は多々あったが、当時の教訓が必要であると感じる局面はまだまだある、ということだ。二〇〇九年、オークランド湾岸鉄道の警察官が若い黒人男性を射殺する事件があり、その後緊張が高まる事態となった。裁判となり、警官に評決が下るのを待つばかりの状態にあったとき、ある若者がオークランド市長に、徹夜集会を開くための許可を求めにやってきたのだが、市長もその集会に参加して、活動を承認してほしいと言ったのだという。若者は、市長がそこにいなければ、集会自体が認められないものだと考えていたらしい。

市長が参加する必要はないと、まずデラムスは指摘したのだが、どうやら近年そうした前例が機能していたことがあったらしい。「もう五十年も前に、われわれはそれを行なう権利のために戦ったのですよ」。デラムスは若者に言った。「ブロードウェイ十四番で集会を開くことを誰かが承認しなければならないということになれば、われわれはその五十年間を無駄に費やしたということになります」

もちろん、平和的に活動することは前提だ。爆弾を投げるとか、撃ち合いになるとか、暴力による抵抗はすでに裁きを受けてきた。「もうバリケードはいりません。死者も出ました。マスクを被って車に火をつけるなんていうのは、もうしなくていいんです。経験から学び、道なりに進むのです」。

地域に根ざす活動家からはじまり、国会議員、そして市長となっても、デラムスのメッセージは一貫している。大切なのは、大義に忠実であること、そして参画することなのだ。「ジョン・レノンは、誠実でした。彼は闘いの場にいたのだから」。デラムスは、公民権運動にせよベトナム反戦運動にせよ、六〇年代の社会運動に身をおいた人びとが多くの点で正しかったことが、時間が経つにつれてよりはっきりとわかってきたという。「歴史がわれわれの潔白を証明してくれたのです。あの時代のアメリカで、われわれの世代が物事を変えた。いまでは遂行されるべき闘いや守られるべき主義がありますか。ああ、間違いなく、ある。われわれは世界を変えた。しかしまだ、完全じゃないのです」

＊

ニクソン再選後も社会運動は死なず、むしろそれは進化を遂げたと、ポール・クラスナーは言う。クラスナーは六〇年代の抗議運動と、二十一世紀のオキュパイ運動やアラブの春とを比較し、インターネット上のフォーラムが現在の運動を実行に移すときに果たす役割が大きいことを認める。「もう老いぼれて、『メディア』という単語が複数形だということも忘れてしまっているくらいだからな。フェイスブックやツイッターでピアノを弾く猫の動画を一日中見ても、二度おなじ動画を見ることがない。すごいことだ。もちろん皮肉だけどね。ただそうしたものが、国境を超えてコミュニケーションを取ることを可能にし、影響を与えていることは確かだね」

徹底して現実主義者であるクラスナーだが、ソーシャルネットワークはあくまで偶発的に、現代の人間に社会運動の場を提供するようになった、と自説を展開する。「マーク・ザッカーバーグは、それを女の子とデートするための道具にするつもりだったんだろう。でも実際には、こうしたものが若者の旧いメディア離れを加速させたんだ。情報はインターネットで集める。紙の新聞も読まないのかもしれない」。あの時代から教訓を得るとするなら、「その精神は生き続けている」ことであり、時代が変わっても問題は存在しつづける、とクラスナーは改めて語る。

ジョン・レノンについてクラスナーは、新しいアイデアをつねに試す意志があり、さまざまな運動に目を向けようとする意欲的な人物だったと評する。いっぽうで、ポップカルチャーの英雄ができることの限界も、レノン自身が心得ていたはずだという。「彼は抜け目ないやつだったよ。ジョンとヨーコがカナダで『ベッド・イン』をやっていれば結果は違ったという意見もあるが、それはどうだろう。おれには、結果は同じだったとしか思えない。どこに行っても、誰もが彼に何かを求めた。ふたりとも、極めて意識的に、世界をよくするために、自分たちの名声や金をどこで使うかを考えていたんだ」

＊

ジョン・レノンという人を知っている。そう思いたい。とても強く。そして、彼に何が起こったかも、もちろん知っている。ビートルズが解散して四十数年、そして、あの日から三十五年。あの時代の友情にもう一度触れたいという気持ちが、いまも残る。いや、たぶんわれわれはいま、自分自身のこと、われわれの世代のこと、そしてわれわれ以外の世代のことも理解したいと努力している。そして、あの時代に、本当は何が起こったかについても。

ジョン・レノンは革命の六〇年代を、そして自身深い闇に沈潜した七〇年代を生きた。彼が信じたことを実行するための代償は、ロックスターとして稼いだ何億ドルもの金をつぎ込んでも埋め合わせることのできないものだったと、ジョン・レノンは言った。キョーコ・コックスの居所は、ジョンが亡くなって以降も長くわからないままだった。ジョンは妻が娘と再会する姿を見ることができなかったのである。テキサスの裁判所が下した裁定にもかかわらず、トニー・コックスは娘をヨーコに会わせずにずいぶん長くやり過ごせた。そしていつしか少女はおとなになった。しかし、これが親子の絆の強さというのか、一九九七年ようやくキョーコ・コックスはヨーコとの再会を果たし、ヨーコの孫になるエミにも会うことができた。そして、彼らの再会はこれが最後ではなかった。

ジョンは、ヨーコとともに、最後までニューヨーカーだった。そして、あらゆる困難がありながらも心の平安を、過去に学ぶが過去にとらわれない未来を見出した。それには時間がかかることもジョン・レノンは知っていた。「ビートルズは大きな変化《ムーヴメント》を起こした、と言う人がいるけど、ぼくたちはただ、大きな変化《ムーヴメント》の一部だったんだ」。レニー・デイヴィスにたいして、自分自身のうちに平安を見いだせ、ほかを探しても答えはない、とアドバイスしたとき、同時にジョンが口にしたのは、その時代までの「リーダー」が持つべきだと考えられていた資質についての、ジョン自身の考えであった。「ぼくたちより前の世代の理想のリーダー像、理想の父親像は間違いだったんだ。ニクソン、イエス、他にも頼れる対象はいくらでもある。でも、自分以外の誰かが自分を導いてくれると期待するのは、責任の放棄じゃないのかな。ぼくはリーダーじゃない。誰もがリーダーなんだ。ビートルズがリーダーだと思っている人もいるだろう。でも、そうじゃない。そしてそのことにみんな気づき始めてるんだよ」

実際のところ、ビートルズはリーダーだ。彼らはそうは思っていなかったかもしれないが、歌、彼らの言葉、絵、写真。ビートルズやジョン・レノンに関係する何かに出くわさない日は、ほとんどない。

ジョンの魂は彼の死後も生き続け、平和の大切さ、社会活動、誠実さ、そしてもっとも穏やかで好ましいタイプのヒッピーイズムを、思い出させてくれる。二〇一二年、ロンドン・オリンピックの閉会式で、ジョンが「イマジン」を歌う映像が流されたことに、観客は驚愕し、そして多くは涙した。

彼の人生と音楽は、いまでも人間の心を刺激する。彼のわけの分からない死は、われわれの心をかき乱す。二〇一三年三月のふたりの結婚記念日に、ヨーコ・オノはツイッターで血がついたジョンの眼鏡の写真を公開し、あの十二月のくだらない日から、いったい何人のアメリカ人が銃の犠牲になったのか、とコメントした。このヨーコのツイートを、バラク・オバマ大統領がリツイートした。

悲劇は直ちに理解されるが、伝説が理解されるには、少し時間がかかる。世界の願いや――実は自分自身についてと同じように――平和の大切さを理解するのには、それより長くかかるのかもしれない。それが可能かどうかは、まずは自分で想像《イマジン》してみる必要があるのだ。

注

第一章

(1) Philip Norman, *John Lennon: The Life* (New York: HarperCollins, 2008), 683.

(2) 一九七一年九月五日のピーター・マッケイブとロバート・ショーンフェルドによるジョン・レノンへのインタビューから。*Tittenhurst Park* blog, http://tittenhurstlennon.blogspot.com/2009/08/john-lennon-st-regis-hotel-room.html.

(3) Hendrik Hertzberg, "Talk of the Town," *New Yorker*, January 8, 1972, 28.

(4) Tariq Ali and Robin Blackburn, *Red Mole*, January 1971.

(5) Hunter Davies, ed., *The John Lennon Letters* (New York: Little, Brown and Company, 2012), 208.(ハンター・デイヴィス『ジョン・レノン　レターズ』中村圭志、秋山淑子訳。角川書店、二〇一三年)

(6) Ali and Blackburn, *Red Mole*.

(7) Paul DeRienzo, "John Lennon, David Peel and Rock's Greatest Flattery," *Villager*, December 13, 2012.

(8) Geoffrey Giuliano, *Lennon in America: 1971–1980, Based in Part on the Lost Lennon Diaries* (New York: Cooper Square Press, 2000), 35.(ジェフリー・ジュリアーノ『ジョン・レノン——アメリカでの日々』遠藤梓訳。WAVE出版、二〇〇三年)

(9) Elliot Mintz, "Elliot Mintz Interviews John Lennon," *Los Angeles Free Press*, October 15–21, 1971.

(10) Stu Werbin, "John & Jerry & David & John & Leni & Yoko," *Rolling Stone*, February 17, 1972.

(11) John Lennon, interview by Jean-François Vallee, *Pop 2*, December 1971.

(12) David A. Carson, *Grit, Noise, and Revolution* (Ann Arbor: University of Michigan Press, 2005), 113.

(13) Alan Glenn, "The Day a Beatle Came to Town," *Ann Arbor Chronicle*, December 27, 2009.
(14) ピーター・マッケイブとロバート・ショーンフェルドによるジョン・レノンへのインタビューから。*Tittenhurst Park.*
(15) Glenn, *Ann Arbor Chronicle.*
(16) 同右
(17) *The U.S. vs. John Lennon*, directed by David Leaf and John Scheinfeld (Paramount, 2006).(『PEACE BED アメリカ vs. ジョン・レノン』メディアファクトリー、二〇〇八年)
(18) Roy Reynolds, "15,000 Attend Sinclair Rally," *Ann Arbor News*, December 11, 1971.
(19) Bill Gray, "Lennon Let His Followers Down," *Detroit News*, December 13, 1971.

第二章

(1) John Lennon, interview by Alan Smith, *New Musical Express*, reprinted in *Hit Parader*, February 1972.
(2) Ben Gerson, review of *Imagine* by John Lennon, *Rolling Stone*, October 28, 1971.
(3) Editorial, "Art of Hokum?" *Syracuse Post-Standard*, September 27, 1971.
(4) John Lennon and Yoko Ono, "Love Letter from Two Artists," *Syracuse Post-Standard*, October 7, 1971.
(5) John Lennon, interview with David Frost, *David Frost Show*, June 1969.
(6) 『PEACE BED　アメリカ vs. ジョン・レノン』
(7) Ed McCormack, "Elephant's Memory Without the Plastic," *Rolling Stone*, August 31, 1972.
(8) Toby Mamis, "Take It to the Streets," *Creem*, June 1971.
(9) McCormack, *Rolling Stone.*
(10) Mike Jahn, "Elephant's Memory Mixes Radicalism and a Rough Sound," *New York Times*, July 4, 1971.
(11) "Talent in Action," *Billboard*, July 17, 1971.
(12) McCormack, *Rolling Stone.*
(13) *The David Frost Show*, broadcast January 1972.
(14) Jon Wiener, *Come Together: John Lennon in His Time* (New York: Random House, 1990), 198.(ジョン・ウィーナー『カム・トゥゲザー――ジョン・レノンとその時代』原田洋一訳。PMC出版、一九八八年)

(15) Stu Werbin, "John & Jerry & David & John & Leni & Yoko," *Rolling Stone*, February 17, 1972.
(16) 同右
(17) Richard Nusser, "Beatle With an Elephant's Memory?" Village Voice, January 20, 1972.

第三章

(1) Bob Gruen, *John Lennon: The New York Years* (New York: Stewart, Tabori & Chang, 2005), 52.(ボブ・グルーエン『JOHN LENNON "THE NEW YORK YEARS"』中江昌彦訳。小学館、二〇〇五年)
(2) ここでの情報の大部分は、機密解除されたＦＢＩの調査ファイルに基づくものである("John Winston Lennon," FBI Records: The Vault, http://vault.fbi.gov/john-winston-lennon)。ジョン・レノンへのＦＢＩの調査に関しては、ジョン・ウィーナー『ジョン・レノンの真実――ＦＢＩ監視記録DE－4-HQ－33』(高橋結花訳。角川書店、二〇〇〇年)に詳述されている(Wiener, *Gimme Some Truth: The John Lennon FBI Files*. Berkeley: University of California Press, 2000)。
(3) Stu Werbin, "John & Jerry & David & John & Leni & Yoko," *Rolling Stone*, February 17, 1972.
(4) ニクソン/プレスリー会談に関する資料は、ジョージ・ワシントン大学アメリカ国家安全アーカイヴで入手した(http://www.gwu.edu/~nsarchiv/nsa/elvis/elnix.html)。
(5) Mike Douglas, with Thomas Kelly and Michael Heaton, *I'll Be Right Back: Memories of TV's Greatest Talk Show* (New York: Simon & Schuster, 2000), 257–262.
(6) ハンター・デイヴィス『ジョン・レノン　レターズ』
(7) Night Owl Reporter, "Here They Come Again," *New York Daily News*, February 15, 1972.
(8) *Mike Douglas Show*, February 14–18, 1972.
(9) Douglas, *I'll Be Right Back*.

第四章

(1) "John Winston Lennon" (FBI Records)、ならびに、ジョン・ウィーナー『ジョン・レノンの真実――ＦＢＩ監視記録DE－4-HQ－33』
(2) Philip Norman, *John Lennon: The Life* (New York: HarperCollins, 2008), 577.

（3） Joe Treen, "Justice for a Beatle: The Illegal Plot to Prosecute and Oust John Lennon," *Rolling Stone*, December 5, 1974.

（4） Peter McCabe, "Some Sour Notes from the Bangladesh Concert," *New York*, February 28, 1972.

（5） ジョン・ウィーナー『カム・トゥゲザー――ジョン・レノンとその時代』

（6） "John Winston Lennon" (FBI Records)、ならびに、ジョン・ウィーナー『ジョン・レノンの真実――FBI監視記録 DE－4-HQ－33』。

（7） Albin Krebs, "Notes on People," New York Times, March 4, 1972.

（8） "John Winston Lennon" (FBI Records)、ならびに、ジョン・ウィーナー『ジョン・レノンの真実――FBI監視記録 DE－4-HQ－33』。

（9） David Bird, "Lindsay Deplores Action to Deport Lennons as a 'Grave Injustice,'" New York Times, April 29, 1972.

（10） "John Winston Lennon" (FBI Records)、ならびに、ジョン・ウィーナー『ジョン・レノンの真実――FBI監視記録 DE－4-HQ－33』。

（11） ピーター・マッケイブとロバート・ショーンフェルドによるジョン・レノンへのインタビューから。Tittenhurst Park.

（12） 『PEACE BED　アメリカ vs. ジョン・レノン』

（13） Douglas Brinkley, *Tour of Duty: John Kerry and the Vietnam War* (New York: William Morrow, 2004), 399–400.

（14） Treen, "Justice for a Beatle," *Rolling Stone*.

（15） Albin Krebs, "Notes on People: Lennons' Deportation Hearing Delayed," *New York Times*, May 2, 1972.

（16） Editorial, "Love It and Leave It," *New York Times*, May 2, 1972.

第五章

（1） 一九七一年九月十一日、二十四日、一九七二年五月十一日の『ディック・キャヴェット・ショー』から（copyright©Daphne Productions, Inc., used with permission of Mr. Cavett and Daphne Productions）。

（2） "John Winston Lennon" (FBI Records)、ならびに、ジョン・ウィーナー『ジョン・レノンの真実――FBI監視記録 DE－4-HQ－33』

（3） Ben Fong-Torres, "Lennon's Song: The Man Can't F**k Our Music," *Rolling Stone*, February 18, 1971.

（4）一九七二年五月十一日の『ディック・キャヴェット・ショー』から。

（5）ジョン・ウィーナー『カム・トゥゲザー――ジョン・レノンとその時代』

（6）Editorial, "Love It and Leave It," *New York Times*.

（7）Albin Krebs, "Notes on People," *New York Times*, May 13, 1972.

（8）Cavett, Dick. *Talk Show: Confrontations, Pointed Commentary, and Off-Screen Secrets*. New York: Times Books/Henry Holt, 2010.

（9）Cavett, *Talk Show*, xvi.

（10）"Lennon Makes Plea at Close of Hearing," *New York Times*, May 18, 1972.

（11）Editorial, "Unhand That Beatle," *Washington Daily News*, May 9, 1972.

（12）"John Lennon and Yoko Ono to Have Press Conference," *Rosslyn Review*, May 4, 1972.

（13）Ralph J. Gleason, "Perspectives: Fair Play for John and Yoko," *Rolling Stone*, June 22, 1972.

（14）Grace Lichtenstein, "John and Yoko: 'If There's Mercy, I'd Like It, Please,'" *New York Times*, May 21, 1972.

（15）"John Winston Lennon"（FBI Records）、ならびに、ジョン・ウィーナー『ジョン・レノンの真実――FBI監視記録 DE－4-HQ－33』

（16）Stephen Holden, "'Que Pasa, New York?' Indeed," *Rolling Stone*, July 20, 1972.

（17）Robert Christgau, "John Lennon's Realpolitik," Newsday, July 9, 1972.

第六章

（1）Steven D. Price, *1001 Greatest Things Ever Said about California*（Guilford, CT: Lyons Press/Globe Pequot, 2007）, p. 151.

（2）Paul Krassner, *Confessions of a Raving, Unconfined Nut: Misadventures in the Counter-Culture*（New York: Touchstone, 1994）, 181.

（3）ジェラルド・リヴェラによるジョン・レノンとオノ・ヨーコへのインタビューから（WABC-TV *Eyewitness News*, broadcast and unedited footage, recorded August 5, 1972）。

（4）Sridhar Pappu, "Being Geraldo," *Atlantic*, June 2005.

（5）Larry Kane, *Lennon Revealed*（Philadelphia: Running Press, 2005）, 242.

（6）"John Winston Lennon"（FBI Records）、ならびに、ジョン・ウィーナー『ジョン・レノンの真実——FBI監視記録DE－4-HQ－33』。

（7）ボブ・グルーエン『JOHN LENNON "THE NEW YORK YEARS"』

（8）John Lennon: Live in NYC (Sony Video, 1986).（『ライブ・イン・ニューヨーク・シティ』EMIミュージック・ジャパン、一九八八年）

（9）Toby Mamis, "One to One," Soul Sounds, December 1972.

（10）David Fricke, review of *Live in New York City* by John Lennon, *Rolling Stone*, April 10, 1986.

第七章

（1）Pete Hamill, "John Lennon: Long Night's Journey into Day," *Rolling Stone*, June 5, 1975.

（2）Roy Carr, "Instant Karma!" *New Musical Express*, October 7, 1972.

（3）"Random Notes," *Rolling Stone*, October 26, 1972.

（4）Toby Mamis, review of *Elephant's Memory*, *Melody Maker*, December 2, 1972.

（5）Richard Nusser, "Riffs," *Village Voice*, October 5, 1972.

（6）"Pop Best Bets," *Cash Box*, September 30, 1972.

（7）Nick Tosches, review of *Elephant's Memory*, *Rolling Stone*, November 5, 1972.

（8）Hamill, *Rolling Stone*.

（9）ジョン・ウィーナー『カム・トゥゲザー——ジョン・レノンとその時代』

（10）Calliope Kurtz, "The Feminist Songs of Yoko Ono," *Perfect Sound Forever*, May 2007.

（11）Bill Dowlding, "em, not just another pretty band," *Milwaukee Bugle-American*, November 8–15, 1972.

（12）Lenny Kaye, "Sound Scene," *Cavalier*, December 1972.

（13）Nick Tosches, review of *Approximately Infinite Universe* by Yoko Ono, *Rolling Stone*, March 15, 1973.

（14）"John Winston Lennon"（FBI Records）、ならびに、ジョン・ウィーナー『ジョン・レノンの真実——FBI監視記録DE－4-HQ－33』

（15）ハンター・デイヴィス『ジョン・レノン　レターズ』

（16）ジェフリー・ジュリアーノ『ジョン・レノン——アメリカでの日々』

（17） Jon Landau, review of Mind Games by John Lennon, Rolling Stone, January 3, 1974.
（18） Hamill, *Rolling Stone*.
（19） Francis Schoenberger, "He Said, She Said," *Spin*, October 1988.
（20） Tim Riley, *Lennon: The Man, the Myth, the Music - the Definitive Life* (New York: Hyperion, 2011.
（21） Christopher Sandford, *McCartney*（Cambridge, MA: Da Capo Press, 2007), 228.
（22） John Lennon, interview with Bob Harris, The Old Grey Whistle Test, BBC Radio 2, April 1975.
（23） ジェフリー・ジュリアーノ『ジョン・レノン――アメリカでの日々』
（24） Anthony Fawcett, *John Lennon: One Day at a Time, A Personal Biography of the Seventies*（New York: Grove Press, 1976), 145.
（25） Hamill, *Rolling Stone*.
（26） ジョン・ウィーナー『ジョン・レノンの真実――ＦＢＩ監視記録 DE－4-HQ－33』

著者ノート
――本書成立の経緯

Author's Note:
Sources and Methodology

本書を書くきっかけになったのは、エレファンツ・メモリーのメンバーであるウェイン・〝テックス〟・ガブリエル、ゲイリー・ヴァン・サイオック、そしてアダム・イッポリートへのインタビューだった。この三人のインタビューから見えてきたのは、往々にして見過ごされがちだが、なるほど実証的な説明を加えていけば、レコーディングにしても演奏にしても精力的に活動していた時代のジョン・レノンというミュージシャンの姿をわたしなりに描き出すことができるのではないかという展望であった。

タリク・アリ、ジョン・シンクレア、レニ・シンクレア、ジェイ・クレイヴンらとの会話では、当時レノンと親交のあった活動家たちとの関係が話題の中心となった。FBIが作成した彼らに関する膨大な資料からは見えてこない、レノンやその知人たちの本当の姿を知ることができた。レノンが抱えていた数々の訴訟については、担当弁護士だったレオン・ワイルズが詳細に説明してくれた。また、彼がいなければ知り得なかった情報にも数多く触れることができた。

ジョン・レノンとその世代の人々が喚起したのは、反戦や反権力の意識だけではない。フェミニズムを主導するグロリア・スタイネムや元下院議員ロン・デラムズとの（インタビューというより）会話では、女性解放や公民権運動での数多の経験をもつ彼らだからこその、当時から現在にいたる知見が得られた。社会風刺家のポール・クラスナーと平和部隊司令官ジョゼフ・ブラッチフォードは、短時間ながらも啓発的だったというジョン・レノンとの出会いについての貴重なエピソードを語ってくれた。

気のおけない会話も含めたこうしたインタビューに加え、本書の執筆にあたっては、『ローリング・ストーン』誌からスチュアート・ソービン他多くの記事を、またトークショーホストのディック・キャヴェットとマイク・ダグラスによる著書などを参考にした。また、FBIのレノンに関する資料を公開するために奮闘したジョン・ウィーナーは、ジャーナリスト活動家の賞賛すべき鑑である。いずれの筆者にも、改めて敬意と感謝を表したい。

本書の各章で主に参考にした文献は以下の通り。

第一章は、おもに、二〇一二年一月のタリク・アリ、二〇一一年十月のレニー・デイヴィス、同年十一月のピーター・アンドリュース、同年十月、デトロイトでのジョン・シンクレア、十一月のレニ・シンクレアら、各氏に行なったインタビューから成り立っている。ジョン・レノンのニューヨーク時代初期については、『ローリング・ストーン』のステュー・アーヴィンによる記事、「ジョン、ジェリー、デヴィッド、ジョン、レニ、ヨーコ」、また『ニューヨーカー』のヘンリック・ハーツバーグの記事「この街について語ろう」、『レッド・モール』のタリク・アリとロビン・ブラックバーンによるジョン・レノンへのインタビューに負うところが大きい。他にもフランスのテレビ記者ジャン・フランソワ・ヴァレの取材映像や、ピーター・マッケイブとロバート・ショーンフェルドの『ビートルズの不思議な旅 *Apple to the Core*』を参考にした。

ジョン・レノンとエレファンツ・メモリーの共演についての第二章は、二〇一〇年一月と六月にボブ・プレウィット、同年一月と五月、また二〇一一年六月と九月にゲイリー・ヴァン・サイオック、二〇一一年七月と九月にアダム・イッポリート、二〇〇九年と二〇一〇年にウェイン・〝テック〟・ガブリエルらそれぞれへのインタビューに基づいている。二〇一一年十月のレニー・デイヴィス、二〇一一年十一月のジェイ・クレイヴンへのインタビューでは、ジョン・レノンがイッピーたちと関わるようになった詳細が理解された。その他、『デヴィッド・フロスト・ショー』に出演した時のレノンの発言も資料としている（エレファンツのメンバーやデイヴィス、クレイヴン、アリ、シンクレア夫妻へのインタビューについては後の章でも参考にしている）。

第三章、ニクソン政権についての見解については、二〇一一年八月のジョゼフ・ブラッチフォードへのインタビューに依るところが大きい。ニクソンとエルヴィス・プレスリーの面会についてはジョージ・ワシントン大学のアメリカ国家安全アーカイヴの資料が根拠となっている。『マイク・ダグラス・ショー』でジョンがゲスト司会者を務めたときの様子については、ダグラスの回想録『アイル・ビー・ライト・バック』と、実際の番組録画記録を参考にしている。ジョン・レノンに関するＦＢＩの調査資料は、インターネットＦＢＩのサイト（www.vault.fbi.gov）、またジョン・ウィーナーの『ジョン・レノンの真実 *Gimme Some Truth*』を参考にした。

第四章では、ジョン・レノンが関係した裁判について説明したが、その詳細については二〇一一年十一月にレオン・ワイルズがくわしく語ってくれた。二〇一一年十月のA・J・ウェバマンへのインタビューでは、レノンの幅広い交友関係を知ることができた。二〇一二年二月には、グロリア・スタイネムがレノンのフェミニズムに関する考え方を語ってくれた。裁判に関する情報については、ほかに『ニューヨーク・タイムズ』の記事やジョン・ウィーナーの『カム・トゥゲザー』などを参考にした。

第五章、レノンの歌のタイトルが論争を巻き起こした一件については、二〇一二年二月のロン・デラムスとの会話を元にしている。『ディック・キャヴェット・ショー』関連では、番組の実際の映像と、キャヴェットの回想録である『トークショー』を参考にした。裁判については『ニューヨーク・タイムズ』の、特にグレース・リクテンスタインの記事から情報を得た。

第六章で説明されている西海岸での生活については、二〇一一年十一月のポール・クラスナーとの会話と、ジェラルド・リヴェラによるWABC『アイウィットネス・ニューズ』でのインタビュー映像を元にしている。『ワン・トゥ・ワン』の準備とウィローブルックに対する調査の詳細は『アトランティック』誌とラリー・ケインの『真実のレノン（*Lennon Revealed*）』によるものである。また、実際のコンサート映像と、『NME』によるコンサート後のレノンへのインタビュー記事も参考にしている。

第七章の、ジョン・レノンとエレファンツ・メモリーの共作への論評は、『キャッシュボックス』、『メロディーメーカー』、『NME』、『ビルボード』の記事や、『ローリング・ストーン』と『ヴィレッジ・ヴォイス』のインタビュー記事からのものである。移民局の処分をめぐる裁判に関するジョンの見解については『ローリングストーン』のジョー・トリーンによる記事、「ジョン・レノンにとっての正義」がくわしかった。大統領選の夜のエピソードについては、バンドのメンバーたちの証言とウィーナーの『カム・トゥゲザー』を元にした。ジェフリー・ジュリアーノの『ジョン・レノン——アメリカでの日々』には、エレファンツと袂を分かってからのジョン・レノン作品に関する記録がまとめられている。ほかにも、アントニー・フォーセットの『愛と芸術——革命家ジョン・レノン』とクリストファー・サンドフォードの『マッカートニー』が大いに参考になった。

参考文献

Brinkley, Douglas. *Tour of Duty: John Kerry and the Vietnam War.* New York: William Morrow, 2004.

Carson, David A. *Grit, Noise, and Revolution.* Ann Arbor: University of Michigan Press, 2005.

Cavett, Dick. *Talk Show: Confrontations, Pointed Commentary, and Off-Screen Secrets.* New York: Times Books/Henry Holt, 2010.

Coleman, Ray. *Lennon: The Definitive Biography.* New York: Harper Perennial, 1992.（レイ・コールマン『ジョン・レノン』岡山徹訳。音楽之友社、二〇〇二年）

Davies, Hunter, ed. *The John Lennon Letters.* New York: Little, Brown and Company, 2012.（ハンター・デイヴィス『ジョン・レノン　レターズ』中村圭志、秋山淑子訳。角川書店、二〇一三年）

Douglas, Mike, with Thomas Kelly and Michael Heaton, *I'll Be Right Back: Memories of TV's Greatest Talk Show.* New York: Simon & Schuster, 2000.

Fawcett, Anthony. *John Lennon: One Day at a Time, A Personal Biography of the Seventies.* New York: Grove Press, 1976.

Giuliano, Geoffrey. *Lennon in America: 1971–1980, Based in Part on the Lost Lennon Diaries.* New York: Cooper Square Press, 2000.（ジェフリー・ジュリアーノ『ジョン・レノン――アメリカでの日々』遠藤梓訳。WAVE出版、二〇〇三年）

Gruen, Bob. *John Lennon: The New York Years.* New York: Stewart, Tabori & Chang, 2005.（ボブ・グルーエン『JOHN LENNON "THE NEW YORK YEARS"』中江昌彦訳。小学館、二〇〇五年）

Kane, Larry. *Lennon Revealed.* Philadelphia: Running Press, 2005.

Krassner, Paul. *Confessions of a Raving, Unconfined Nut: Misadventures in the Counterculture.* New York: Touchstone, 1994.

Lennon, John. *Skywriting by Word of Mouth*. New York: HarperCollins, 1986.（ジョン・レノン『空に書く——ジョン・レノン自伝&作品集』森田義信訳。筑摩書房、二〇〇二年）

McCabe, Peter and Robert D. Schonfeld. *Apple to the Core: The Unmaking of the Beatles*. New York: Pocket Books, 1972.（ピーター・マッケイブ、ロバート・ショーンフェルド『ビートルズの不思議な旅』深町真理子、永井淳訳。草思社、一九七三年）

Norman, Philip. *John Lennon: The Life*. New York: HarperCollins, 2008.

Ono, Yoko, ed. *Memories of John Lennon*. New York: HarperCollins, 2005.（オノ・ヨーコ編『メモリーズ・オブ・ジョン』斉藤早苗訳監修、二〇〇五年）

Riley, Tim. *Lennon: The Man, the Myth, the Music - the Definitive Life*. New York: Hyperion, 2011.

Sandford, Christopher. *McCartney*. Cambridge, MA: Da Capo Press, 2007.

Wiener, Jon. *Come Together: John Lennon in His Time*. New York: Random House, 1990.（ジョン・ウィーナー『カム・トゥゲザー——ジョン・レノンとその時代』原田洋一訳。ＰＭＣ出版、一九八八）

——. *Gimme Some Truth: The John Lennon FBI Files* (Berkeley: University of California Press, 2000).（ジョン・ウィーナー『ジョン・レノンの真実——ＦＢＩ監視記録 DE－4-HQ－33』高橋結花訳。角川書店、二〇〇〇年）

謝辞

「グループ、そしてぼくたちみんなを代表して、ありがとうを言うよ」

クロイツフェルト・ヤコブ病と診断される二〇一〇年三月までに、ウェイン・〝テックス〟・ガブリエルとは数回だが、話ができた。彼の望み通り本書は完成した。執筆中には、マリサ・ラトーレ、ボブ・プレウィット、ゲイリー・ヴァン・サイオック、アダム・イッポリートからの励ましと支援がありがたかった。わたしのエージェント、スピーラー・エージェンシーのエリック・マイヤーズにも、ここに謝意を表したい。セブン・ストーリーズ・プレスから本書が出版できたことはこのうえない喜びだ。原稿に最初に目を通してくれたソフィア・イワノーに感謝したい。ベロニカ・リュー、ゲイブ・エスピナル、ジェシー・リヒテンシュタインら編集者の面々には、いろいろと助言をいただいた。セブン・ストーリーズ・プレス主宰のダン・サイモンは、往々にして無機的な文章を読みごたえのあるものにしてくれた。装丁や写真ページの構成の多くは、自身写真家でもあるシルビア・ストラメンガとスチュアート・コーリーの手によるものだ。

人間はひとりでは生きられない。友人や家族からの励ましは、凸凹道を歩まざるを得なかった本書執筆中の大きな助けになった。まずはフィル・オールメン、ナレシュ・グナラートナム医師、ブルース・ゴールドバーグ、シェリル・ハッキンス、リン・ヘランド、リンジー・キングストン、タムラ・ワードに謝意を表したい。

ふだん表情にはあまり見せない父エルドン・ミッチェルも喜んでくれていると思う。母ルビー・ミッチェルにも、これまでの仕事と同じように今回の成果を伝えることができた。旅の途中には私の大切な息子アレックスが所属する海兵隊にも訪れた。この旅だけでなく、人生の長い旅路をともに歩んでいるリンダ・レミロングにも、あらためてありがとうと言いたい。彼女の娘たち——さきごろ結婚したジェニーとすてきなリサの姉妹ふたりにも。仕事中にときどき邪魔しにやってきたジョシーとアビー（わかりやすい名前かな）の二匹の犬たちにも、感謝。完成は無理かもしれないと思うこともあったが、そんなときには「彼」のあの言葉を思い出した——「やろうと思って、成し遂げられないことなんてないのさ」

訳者あとがき

はなはだ個人的なことを語るなら、物心ついた頃からビートルズの曲にはある程度親しんでいたはずだが、メンバーの名前を意識したのは、中学一年のときの映画『悪霊島』（一九八一年）がきっかけだったと記憶している。

思えば横溝映画、というか角川映画全盛の時代だ。映画版のフレーム物語ではジョン・レノンが登場していたし、スポットＣＭで「鵺《ぬえ》の鳴く夜は恐ろしい」というキャッチとともに聞こえた「レット・イット・ビー」は印象的で、数日後、足が向いていたのは近所のレコード屋だった。ジャケットは映画仕様だったと思うが、ビートルズ原体験世代でもない私が洋楽として最初に買ったシングル・レコードになった。映画のおかげでしばらくは「レット・イット・ビー」はジョン・レノンの曲だと思っていたが、ほどなくしてレノン／マッカートニー名義があてにならないことを知り、中学生の私は、綺麗なメロディーラインで優しく歌い上げるポールが好きになった。

高校生だったジョンは、自分より音楽性に長けていると直感したポールを自分のバンドに加入させた。音楽とは、テクニックであり、美しい声のことだと、中学生の私は思っていた。ジョンの名前をはじめて意識してから三十数年経ったいま、ジョンの声がたまらなく好きだ。三十五年前の十二月八日に、多くの人々は深く悲しんだ。リアルタイムでその悲しみを共有はしなかったが、ジョンが好きになればなるほど、この日が近づくたびに私が感じる悲しみは、年々大きくなってきている。

ただ、著者のミッチェルは、ジョンをいささか美化しすぎているようにも思う。本書の第一章でも少しふれられているが、『ローリング・ストーン』一九七一年二月四日号のヤン・S・ウェナーによるインタビューで、ジョンは自らの革命に対する考え方について説明している。そこで「暴力的な革命はすなわち世界の終わりを意味するのでは」というウェナーの質問に対し、こんなふうに応じているので、著者が言及しなかった部分を、あえて引用しておきたい。

そうだな、ぼくが十七歳のときには、地震か革命でも起こったら、最近でも黒人たちがやったような、強奪にでもなんでも繰り出してやる、と思ったものさ。いまでも、ぼくが黒人なら、賛成してるよ。だって、何を失うものがあるっていうんだい？　いま、ぼくはいくばくかのものを持ってしまった。死にたくない。怪我もしたくない。でも、そうしたい人たちが世の中をめちゃくちゃにするなら、知ったことじゃないさ。死ねば痛みもないからね。問題なし、さ。

もちろん、ミッチェルのレノン像にも、ただ美辞麗句や見せかけの正論で済ます人ではなかったことはしっかりと描かれている。しかし、労働者階級として生まれ中産階級に育ちながらも、両親の愛を十分に得られずに育った経験を持つジョンは、暴力主義についてもただただ反対だとは言っていない。実は、その可能性も排除しないというスタンスとともに黒人や労働者へのシンパシーを語っていた時代にこそ、ジョンの姿がある。実際には、一面的な捉え方をしようとする人間の期待を裏切り続けるのが、やはりジョン・レノンという人なのだ。

末筆ながら、いつも私を支えてくれている家族、親しい友人や仕事仲間がいればこそ、そして盟友、下平尾直氏の、いつもながらの叱咤激励ぶりがあればこそ、本書も仕上げることができた。ここに感謝したい。

新しい「政治の季節」が訪れたこの日本で、本書が少しでも多くの読者のアクションの参考となれば幸いである。

二〇一五年　深秋の奈良にて

石崎一樹

ジェイムズ・A・ミッチェル
James A. Mitchell

フリーライター、編集者。

30年以上にわたり、ニューヨークやミシガンを中心に活動している。

Entertainment Weekly、*The Humanist*、*Video Business*、*Starlog* などの各紙誌に寄稿するとともに、
CNNのiReportではスリランカ内戦に関するレポートをプロデュースした。

ロック・コメンテーターとしてデトロイトのラジオやテレビに出演多数。

著書に、
But for the Grace: Profiles in Peace from a Nation at War（2009）、
It Was All Right: Mitch Ryder's Life in Music（2008）、
Applegate: Freedom of the Press in a Small Town（2002）などがある。

石崎一樹
ISHIZAKI Kazuki

一九六八年、奈良県に生まれる。

英文学修士（同志社大学）、比較文学修士（トロント大学）。

現在は、奈良大学教養部教授。

専攻は、アメリカ文学・文化、ポピュラー音楽論。

USインディーズバンドのライナーノーツの執筆や歌詞の対訳も手がけている。

訳書に、

『レット・イット・ビー　ロックの名盤』（スティーヴ・マッテオ、二〇一三年）、

『レッド・ツェッペリンIV　ロックの名盤』（エリック・デイヴィス、二〇一二年）、

『ジーン・セバーグ』（ギャリー・マッギー、二〇一一年）などがある。

革命のジョン・レノン

サムタイム・イン・ニューヨーク・シティ

2015年12月 8 日初版第1刷印刷
2015年12月20日初版第1刷発行

著者
ジェイムズ・A・ミッチェル

訳者
石崎一樹

発行者
下平尾 直

発行所
株式会社 共和国 editorial republica co., ltd.
東京都東久留米市本町3−9−1−503　郵便番号203−0053
電話・ファクシミリ 042−420−9997
郵便振替 00120 8−360196
http://www.ed-republica.com

印刷……………………………精興社
ブックデザイン………………宗利淳一
DTP……………………………木村暢恵

ISBN978-4-907986-17-9　C0073